高等学校系列教材

项目管理与工程经济决策

孙凌志　任英伟　孔　寅　等　编著

中国建筑工业出版社

图书在版编目（CIP）数据

项目管理与工程经济决策/孙凌志等编著. —北京：
中国建筑工业出版社，2022.8（2023.4重印）
高等学校系列教材
ISBN 978-7-112-27512-0

Ⅰ．①项…　Ⅱ．①孙…　Ⅲ．①项目管理-高等学校-
教材②工程经济学-经济决策-高等学校-教材　Ⅳ.
①F224.5②F062.4

中国版本图书馆 CIP 数据核字（2022）第 100734 号

本书编写立足我国《工程教育专业认证标准》（2017 年 11 月修订）对工科学生"项目管理能力""工程经济决策能力"和"工程伦理素质"的要求，突出培养学生理解并掌握项目管理的核心理念、基本原理、基本方法与工具，工程经济决策的基本原理及方法，以社会、环境等的工程伦理素养为目标，本书内容理论脉络清晰、重点突出、案例丰富、通顺易懂，具有非常强的针对性、适用性与可读性。同时，为践行"立德树人"根本任务，每章均编写了较为典型的课程思政案例。

为更好地支持相关课程的教学，我们向采用本书作为教材的教师提供教学课件，有需要者可与出版社联系，邮箱：1203027534@qq.com。

责任编辑：张智芊　牟琳琳
责任校对：姜小莲

高等学校系列教材
项目管理与工程经济决策
孙凌志　任英伟　孔　寅　等　编著
*
中国建筑工业出版社出版、发行（北京海淀三里河路 9 号）
各地新华书店、建筑书店经销
霸州市顺浩图文科技发展有限公司制版
北京君升印刷有限公司印刷
*
开本：787 毫米×1092 毫米　1/16　印张：14¾　字数：356 千字
2022 年 8 月第一版　　2023 年 4 月第二次印刷
定价：**52.00** 元（赠教师课件）
ISBN 978-7-112-27512-0
（39679）

本 书 编 委 会

主编：孙凌志　任英伟　孔　寅

成员（按照姓氏笔画排序）：

王　扬　王永萍　王海鑫　代春泉　孙琳琳

李　朋　张传明　周红敏

前　言

中国工程教育专业认证协会是经教育部授权，开展工程教育认证工作组织实施的全国性社会团体，其建立了与国际实质等效的工程教育认证体系，认证工作得到了国际同行的广泛认可。2016年6月，我国正式加入国际上最具影响力的工程教育学位互认协议之一——《华盛顿协议》，通过认证协会认证的工科专业，毕业生学位可以得到《华盛顿协议》其他成员组织的认可。目前，工程教育专业认证在各高校如火如荼地开展。根据中国工程教育专业认证协会颁布的《工程教育认证标准》T/CEEAA 001—2022，通用标准中的第3部分"毕业要求"中第3.11条"项目管理"能力中提出工科学生要"理解并掌握工程管理原理与经济决策方法，并能在多学科环境中应用"，这属于项目管理和工程经济学的学科范畴；同时在第3部分的第3.6条、第3.7条和第3.8条分别从工程与社会、环境和可持续发展、职业规范等方面对工科学生应具有的能力和承担的责任提出了要求，这些均涉及工程伦理学科的范畴。目前，缺少能够满足项目管理、工程经济决策和工程伦理三方面的系统理论方法教学，特别适用于工科类少学时教学计划的教材，本书编写立足我国工程教育专业认证对工科学生"项目管理能力""工程经济决策能力"和"工程伦理素质"的实际需求。

项目已成为政府重要的业务推进模式和现代企业发展的重要载体，项目管理作为一种教给人们系统做事的方法，在越来越多的行业、组织中得到了极为广泛的认可和应用，项目管理能力已经演变为组织的核心竞争力之一。本书以项目管理知识为主线、工程经济决策方法和工程伦理为支撑，突出培养学生理解并掌握项目管理的核心理念、基本原理、基本方法与工具，工程经济决策的基本原理及方法，以社会、环境等的工程伦理素养为目标，理论脉络清晰、重点突出、案例丰富、通顺易懂，具有非常强的针对性、适用性与可读性。此外，各章配有复习思考题，在帮助学生强化知识点理解与运用的基础上，促进对项目管理、工程经济与工程伦理问题的延伸思考。

本书由山东科技大学工程管理系组织编写，得到了学校教务处和学院有关领导的指导和支持。全书共7章，包括工程项目与项目管理、工程经济决策基础、工程经济决策方法、项目范围与组织管理、项目目标管理、项目风险管理、工程与工程师伦理等内容。同时，为践行"立德树人"根本任务，每章均编写了较为典型的课程思政案例。具体分工如下：第1章由孙凌志、王海鑫负责编写；第2章由王扬、孙琳琳负责编写；第3章由孙凌志、王永萍、李朋负责编写；第4章由任英伟、孙凌志负责编写；第5章由任英伟、周红敏负责编写；第6章由代春泉、张传明负责编写；第7章由孔寅、孙凌志负责编写。全书由孙凌志统稿。本书可作为面向培养具备项目管理与工程经济决策能力、具有良好的工程伦理素养的本科生或研究生教材，也可作为相关从业人员的参考用书。

本书在编写过程中借鉴了美国项目管理协会（PMI）的《项目管理知识体系（PMBOK®指南）（第七版）》的最新成果，这对我国工程项目管理的国际化、专业化具有积极地推动作用。在编写过程中，还参考了大量资料及有关组织、人员的研究成果，在此对他们的工作、贡献表示感谢。虽经反复思考讨论，仍难免有不妥甚至疏漏之处，恳请广大读者提出宝贵意见。

编　者

2022年8月

目　　录

第1章 工程项目与项目管理

1.1 工 程 项 目

1.1.1 工程的内涵

工程是现代文明、社会经济运行和社会发展的重要内容和重要组成部分。工程有狭义和广义的区别。狭义的工程是指与生产实践密切联系、运用有关的科学知识和技术手段得以实现的活动，如水利工程、化学工程、电力工程、机械工程等。广义的工程包括人类的一切活动，指的是人类为达到某种目的，在一个较长时间周期内进行协作活动的过程，除了包括与生产实践相联系的活动，还包括社会生活的许多领域，如希望工程、安居工程等。对于工程内涵的界定并没有统一的说法。比如，《大不列颠简明百科全书》对工程的定义是："应用科学知识使自然资源最佳地为人类服务的一种专门技术"。本课程所讨论的是狭义的工程，是"以满足人类需求的目标，应用各种相关的知识和技术手段，调动多种自然和社会资源，通过群体的协作，建造具有预期使用价值的人造产品的过程"。

工程是一项复杂的社会现象，不能片面、单一地理解工程，而应该从多个视角和维度去分析和认识工程。其中包括了哲学、技术、经济、管理、社会、生态、伦理等维度。

（1）哲学的维度：我们需要反思工程的意义和价值何在？什么是好的设计和工程？设计师认为的好的设计是不是符合社会大众的审美标准，不考虑大众的接受度而将特立独行的设计强行推向社会，产品的设计是否真的有产出的意义和价值，这些都是很多工程诞生之后引起社会广泛关注的话题。

（2）技术的维度：工程不仅是现有科学技术集成的载体，同时也是新技术孕育的温床。在技术利用的过程中，技术是一把"双刃剑"，它推动了人类的进步和可持续发展，同时还能被滥用而侵害弱势群体的利益，甚至威胁到生态环境和人类的生命安全。

（3）经济的视角：经济视角是工程活动最常见的考量视角之一。工程的实施是否能够带来预期的经济效益，而工程的投入和产出的对比更是评价工程经济性的重要指标。而经济效益不能仅从经济成本收益角度去考量，更要从社会经济效益角度进行综合分析和判断。

（4）管理的角度：一项工程的实施，涉及众多的行动者，比如工程师、投资人、政府、社会公众等，每一项成功的工程都是一个工程管理的典型案例，因此系统工程的项目管理方法在工程中应用广泛，有效的管理直接关系到工程的成败。

（5）社会的维度：工程的利益群体除了参与工程的工程行动者之外，还涉及受工程影响的社会群体，比如水利工程建设过程中的大量移民。如何处理利益相关者的利益关系，维护社会和谐稳定，是工程需要考虑的重要问题。

（6）生态的维度：工程建设的出发点是为了利用科学技术来满足人们的某一方面的需要，但很多工程实践带来的负面影响，如土地沙化、空气污染、生态破坏等后果也触目惊心。在改造自然、利用自然为我所用的同时，也要反思如何维持生态的平衡和可持续发展。

（7）伦理的维度：伦理问题思考的是人们应当如何正当地行事，从而实现最大的善。

1.1.2　项目的概念

项目来源于人类有组织活动的分化。随着人类的发展，有组织的活动逐步分化为以下两种类型。

（1）连续不断、周而复始的活动：人们称其为"作业（或运作）"（Operations），如企业日常生产产品的活动。

（2）临时性、一次性的活动：人们称其为"项目"（Projects），如企业的技术改造活动、一项环保工程的实施等。

作业和项目是企业发展过程中密切相关的两类活动。企业的创立本身就是一个项目的开始，它通过一个新建设项目使企业形成了提供某种产品或服务的能力，以满足市场或顾客的需要，从而获取赢利并得以生存和发展，并在此基础上重复作业。经过一段时间的运作之后，由于企业设备老化陈旧或环境及市场变化等原因，企业原有的设备可能已无法生产出高品质的产品或者原有的产品或服务可能已不适应市场需求，企业因此可能无法生存或发展下去，这时就又需要通过设备的大修改造项目、新产品开发项目或企业的改、扩建项目来使企业恢复原有的生产能力或上升到一个新的生产能力水平。在企业的整个发展过程中，总是如此不断地重复着项目与作业的交替过程，作业导致企业的量变，项目使得企业出现了质变，是企业跳跃式发展的动力。总之，作业是维持企业日常的运转，并不能促进企业的发展，而项目则是企业发展的载体。

作业与项目最重要的不同点是一次性、独特性，两个极端的例子是一款新型冰箱的研发与一款冰箱的批量生产，前者无可以完全照搬的先例，后者每天重复的是大体相同的内容。项目与作业的主要区别见表 1-1。

项目与作业的主要区别　　　　　　　　　　　　　　表 1-1

序号	项目	作业	序号	项目	作业
1	暂时的	重复的	3	风险和不确定性	经验性
2	有限时间	无限时间（相对）	4	宣布目标实现时，结束	确定一组新目标，继续

例如，青岛胶东国际机场航站楼一期项目，外形像一个大"海星"，面积约为 47.8 万平方米，近机位 73 组。该设计不仅是为了视觉效果，更是注重旅客出行体验，减少旅客安检后到登机口的步行距离。连续曲面将五个指廊与大厅融为整体，实现大集中与单元式的合理平衡，成为国内首个采用集中式单体五指廊造型的航站楼。依据建设目标，青岛胶东国际机场 2025 年年旅客吞吐量将达到 3500 万人次，货邮吞吐量 50 万 t，飞机起降 30 万架次，高峰小时航班起降 104 架次。按照总体工作计划，青岛胶东国际机场在 2015 年开建，总工期为五年，在 2020 年竣工验收。工程以 2025 年为目标年，工程总投资约 381.75 亿元。从以上案例可以看出，项目是在限定条件下，为完成特定目标要求的一次

性任务。

许多项目管理专家和标准化组织都企图用简单通俗的语言对项目进行抽象性概括和描述。较典型的有以下三种：

（1）由国家市场监督管理总局和国家标准化管理委员会发布的《质量管理 项目质量管理指南》GB/T 19016—2021 中对项目的定义为："由一组有起止时间的、相互协调的受控活动所组成的特定过程，该过程要达到符合规定要求的目标，包括时间、成本和资源的约束条件"。

（2）美国项目管理协会（PMI）的《项目管理知识体系（PMBOK®指南）（第七版）》对项目的定义为："项目是为创造独特的产品、服务或结果而进行的临时性工作。"

（3）国际项目管理协会（IPMA）的项目管理知识体系（ICB 4.0）中对项目的定义为："项目是一种独特的、临时的、多学科的、有组织的活动，通过这些活动得到预定义的、商定的要求和约束范围内的可交付成果"。

综合上述定义，我国项目管理专家白思俊教授给出如下定义：项目是一项特殊的将被完成的有限任务，它是一个组织为实现既定的目标，在一定的时间、人力和其他资源的约束条件下，所开展的满足一系列特定目标、有一定独特性的一次性活动。其中包含以下三层含义：

（1）项目是一项有待完成的任务，有特定的环境与要求。这一点明确了项目自身的动态概念，即项目是指一个过程，而不是指过程终结后所形成的成果。例如，人们把一个新机场的建设过程称为一个项目，而不把机场本身称为一个项目。

（2）在一定的组织机构内，利用有限资源（人力、物力、财力等）在规定的时间内完成任务。任何项目的实施都会受到一定的条件约束，这些条件是来自多方面的，如环境、资源、理念等。这些约束条件成为项目管理者必须努力促其实现的项目管理的具体目标。在众多的约束条件中，质量（功能）、进度、成本是项目普遍存在的三个主要约束条件。

（3）任务要满足一定性能、质量、数量、技术指标等目标要求。项目是否实现，能否交付用户，必须达到事先规定的目标要求。功能的实现、质量的可靠、数量的饱满、技术指标的稳定是任何可交付项目必须满足的要求，项目合同对于这些均具有严格的约定。

1.1.3 项目的特征与属性

1. 项目的特征

（1）项目的临时性。项目的临时性表明项目工作或项目工作的某一阶段会有明确的开始，也会有结束，当项目的目的已经达到，或者已经清楚地看到项目目的不会或不能达到时，或者项目的必要性已不复存在并已终止时，该项目即达到了它的终点。临时性不一定意味着时间短，许多项目都要进行好几年才能结束。但是，临时性一般不适用于项目所产生的产品、服务或成果，大多数项目是为了得到持久的结果。项目还经常会产生比项目本身更久远的、事先想到或未曾预料到的社会和环境后果。

（2）项目目标的明确性。人类有组织的活动都有其目的性，项目作为一类特别设立的活动，也有其明确的目标。项目目标一般由成果性目标与约束性目标组成。其中，成果性目标是项目的来源，也是项目的最终目标。在项目实施过程中，成果性目标被分解为项目的功能性要求，它是项目全过程的主导目标；约束性目标通常又被称为限制条件，它是实

3

现成果性目标的客观条件人为约束条件的统称，是项目实施过程中必须遵循的条件，从而成为项目实施过程中管理的主要目标。

（3）项目的整体性。项目是为实现目标而开展的多项活动的集合，它不是孤立的活动，而是一系列活动的有机组合，从而形成一个完整的过程。强调项目的整体性，也就是强调项目的过程性和系统性。

2. 项目的属性

（1）唯一性。又称独特性，这一属性是"项目"得以从人类有组织的活动中分化出来的根源所在，是项目一次性属性的基础。每个项目都有其特别的地方，没有两个项目是完全相同的。在有风险存在的情况下，项目就其本质而言，不能完全程序化，项目经理之所以被人们强调得很重要，是因为他们有许多例外情况要处理。

（2）一次性。由于项目的独特性，项目作为一种任务，一旦完成即告结束，不会有完全相同的任务重复出现，即项目不会重复，这就是项目的"一次性"。但项目的一次性属性是对项目整体而言的，并不排斥在项目中存在着重复性的工作。

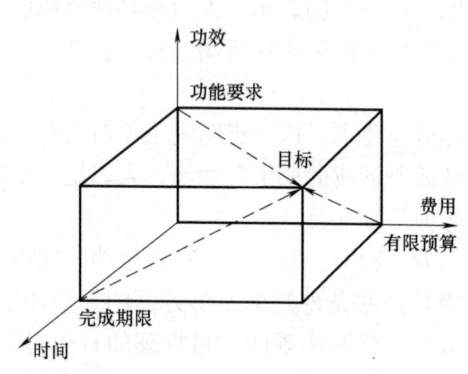

图 1-1 项目多目标属性示意图

（3）多目标属性。成果性目标是项目必须实现的，而约束性目标是项目管理者必须努力的方向。在项目过程中，成果性目标都是由一系列技术指标来定义的，同时都受到多种条件的约束，其约束性目标往往是多重的。因而，项目具有多目标属性，多目标属性的根源是使利益相关者满意，项目多个目标之间是相互协调、相互制约的，项目的总目标是多维空间的一个点，如图 1-1 所示。

（4）生命周期属性。项目是一次性的任务，因而它有起点也有终点。任何项目都会经历概念阶段、规划阶段、实施阶段、结束阶段，常把这一过程称为"生命周期"。关于项目生命周期的进一步阐释见本书 1.1.5 部分。

（5）相互依赖性。项目常与组织中同时进展的其他工作或项目相互作用，但项目常常与项目组织的标准及日常的工作相抵触。组织中各事业部门（营销、财务、制造等）间的相互作用是有规律的，而项目与事业部门之间的冲突则是变化无常的。项目经理应清楚这些冲突并应与所有相关部门保持适当的联系。

（6）冲突属性。项目之间有为资源而与其他项目进行的竞争，有为人员而与其他职能部门进行的竞争。项目组的成员在解决项目问题时，几乎一直是处在资源和领导的冲突中。项目经理与部门经理相比，生活在一个更具有冲突特征的世界中。

1.1.4 项目的组成要素

项目的组成要素是指与项目本身活动有关的各方面的总和，项目管理人员必须对项目的组成要素有正确的认识和足够的了解。一般来讲，项目由以下五个要素构成：

1. 项目范围

项目是一次性的任务，没有项目范围就没有明确的管理对象，就没有明确的职责界限，也就没有办法保证目标实现。正确的范围界定是项目成功的关键，确定项目不做什么比确定项目做什么更重要。

2. 项目组织

项目组织是为完成项目而建立的组织，也称为项目团队。项目组织的具体职责、组织结构、人员构成和人数配备等会因项目性质、复杂程度、规模大小和持续时间长短等而有所不同。项目组织可以是另外一个组织的下属单位或机构，也可以是单独的一个组织。例如某企业的新产品开发项目组织是一个隶属于该企业的组织，项目组织结构类型多种多样，各种类型的组织结构适应不同的公司规模及项目需要。

3. 项目质量

项目的质量在很大程度上既不同于产品质量，也不同于服务质量。因为项目兼具产品和服务两个方面的特性，同时还具有一次性、独特性与创新性等特性，所以项目质量的定义和内涵也具有自己的独特性。项目质量的独特性主要表现在如下两个方面：

（1）项目质量的双重属性。项目质量的双重性是指项目质量既具有产品质量的特性，又具有服务质量的特性。这是因为多数项目既会有许多产品成果，也会有许多服务性成果。

（2）项目质量的过程特性。项目质量的过程特性是指一个项目的质量是由整个项目活动的全过程形成的，是受项目全过程的工作质量直接和综合影响的。由于项目具有一次性和独特性的属性，所以人们在项目定义和决策阶段往往无法充分认识和界定自己明确和隐含的需求，项目的质量要求也在许多情况下无法明确和完全地确定下来，它是在项目进行过程中通过不断地修订和变更而最终形成的。

4. 项目成本

项目成本是指在为实现项目目标而开展的各种项目活动中消耗资源而形成的各种成本的总和。

5. 项目进度（时间）

项目的进度（时间）至少应包括每项工作的计划开始日期和期望的完成日期。

在项目管理的上述五个要素中，项目的范围和项目的组织是最基本的，而质量、成本、进度（时间）可以有所变动，是依附于界定的范围和组织的。

1.1.5 项目生命周期

1. 项目生命周期的阶段划分

项目经理或组织可以把每一个项目划分成若干个阶段，以便有效地进行管理控制，并与实施该项目组织的日常运作联系起来。这些项目阶段合在一起称为项目生命周期。

项目生命周期确定了将项目的开始和结束连接起来的阶段。从项目生命周期的一个阶段转到另一个阶段通常是某种形式的技术交接或成果交接。一般地，前一阶段产生的可交付成果通常要接受是否已经完成和准确的审查，在验收之后才能开始下一阶段的工作。但如果认为对可能的风险可以接受，那么后一阶段可以在前一阶段交付成果通过验收之前开始。

项目生命周期的定义可以帮助我们区分项目开始到结束时的哪些行动包括在项目范围之内，哪些则不应包括在内。这样就可以用项目生命周期的定义把项目和项目实施组织的日常运作业务联系在一起。

不同的行业领域，项目生命周期会有所不同。一般划分项目生命周期阶段的首要标志是项目工作的相同性。一般情况下，相同性质的项目工作会划分在同一个项目阶段中，而不同性质的项目工作会划分在不同的项目阶段中。第二个标志是项目阶段成果（项目产出物）的整体性，即一个项目阶段的全部工作应该能够生成一个自成体系的标志性成果。这种阶段性成果既是这个项目阶段的输出，也是下一个项目阶段的输入，或者是整个项目的终结。

一个具体的项目可以根据项目所属专业领域的特殊性、项目的工作内容等因素划分成不同的项目阶段。但对于一般意义上的项目而言，一般都会经历概念阶段（Conceive）、规划阶段（Develop）、实施阶段（Execute）、收尾阶段（Finish）四个阶段，如图 1-2 所示。

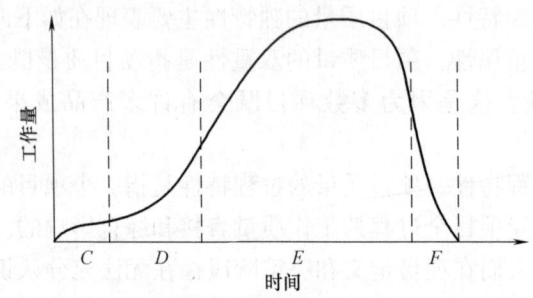

图 1-2　一般意义上项目生命周期阶段划分

C—概念阶段（此阶段提出并确定项目是否可行，进行项目投资决策）

D—规划阶段（此阶段对决策立项的项目进行系统的规划）

E—实施阶段（此阶段依据规划启动实施项目工作）

F—收尾阶段（此阶段处理项目结束的有关工作）

下面仅对概念阶段（C）的主要工作进行介绍。

明确需求，策划项目，确立目标，提出项目建议书和进行可行性研究（如有）是概念阶段较为重要的内容。需求识别是项目概念阶段的首要工作，只有需求明晰才能准确把握意图，规划出好的项目，但是需求识别是一个过程，开始时可能只是一种朦胧的念头。通过项目策划对项目进行定义，提出项目发展目标，构建项目整体框架，使原来模糊、复杂的项目变得清晰、明确。项目策划包括项目构思、项目方案的选定、项目建议书，复杂的工程项目还需要进行可行性研究。项目构思就是提出实施项目的各种各样的实施设想，寻求满足客户需求的项目最佳方案。项目选定就是从可供实施的备选方案中选择最佳的方案来满足客户的需求，选择在现实中可行的、投入少、收益大的项目方案。项目建议书是拟建项目单位提出的具体项目建议文件，是专门对拟建项目提出的框架性总体设想。可行性研究是在项目建议书被批准后，对项目在技术和经济上是否可行所进行的科学分析和论证。

2. 项目生命周期的特征

无论项目生命周期经历几个阶段，都具有以下四个特征：

（1）项目资源投入的变动性。成本与人力投入在开始时较低，在工作执行期间逐渐增加，并在项目快要结束时迅速回落，如图 1-3 所示。

（2）项目风险的变动性。项目开始时风险最大，如图 1-3 所示。在项目的整个生命周期中，随着决策的制定与可交付成果的验收，风险会逐步降低。

（3）项目变更成本随项目的进行会出现急剧增长。在不显著影响成本和进度的前提下，相关方改变项目产品最终特性的能力在项目开始时最大，并随项目进展而减弱。由图 1-3 所示表明，作出变更和纠正错误的成本，通常会随着项目越来越接近完成而显著增高。

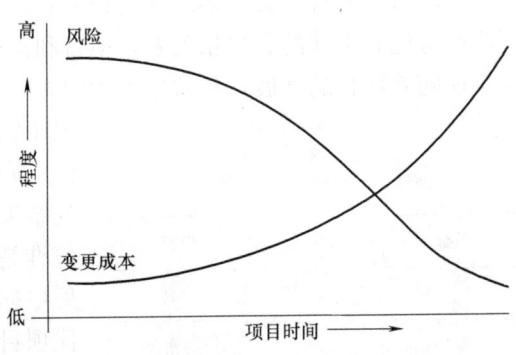

图 1-3　随时间而变化的变量影响

（4）利益相关者的影响。在项目开始时，项目利益相关者对项目产品最终特性和项目最后成本的影响力最强，而随着项目的持续进行，这种影响将逐渐减弱，如图 1-3 所示。

1.1.6　项目利益相关者

项目利益相关者又称为项目干系人，是指能影响项目、项目集或项目组合的决策、活动或成果的个人、群体或组织，以及自认为会受它们的决策、活动或成果影响的个人、群体或组织。

项目利益相关者包括个人、群体和组织（图 1-4）。本书仅选取部分利益相关者的内涵进行解释。

（1）项目经理。项目经理是对保证按时、按照预算、按照工作范围以及按所要求的性能水平完成项目全面负责的人。项目经理的作用对于项目的成功非常重要。

（2）项目管理团队。项目管理团队是指完成项目工作的团队及直接参与项目管理活动的团队成员。

（3）项目管理办公室（Project Management Office，PMO）。项目管理办公室是组织中专门管理"项目管理"的常设职能部门，

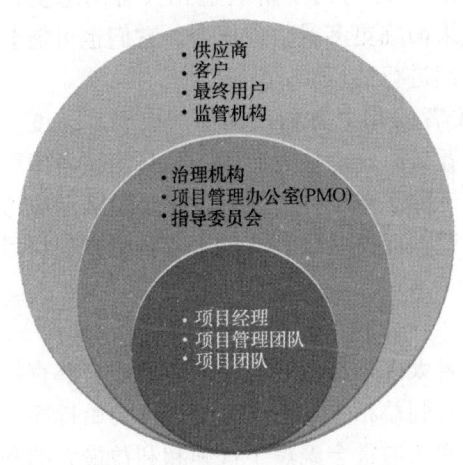

图 1-4　项目利益相关者示例

是随着项目化管理的发展而发展起来的一个新概念。

（4）客户。客户可能是一个人，一个组织，也可能是由两个或更多的人组成的一个团体，或是对同一项目结果具有相同需求的许多组织。一般客户提出需求向被委托人提交需求建议书之时，也就是项目诞生之始。客户既是项目结果的需求者，也是项目实施的资金提供者。客户是项目交付成果的最终使用者，在一般情况下，客户是订购并支付的人。例如，建设建筑物、住宅或公路时；在其他情况下，客户是购买由项目开发出来以及后来由公司生产出来的产品的人。

（5）供应商。供应商即为项目的承约商提供原材料、设备、工具等物资设备的商人。

7

一个项目可能有为数不多的利益相关者，也可能有数百万个潜在利益相关者。项目的不同阶段可能有不同的利益相关者，项目利益相关者在参与项目时的责任与权限大小各不相同，而随着项目的开展，利益相关者的影响、权利或利益可能会发生变化。置责任与权限于脑后的利益相关者可能会严重影响项目的目标，同样忽视利益相关者的项目经理也会对项目的结果造成破坏性影响。项目管理团队必须弄清楚谁是利益相关者，确定他们的要求和期望，然后根据他们的要求对其影响尽力加以管理，以确保项目取得成功。有效地让利益相关者参与有以下五个步骤，如图1-5所示。

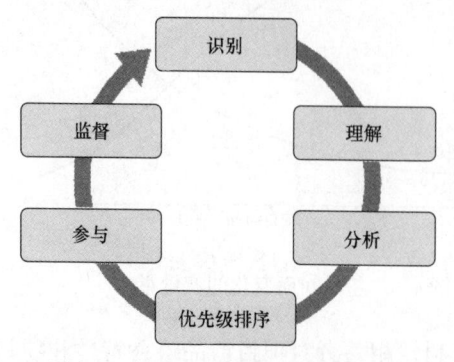

图1-5　驾驭有效的利益相关者参与

1. 识别

在组建项目团队之前，可以进行高层级的利益相关者识别。详细的利益相关者识别会对初始工作渐进明细化，并且这是贯穿整个项目的一项活动。有些利益相关者很容易识别，如客户、发起人、项目团队、最终用户等，但其他利益相关者在与项目没有直接联系时可能难以识别。

2. 理解和分析

一旦识别了利益相关者，项目经理和项目团队就应努力了解利益相关者的感受、情绪、信念和价值观。这些因素可能会导致项目成果面临更多威胁或机会。它们也可能会迅速变化，因此，了解和分析利益相关者是一项持续进行的行动。

对利益相关者进行分析时会考虑到利益相关者的几个方面，例如：权利、态度、期望、影响程度、与项目的邻近性和在项目中的利益等，这些信息有助于项目团队考虑可能影响利益相关者的动机、行动和行为的相互作用。除了单个分析之外，项目团队还应考虑利益相关者之间如何互动，因为他们通常结成联盟，而这些联盟有助于或会阻碍项目目标的实现。

3. 优先级排序

在许多项目中，项目团队所涉及的利益相关者太多，这些利益相关者无法全部直接或有效地参与。项目团队可以根据自己的分析完成对利益相关者的优先级进行初始排序。作为利益相关者优先级排序参与的一种方法，项目团队通常会聚焦于权利和利益最大的利益相关者。随着在整个项目期间各种事件不断发生，项目团队可能需要根据新的利益相关者或利益相关者环境的不断变化而重新进行优先级排序。

4. 参与

利益相关者参与，需要与利益相关者协作，通过向他们介绍项目，启发其需求，管理期望、解决问题、谈判、优先级排序、处理难题，并作出决策。争取利益相关者参与需要运用软技能，如积极倾听和人际关系技能冲突管理以及创建愿景等领导技能。

5. 监督

在整个项目期间，随着新的利益相关者被识别和一些其他利益相关者的退出，利益相关者将发生变化。随着项目的进展，一些利益相关者的态度或权利可能会发生变化。除了识别和分析新的利益相关者外，还要有机会评估当前的参与策略是否有效或是否需要调整。因此，在整个项目期间对利益相关者参与的数量和有效性要进行监督。

1.2 项目管理

1.2.1 管理的内涵

法国现代经营管理之父"亨利·法约尔"认为，管理活动包含五个要素：计划、组织、指挥、协调和控制。其中，计划就是探索未来和制订行动方案；组织就是建立物质组织和社会组织两部分；指挥就是使其人员发挥作用；协调就是连接、联合、调和所有的活动和力量；控制就是注意一切是否按已制定的规章和下达的命令进行。

管理是由多个环节组成的过程，即提出问题；筹划——提出解决问题的多个可能的方案，并对多个可能的方案进行比较和分析；决策；执行；检查。如图 1-6 所示。

这些组成管理的环节就是管理的职能。管理的职能在一些文献中也有不同表述，但其内涵是类似的。

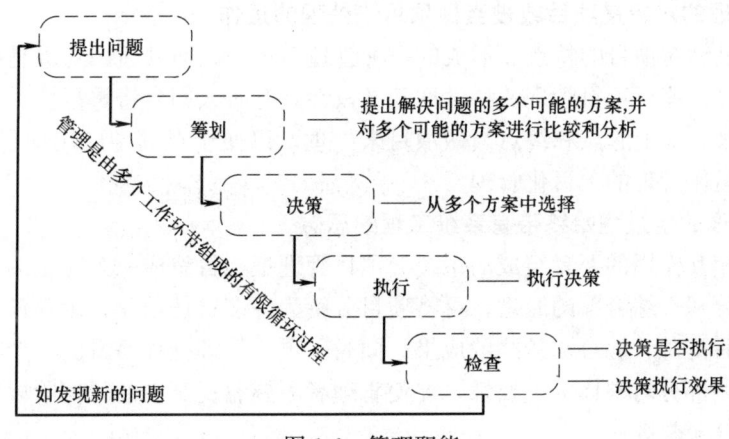

图 1-6 管理职能

1.2.2 项目管理的概念

"项目管理"一词有两种不同的含义：一是指管理活动，即一种有意识地按照项目的特点和规律，对项目进行组织管理的活动；二是指管理学科，即以项目管理活动为研究对象的一门学科，它是探求项目活动科学组织管理的理论与方法。前者是一种客观实践活动，后者是前者的理论总结；前者以后者为指导，后者以前者为基础。就其本质而言，二者是统一的。

关于项目管理的定义，人们从不同的角度进行了描述。

（1）将管理学中对"管理"的定义进行拓展，则"项目管理"就是以项目作为对象的管理，即通过计划、组织、指挥、协调和控制等职能，设计和保持一种良好的环境，使项目参加者在项目组织中高效率地完成既定的项目任务。

（2）由国家市场监督管理总局和国家标准化管理委员会发布的《质量管理 项目质量管理指南》GB/T 19016—2021 中对项目管理的定义是："项目管理包括在项目过程中对

项目的各方面进行策划、组织、监测和控制等活动，以达到项目目标"。

（3）美国项目管理协会（PMI）的《项目管理知识体系（PMBOK®指南）（第七版）》对项目管理的定义是："项目管理就是将知识、技能、工具与技术应用于项目活动，以满足项目的需求"。

综合上述定义，我国项目管理专家白思俊教授给出如下定义：项目管理就是以项目为对象的系统管理方法，通过临时性的专门的柔性组织，对项目进行高效率的计划、组织、指导和控制，以实现项目全过程的动态管理和项目目标的综合协调与优化。

1.2.3 项目管理的特点

项目管理与传统职能管理相比，最大的特点是项目管理注重于目标实现的综合性管理，并且具有严格的时间期限要求。项目管理必须通过不完全确定的过程，在确定的期限内生产出不完全确定的产品，其日程安排和进度控制常对项目管理产生很大的压力。

项目管理是一种成功实现目标的良好方法，同时也是一种科学控制过程的有效手段，还是一种教给人们系统做事的方法。具体来讲，其特点表现在以下六个方面：

1. 项目管理的对象是项目或被当做项目来处理的运作

项目管理是针对项目的特点而形成的一种管理方式，因而其适用对象是项目，特别是大型和复杂项目；鉴于项目管理的科学性和高效性，有时人们会将重复性"运作"中的某些过程分离出来，加上起点和终点当做项目来处理，以便于在其中应用项目管理的方法。这实际上就是运作管理的项目化管理。

2. 项目管理的全过程始终带有系统工程的思想

项目是由相互作用的要素组成的系统。项目管理把项目看成一个完整的系统，依据系统论"整体—分解—综合"的原理，可将项目分解为许多责任单元，由责任者分别按要求完成目标，然后汇总、综合成最终的成果；同时，项目管理把项目看成一个有完整生命周期的过程，强调部分对整体的重要性，促使管理者不要忽视其中的任何阶段，以免造成总体的效果不佳甚至失败。

3. 项目管理的组织具有特殊性

项目管理最为明显的特征是其组织的特殊性。其特殊性主要表现在以下四个方面：

（1）"项目组织"的概念。项目管理的突出特点是项目本身作为一个组织单元，并围绕项目来组织资源。

（2）项目管理组织的临时性。由于项目是一次性的，而项目的组织是为项目的实施服务，因此当项目终结时，其组织的使命也就完成了。

（3）项目管理组织的柔性化。所谓柔性即是可变的。项目的组织打破了传统的固定建制的组织形式，而是根据项目生命周期各个阶段的具体需要适时地调整组织的配置，以保障组织的高效、经济运行。

（4）项目管理组织强调其协调控制职能。项目管理是一个综合管理过程，其组织结构的设计必须充分考虑有利于组织各部分的协调与控制，以保证项目总体目标的实现。因此，目前项目管理的组织结构多为矩阵结构，而非直线职能结构。

4. 项目管理的体制是一种基于团队管理的个人负责制

由于项目系统管理的要求，需要集中权力以控制工作正常进行，因而项目的实施通常是通过一个临时的团队去实现，并要求团队高效率地协作共同去完成一项任务，所以项目经理在团队管理中是一个关键角色。

5. 项目管理的方式是目标管理

以项目方式实现的任何任务，必须具有明确的目标和约束。因此，项目管理是一种基于目标为导向的管理方式，同时也是一种多层次的目标管理方式。由于项目往往涉及的专业领域十分宽广，而项目管理者也无法成为每一个专业领域的专家，对某些专业虽然有所了解但不可能像专门研究者那样深刻。因此，项目管理者只能以综合协调者的身份，向被授权的人员讲明应承担工作的责任和意义，协商确定目标以及时间、成本、工作标准的限定条件，具体的工作则由被授权者独立处理。一般而言，设计目标系统时通常要遵循"SMART"原则，具体内涵见表1-2。

精准的项目目标　　　　　　　　　　　　　　　　　　　　　　表1-2

要求	内涵
具体(Specific)	目标清晰明了，没有什么不明确的因素。为什么要做？为什么重要？谁参与了？结果是什么？确保所有的利益相关者都能理解你的目标
可衡量(Measurable)	需要明确的标准来衡量实现目标的进度，否则你无法确定是否完成了目标。标准可以是数量、质量、频率、成本和/或完成期限
可实现(Attainable)	目标必须是可以实现的。如果目标不可实现，目标的设定就毫无意义，并且会让那些为之努力的人失去动力。要自问一下是否有足够的资源来完成目标，以及团队是否能够真正完成所要求的任务
相关性(Relevant)	目标必须能够产生对你和你的组织有重要性的结果。以结果为基础的目标将激励你的团队去实现目标，并激励其他利益相关者支持项目
时限(Time-based)	目标需要目标日期。设置截止日期可以帮助你的团队把精力集中在那些关键的时间点上。一定要考虑最后是否会影响项目结束期限

6. 成功项目管理的目标是"利益相关者的满意"

现代项目管理所强调的是全面的项目管理，所追求的不仅是项目的进度、成本及质量目标的完成，而是需要创造一种环境，以满足不同利益相关者的需求。"利益相关者的满意"成为现代项目管理成功的衡量标准。

1.2.4　项目管理的过程及职能领域

1. 项目管理的过程

过程是指为了生成具体结果（可度量结果，如产品、成果或服务）而开展的相互联系的一系列行动和活动的组合。一个项目的过程分为两种类型：一是项目的实现过程，它是指人们为创造项目的产出物而开展的各种业务活动所构成的整个过程。该过程是面向项目产品的过程，称为项目过程。其一般由项目生命周期表述，并因应用领域的不同而不同；二是项目的管理过程，它是指在项目实现过程中，人们开展项目的计划、决策、组织、协调、沟通、激励和控制等方面活动所构成的过程。不同项目的实现过程一般有着相同或相类似的项目管理过程。在一个项目的过程中，项目管理过程和项目实现过程从时间上是相互交叉和重叠的，从作用上是相互制约、相互影响的。

1）项目管理的五个过程

一般而言，项目管理过程是由五种不同的项目管理的具体过程（或阶段/活动）构成，这五种项目管理的具体过程构成了一个项目管理过程的循环："开始（启动）—计划（规划）—执行—控制（监控）—结束（收尾）"。一个项目管理过程循环中所包含的具体过程如图1-7所示，图中经过扩展的循环可以用于过程组内及其之间的相互关系中。

（1）开始过程。开始过程又称启动过程，处于一个项目管理过程循环的首位。它所包含的管理活动内容有：确定并核准项目或项目阶段，即定义一个项目或项目阶段的工作与活动；决策一个项目或项目阶段的开始与否，或决策是否将一个项目或项目阶段继续进行下去等。

（2）计划过程。计划过程又称规划过程，就是确定和细化目标，并为实现项目要达到的目标和完成项目要解决的问题范围规划必要的行动路线。其所包含的管理活动内容有：拟订、编制和修订一个项目或项目阶段的工作目标、任务、工作计划方案和管理计划，范围规划、进度计划、资源供应计划、成本计划、风险规划、质量规划以及采购规划等。

（3）执行过程。执行过程就是将人与其他资源进行结合，具体实施项目管理计划。其所包含的管理活动内容有：组织协调人力资源及其他资源，组织协调各项任务与工作，实施质量保证，进行采购，激励项目团队完成既定的各项计划，生成项目产出物等。

（4）控制过程。控制过程又称监控过程，就是定期测量并监视绩效情况，发现偏离项目目标和项目管理计划之处，采取相应的纠正措施以保证项目目标的实现。其所包含的管理活动内容有：制定标准、监督和测量项目工作的实际情况、分析差异和问题、采取纠偏措施，整体变更控制、范围核实与控制、进度控制、成本控制、质量控制、团队管理、利益相关者管理、风险监控以及合同管理等。

（5）结束过程。结束过程又称收尾过程，就是正式验收项目产出物（产品、服务或成果），并有序地进行结束项目或项目阶段。其所包含的管理活动内容有：制定项目或项目阶段的移交与接受条件，完成项目或项目阶段成果的移交，项目收尾和合同收尾，使项目或项目阶段顺利结束等。

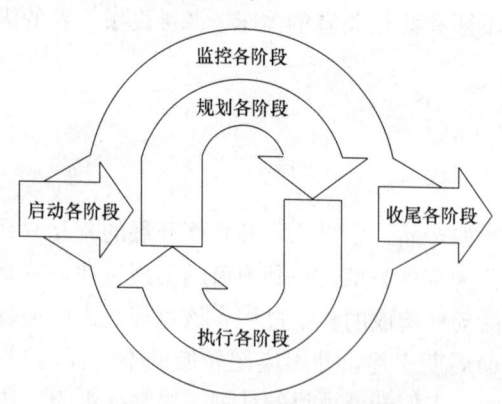

图1-7　项目管理过程及其循环

在一个项目的实现过程中，即项目生命周期的任何一个阶段，都需要开展上述项目管理过程循环中的各项管理活动。因此，项目管理过程的五个具体过程是在项目阶段中不断循环发生的，如图1-7所示。

2）项目管理五个过程之间的关系

一个项目过程循环中的五个具体管理过程之间具有特定的关系。首先它们之间是一种前后衔接的关系。各项目管理具体过程都有自己的输入和输出，这些输入和输出就是各个具体管理过程之间的相互关联要素。一个项目管理具体过程的输出（结果）是另一个项目管理具体过程的输入（条件/依据），因此各个项目管理具体过程之间都有相应的文件和信息传递，并且这些具体过程之间的输入和输出有的是单向的，有的是双向循环的，如图1-8所示。

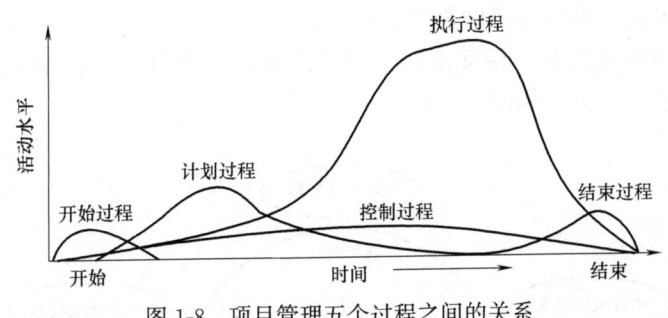

图1-8 项目管理五个过程之间的关系

一个项目管理过程循环中各个具体过程之间的关系，在时间上也并不完全是一个过程完成后另一个过程才能够开始的关系，各个具体过程在时间上会有不同程度的交叉和重叠。图1-8所示的是在一个项目管理过程循环中，各具体过程之间在时间上是如何交叉和重叠的。可以看出，开始过程最先开始，但在其尚未完成之时，计划过程就已经开始了。控制过程在计划过程之后开始，但它的开始先于执行过程，因为控制过程中有很大一部分管理工作属于事前控制工作，因此它必须预先开始并在执行过程中完成。结束过程在执行过程尚未完成之前就已开始，这意味着结束工作中涉及许多文档准备的工作可以提前开始，在执行过程完成以后所开展的结束过程工作只剩下移交性工作了。

2. 项目管理的十个职能领域

项目管理的十个职能领域是基于美国项目管理协会（PMI）的《项目管理知识体系（PMBOK®指南）第六版》所包括内容划分的，它将项目管理的工作内容划分为十大职能领域的活动过程。包括：

（1）项目整合管理：包括为识别、定义、组合、统一和协调各项目管理过程组的各个过程和活动而开展的过程与活动。

（2）项目范围管理：包括确保项目做且只做所需的全部工作以成功完成项目的各个过程。

（3）项目进度管理：包括为管理项目按时完成所需的各个过程。

（4）项目成本管理：包括为使项目在批准的预算内完成而对成本进行规划、估算、预算、融资、筹资、管理和控制的各个过程。

（5）项目质量管理：包括把组织的质量政策应用于规划、管理、控制项目和产品质量要求，以满足相关方的期望的各个过程。

（6）项目资源管理：包括识别、获取和管理所需资源以成功完成项目的各个过程。

（7）项目沟通管理：包括为确保项目信息及时且恰当地规划、收集、生成、发布、存储、检索、管理、控制、监督和最终处置所需的各个过程。

（8）项目风险管理：包括规划风险管理、识别风险、开展风险分析、规划风险应对、实施风险应对和监督风险的各个过程。

（9）项目采购管理：包括从项目团队外部采购或获取所需产品、服务或成果的各个过程。

（10）项目利益相关者管理：包括用于开展下列工作的各个过程，即识别影响或受项目影响的人员、团队或组织，分析利益相关者对项目的期望和影响，制定合适的管理策略来有效调动利益相关者参与项目的决策和执行。

这些活动过程相互影响、相互协调、恰当配合，在项目可交付物（产品、服务或成果）实现过程中进行权衡，如图1-9所示。

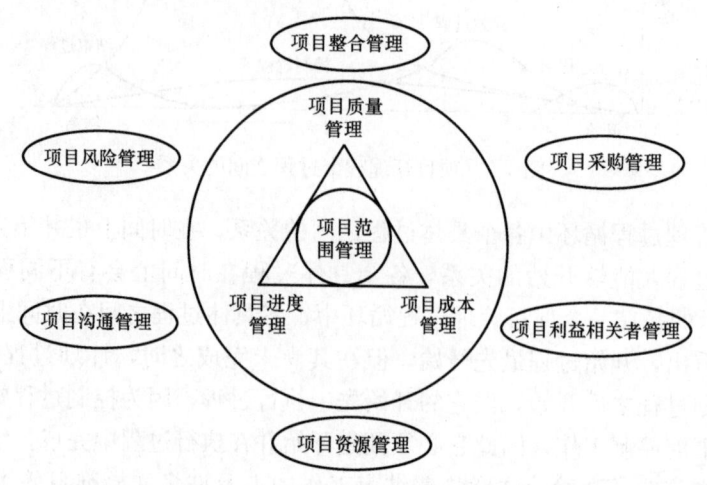

图1-9　项目管理的十个职能领域

1.2.5　项目管理的十二项原则

美国项目管理协会（PMI）的《项目管理知识体系（PMBOK®指南）（第七版）》中首次系统阐述了项目管理应遵循的十二项原则。

1. 成为勤勉、尊重和关心他人的管家

管家式管理（Stewardship）是指在遵守内部和外部准则的同时，管家应以负责任的方式行事，以正直、关心和可信的态度开展活动。管家式管理一方面涉及被委托看管某项事物，另一方面侧重于以负责任的方式规划、使用和管理资源，还有一方面是维护价值观和道德。管家应对其所支持项目的财务、社会和环境影响作出广泛承诺。

2. 营造协作的项目团队环境

项目是由项目团队交付的。项目团队由具有多样的技能、知识和经验的个人组成。项目团队在组织的职业文化和准则的范围内开展工作，通常会建立自己的"本地"文化。与独自工作的个人相比，协同工作的项目团队可以更有效率且有效果地实现共同目标。协作的项目团队环境可促进信息和个人知识的自由交流，使每个人都能尽最大努力为组织交付期望的成果。

3. 有效的项目利益相关者参与

项目利益相关者会以积极或消极的方式直接或间接影响项目及其绩效或成果。在项目的整个生命周期内，项目利益相关者可能会参与进来，也可能会退出。此外，随着时间的推移，项目利益相关者的利益、影响或作用可能也会有所变化。让项目利益相关者（特别是那些影响力高且对项目持不赞同或中立观点的项目利益相关者）积极主动地参与进来，以便项目团队了解他们的利益、顾虑和权利。然后，项目团队通过有效应对这些顾虑，达到促使项目成功和客户满意所需的程度。

4. 聚焦于价值

价值是指某种事物的作用、重要性或实用性，是项目的最终成功指标和驱动因素。项目的价值可以表示为对发起组织或接收组织的财务贡献，也可以是对所取得的公共利益的测量，例如，社会收益或客户从项目结果中所得到的收益。聚焦于价值是指对项目是否符合商业目标、预期收益和价值而进行的持续评估并作出调整。

5. 识别、评估和响应系统交互

项目存在于动态环境中，是由多个相互依赖且相互作用的活动域组成的一个系统。系统不断变化，需要了解项目的各个部分如何相互作用以及如何与外部系统交互，需要从整体角度识别、评估和响应项目内部和周围的动态环境，从而积极地影响项目绩效。

6. 展现领导力行为

领导力不应与职权混淆，职权是通过正式手段（例如，指定的职务）授予某人，个人可利用自己的职权来影响、激励、指导他人，或在他人未按要求或指示行事时采取行动。但项目对有效领导力有独特的需要，仅仅拥有职权是不够的，还需要领导力来激励团队实现共同目标，影响他们调整个人利益以支持集体努力，取得项目团队成功而非个人成功。据统计，高绩效项目会有更多的人更频繁地表现出有效的领导力行为。

7. 根据环境进行"裁剪"

"裁剪"是对有关项目的管理方法、治理和过程进行深思熟虑的调整，使之更适合特定环境和当前任务。适应独特的目标、项目利益相关者和环境的复杂性有助于项目取得成功。"裁剪"旨在最大化价值、管理制约因素并提高绩效。

8. 将质量融入过程和可交付物中

质量是产品、服务或结果的一系列内在特征满足需求的程度，包括满足客户陈述或隐含需求的能力。需求是指为满足需要，某个产品、服务或结果必须达到的条件或具备的能力。项目管理过程中应对项目的产品、服务或结果（又称为"可交付物"）的质量保持关注，可交付物要符合项目目标，并与相关干系人提出的需要、用途和验收需求保持一致。

9. 驾驭复杂性

复杂性是由于人类行为、系统行为和模糊性而难以管理的项目或其环境的特征，源于项目要素、项目要素之间的交互以及与其他系统和项目环境的交互。复杂性可出现在项目期间的任何时候，虽然复杂性无法控制，但项目团队可以对其活动作出调整，以应对复杂性造成的影响。项目管理过程中应不断评估和驾驭项目复杂性，以便这些方法和计划使项目团队能够成功驾驭项目生命周期。

10. 优化风险应对

风险是一旦发生即可能对一个或多个目标产生积极或消极影响的不确定事件或条件。已识别的风险可能会也可能不会在项目中发生。在整个生命周期内，项目团队应努力识别和评估项目内部和外部的已知和新出现的风险。在项目管理过程中，项目团队应力求最大化地增加积极风险（机会），减少消极风险（威胁），以最大化地发挥正面影响，并最小化控制对项目及其成果的负面影响。

11. 拥抱适应性和韧性

适应性是指应对不断变化的情形的能力；韧性是指吸收冲击的能力和从挫折或失败中快速恢复的能力。适应性和韧性是任何开展项目的人员应具备的有益特征。大多数项目在

某个阶段都会遇到挑战或障碍，如果项目团队开展项目的方法同时具备适应性和韧性，就有助于项目适应变革，从挫折中恢复过来并蓬勃发展。

12. 为实现预期的未来状态而驱动变革

在当今的商业环境中保持相关性是所有组织面临的根本挑战。要做到具有相关性，必须对项目利益相关者的需要和期望作出响应。这就需要项目团队为项目利益相关者的利益不断评估产品/服务，对变革作出快速响应，并担当变革推动者。

1.3 项目组合管理与敏捷项目管理

1.3.1 项目组合管理

1. 项目组合管理的内涵

项目组合是指为实现战略目标而组合在一起管理的项目、项目集、子项目组合和运营工作。项目组合管理是指为了实现战略目标而对一个或多个项目组合进行的集中管理。项目组合管理的重点是确保项目组合与组织的目标保持一致，并通过评估项目组合组件来优化资源分配。项目组合中的项目集或项目不一定彼此依赖或直接相关。例如，以"投资回报最大化"为战略目标的某基础设施公司，可以把油气、供电、供水、道路、铁路和机场等项目归并成一个项目组合。在这些归并的项目中，组织又可以把相互关联的项目作为项目组合来管理，所有供电项目可归类成供电项目组合；同理，所有供水项目可归类成供水项目组合。然而如果组织的项目是设计和建造发电站并运营发电站，这些相互关联的项目可以归类成一个项目集，那么供电项目集和类似的供水项目集就是该基础设施公司项目组合中的基本组成部分。合理地进行项目组合管理，能够使企业的技术和财务资源得到有效的配置和利用，进而提高企业的创新效率和市场竞争力。

2. 项目组合管理的优势

（1）核心能力的培养和提升。在资源有限的条件下，往往导致许多企业选择一些快速的、容易的、低成本的项目。通常这些项目又是不重要的，如一些产品的改进和延伸。而那些能够产生实际竞争优势的、带来重大创新的重要项目则没有受到重视，从而导致有利于核心能力培养和发展的真正好项目缺乏人力和资金。而通过有效的项目组合，应用组织学习手段，将不同项目的技术知识整合起来，形成节点知识或新的知识联结方式，以培养、拓展和强化企业的核心能力。

（2）与企业经营战略相匹配。项目组合管理能保证在不同类型、不同经营领域和市场的项目之间的成本分配与经营战略相符，实现与企业经营战略相匹配。

（3）组合价值最大化。项目管理合理分配资源可以使企业在一些战略目标（如长期赢利能力、投资回收期、成功的可能性等）的组合价值最大化。组合管理能产生比单一资源单独使用更大的效益，使资源在企业的不同阶段的配置更为合理，可以分散或降低风险，有利于企业发展过程各环节的一体化，降低交易成本，能够根据项目各自的优势对企业活动进行合理分工。

可见，合理地进行项目组合管理，能够使企业的技术和财务资源得到有效配置和利用，进而提高企业的创新效率和市场竞争力。因此，企业有必要把注意力放在组合管理上，特别是资源如何在项目之间合理分配，使企业获得持久的竞争能力。

1.3.2 敏捷项目管理

1. 敏捷项目管理的内涵

Scrum 是橄榄球比赛的一个术语，意为灵活应对的一种说法，具有敏捷之意。如今，项目管理的步伐越来越快，项目管理需要更灵活、更积极地响应客户的需求，敏捷项目管理方法应运而生，利用其灵活多变及不断迭代的思想，项目经理可以在不影响价值、质量和商业规则的前提下实现所有项目目标。Scrum 的管理思想使人们可以尽早地发现可能的问题，可以更快地、最小损失地应对问题。根据 Scrum 的主要原则"没有问题被扫入地毯下"，Scrum 鼓励每一个团队成员描述他所遇到的困难，而这个困难可能会对整个团队的工作造成影响。

敏捷项目管理适用于需求难以预测的复杂商务应用产品的开发项目。它定义一组活动，这些活动可帮助项目团队更快地向客户交付更多价值。利用这些活动，客户有机会在项目团队开展工作时检查、指导和影响团队的工作。

2. 敏捷项目管理的优势

敏捷项目管理作为新兴的项目管理模式，简化了烦琐的流程和文档管理，主张团队内部的面对面沟通和交流。以 Scrum 为代表，简单、持续集成、不断交付、价值优先、拥抱变化的原则在面对时刻变化的市场经济和不断发展的技术时变得非常方便。

敏捷项目管理的优势主要有：

（1）专注于如何在最短的时间内实现最有价值的部分。

（2）每隔一两周或者一个月，就可以看到实实在在可以上线的产品。

（3）团队按照商业价值的高低，先完成高优先级的产品功能并自主管理，凝结了团队智慧并创造出最好的方法，因而提高了效率。

（4）能够在开发进程中不断检查，并作出相应调整，便于快速发现问题，促使团队和组织持续改进。

课程思政案例

一、新冠疫情下的方舱医院项目

（一）案例背景

方舱医院是以成套的医疗设备和良好救治环境，具备各种医疗功能单元的特殊伤员救治机构的总称。常见于军队使用，在野战条件下以医疗方舱、技术保障方舱、病房单元、生活保障单元、运输单元为基础并根据任务性质按指令配备特定的专业及后勤人员进行编组，可采用海、陆、空等多种运输方式进行快速机动部署，能够就地展开后迅速具备医疗救治能力。第二代医疗方舱在 2008 年"5·12 汶川地震抗震救灾"、2010 年的"4·14 玉树抗震救灾"中的出色表现改变了野战医院以帐篷为依托的传统模式，使其具有较强的环境适应性、优良作业环境和配套救治条件，救治了大批伤病人员，成为灾区医疗救援的中坚力量。近期常提到的方舱医院是指新冠肺炎疫情发生后，依托会展中心、体育场馆等改造修建，用于集中收治新冠肺炎患者的临时医院。

（二）案例分析

2020 年 2 月，疫情发生初期，形势极为严峻，一方面是病人就医数量呈"井喷式"增长，大量病人在社区和社会流动；另一方面是医疗资源紧张，床位不能满足应收尽收的要求，面临着延误治疗时机、造成疫情扩散的双重压力。关键时刻，党中央果断作出建设方舱医院的决策，武汉市立即将一批体育场馆、会展中心等改造为方舱医院，在短时间内迅速解决了床位不足的问题，大大加快了病人的收治力度，有效降低了轻症向重症的转化率。2020 年 12 月 16 日，国家语言资源检测与研究中心发布"2020 年度中国媒体十大新词语"，方舱医院上榜。

自 2020 年 2 月，武汉将会展中心、体育场馆、国际博览中心等改造为"方舱医院"以来，面对疫情的紧张形势，建设"方舱医院"被国内外很多地区认为是关键之举。例如，2020 年 3 月，为加大对确诊病例和疑似病例的收治能力，伊朗开始借鉴中国经验，疫情严重的多个省份宣布征用展览中心、停工工厂等场地建设临时"方舱医院"。2022 年，因我国香港地区的新冠肺炎疫情严峻，元朗方舱自 2 月 22 日开工建设，历时 29 天，于 2022 年 3 月 22 日完成全部现场施工，该项目占地面积约 10 万 m^2，建筑面积约 5 万 m^2。该方舱可提供 2300 个隔离房间，可安排超过 9400 个隔离床位。方舱医院符合临时医疗场所建造的要求且在面对突发公共卫生事件起到重要作用，体现了城市在遭受灾难后的恢复力，对疫情起到了缓冲的作用，维持了一种微妙的动态平衡，增强了城市应对紧急情况的能力。从城市空间上的运用来看，方舱医院可以合理利用城市原有空间且作为一个应急场所具备了快捷方便、形式灵活、能够迅速适应新空间的特点。从医疗配备资源上看，方舱医院作为临时的医疗空间，内部设备与医务人员配备上也符合临时应急要求，能够保证在紧急情况下建立起一个切实可用的医疗收治场所，成为提高城市韧性的重要载体。

方舱医院的创设，是此次抗击新冠肺炎疫情中很关键的一招，在"防"与"治"两个方面发挥了不可替代的重要作用。方舱医院是一个创造，包含着鲜明的中国特色和中国智慧；其背后的运行机制也是创造，归根结底，是党中央集中统一领导下制度优势支撑起来的创举。党中央一声令下，武汉即刻启动建设，全国一盘棋、四面八方驰援，一座座方舱医院从无到有、从设想成为现实。第一批有 4000 张床位的 3 家方舱医院仅用 29 小时就建设完成。中央指导组调动 22 支国家紧急医学救援队及车载方舱、三支国家移动核酸检测实验车星夜赶往武汉，76 支医疗队 8000 多名医务人员在几天内陆续进入方舱医院，边建设、边接收、边治疗，迅速开展工作。从场馆施工改造，快速收治患者入院，到建立一系列流程、岗位、文书等制度，明确医护人员岗位职责、各就各位，到完善诊疗流程，建立快速、畅通的重症转诊机制等，方舱医院逐步实现了精细化管理且平稳高效运行。

（三）价值思考

项目是满足上层组织战略需求的重要载体。采用大规模的方舱医院来防控疫情，是我国公共卫生防控与医疗的一个重大创举，在人类抗击传染病历史上没有先例。30 天的时间里，方舱医院项目从无到有、有效运转，体现了党中央能最大限度地调集有效资源，在最短时间内找到克服危机的最佳办法，并有效地得以实施，完成既定目标。这充分表明：党的领导是中国特色社会主义制度的最大优势，党中央越有权威，行动越有力量。

二、美国"挑战者号"航天飞机失事之决策分析

（一）案例背景

"挑战者号"航天飞机灾难发生于美国东部时间 1986 年 1 月 28 日上午 11 时 39 分，在美国佛罗里达州上空刚起飞 73 秒的挑战者号航天飞机发生解体，机上 7 名机组人员丧命。解体后的残骸掉落在美国佛罗里达州中部的大西洋沿海处。具体来说，"挑战者号"航天飞机升空后，因右侧固体火箭助推器（SRB）的 O 形环密封圈失效，使得原本应该是密封的固体火箭助推器内的高压高热气体泄漏。这批气体影响了毗邻的外储箱，在高温的烧灼下结构失效，同时也让右侧固体火箭助推器尾部脱落分离。最后，高速飞行中的航天飞机在空气阻力的作用下于发射后的第 73 秒解体，机上 7 名机组人员无一幸免。

这次灾难性事故导致美国的航天飞机飞行计划被冻结了长达 32 个月之久。

美国原总统罗纳德·里根下令组织一个特别委员会——罗杰斯委员会，负责此次事故的调查工作。罗杰斯委员会发现由于美国航空航天局（NASA）的组织文化与决策过程中的缺陷与错误，成了导致这次事件的关键因素。

（二）案例分析

"挑战者号"航天飞机失事，虽然表面上是一个很偶然的、细小的技术失误，即 O 形密封圈在异常天气状况下失效，但实际上却是一个完全可以通过前期的深度沟通和正确决策避免的显性因素。

1. 决策过程

"挑战者号"最初计划于美国东部时间 1 月 22 日下午 2 时 43 分在佛罗里达州的肯尼迪航天中心发射，但是由于上一任务的延迟导致发射日推后到 23 日，然后改延迟到 24 日。接着，由于降落场地、天气等原因，又先后改为 25 日、27 日；由于舱门等原因，又推迟一天，定为 1 月 28 日。

天气预报称佛罗里达州 1 月 28 日的清晨将会非常寒冷，气温接近−0.5℃，这也是允许发射的最低温度。在 27 日晚间的一次远程会议上，塞奥科公司的工程师和管理层同来自肯尼迪航天中心和马歇尔航天飞行中心的 NASA 管理层讨论了天气问题。包括著名的罗杰·博伊斯乔利等部分工程师，再次表达了他们对负责密封 SRB 部件接缝处的 O 形环感到担心，他们指出低温可能会导致 O 形环的橡胶材料失去弹性。他们认为，如果 O 形环的温度低于 11.7℃，将没有足够的数据能保证它能够有效密封住接缝。NASA 管理层对此展开了讨论，他们思考当橡胶材料的主要 O 形环失效时，次要的 O 形环是否还会让固体火箭助推器持续保持密封状态。然而这项疑问从来没有被证实，而依流程也不能以此想法处理。

讨论进行了近 5 个小时，宇航局终于表示，它不会不听火箭设计者的建议而强行发射。就在这时，塞奥科公司副总裁请求暂停会议 5 分钟。塞奥科公司的总裁杰里·马森说："我们必须作出一个可操作的决定"。博伊斯乔利马上意识到，公司主管为了取悦最主要的客户——宇航局，态度已从"不要发射"变成了"可以发射"。公司内部的讨论持续了不是 5 分钟而是 30 分钟，包括博伊斯乔利在内的工程师被排除在外，4 名高级经理投票赞成发射。老板随即接通了电视会议，通知宇航局，塞奥科的态度有了变化，"挑战者"可以发射。

2. 决策要素分析

一般决策问题所涉及的要素有 7 个：决策者、期望目标、行动方案、内在约束条件、环境状态、准则与方法、后果指标。本案例的决策问题是：在 1 月 28 日非常寒冷的天气情况下，挑战者号能否按计划发射。在此问题界限下，各要素如下：

决策者：以宇航局为主的决策群体（团队）。其中，成员包括宇航局官员、塞奥科公司管理层和工程师三类人群。

期望目标：解决"挑战者号"航天飞机能否如期发射问题，完成航天计划中的一项具体任务。

行动方案：包括两个，一是如期发射；二是延迟发射（解决设计问题或避开恶劣天气择期发射）。

内在约束条件：航天飞机是一种高科技产品，航天发射需要特别精密的计划和周到的情形判断，对天气、自然环境等有高度的依赖性。在诸多技术环节中，O 形环问题已经在上次飞行中暴露出来，并得到了工程师们的高度重视。O 形环的设计缺陷成为本次决策中的重要内在约束条件。

环境状态：航天飞机的发射既有技术环境，也有政治、社会环境。从技术环境来看，美国的航天历史已久，"挑战者号"航天飞机已经有了九次成功发射经历，技术成熟，航天界从管理人员到技术人员普遍存在着技术自信；政治环境，主要是里根总统马上要发表年度国情咨文，由于航天事业的特别地位，发射成功与国情咨文的发表有着潜在的又是重要的联系；而社会环境，更主要表现在公众对此次发射的高度关注上，因为在该事故中遇难的宇航员克丽斯塔·麦考利夫是太空教学计划的第一名成员。她原本准备在太空中向学生授课，也因此有许多学生也观看了挑战者号的发射直播。

准则与方法：对于航天飞机的发射决策，其决策准则主要有三个方面：航天事业的计划性（按计划，应该发射）、社会效益与经济效益（发展航天事业，是为了利用航天技术创造国家竞争优势，表现在军事、经济和社会发展等方面）、安全性（影响重大的技术性事件，安全性是第一保障，安全发射后才能实现计划任务和经济社会效益）。决策的方法采用了以远程电话会议为主要形式的群体讨论决策方法，由参与决策的各方充分发表与发射相关的意见，并由主持人或负责人最终作出决策。

后果指标：发射成功，完成各项实验任务。

3. 决策主体分析

由于决策者是以航天局为主的多个组织之间的协作决策，可以把其界定为组织决策（可以讨论其中的组织结构、组织文化等要素）；也可以把参与决策的主要人物划作一个决策团队，从团队决策的层次，分析团队成员在决策过程中的互动，不同的地位决定其决定态度和倾向，不同的决策地位决定其意见表达的充分性和意见的相互作用程度。本书从团队决策角度加以分析。

在"挑战者号"航天飞机的发射决策中，决策团队成员：航天局发射小组，塞奥科公司总裁杰里·马森为代表的管理层和以罗杰·博伊斯乔利为主的工程师群体。三个群体分别有着不同的地位、人群特性和利益考虑。

航天局发射小组是发射决策的主要负责者，承担发射决策的最重要责任，因此，其对发射任务的多个准则应该全面而充分地考察、核对与权衡。由于航天发射的技术密集性，来自于工程师群体的技术性意见与建议应该在其权衡中占据重要地位（但实际上，工程师的意见并没有得到充分重视）。

塞奥科公司管理层介于航天局与工程师群体之间，既需要考虑工程师的技术性意见，更注重与航天局的合作关系，因为其面临着市场竞争的压力，因此更注重航天局的雇主地位和利益关系，更要为雇主的前途考虑。其与航天局的利益绑定，使其更希望与航天局一道作出如期发射的决策，以使航天计划顺利完成，航天任务顺利实现，从政治、社会和经济多方面获得预期收益。

工程师群体最具理性思维，能够针对航天飞行中的诸多细节保持冷静和严谨思维，并对 O 形环在飞行中的重要性有清醒的认识。因此其主导意见是避免寒冷天气下的发射。

4. 团队决策中沟通的重要性

"挑战者号"发射决策中的沟通，存在着较多的问题：

（1）沟通态度问题。在面临复杂的发射环境情形下，航天局虽然与多个组织、团队进行了联系与沟通，但其定位是寻求支持，而不是客观获取信息以利正确决策。在此态度下的沟通，存在着无意识的信息和态度过滤。甚至塞奥科公司在决策倾向中出现明显转变时，航天局也只是屡次确认其态度是什么，而没有追究态度转变的原因是什么。

（2）沟通通道问题。在重要的技术力量与主要决策者之间，存在着沟通障碍，这道障碍就是有着更多利益纠葛的塞奥科公司的管理层。由于工程师无法把技术方面的信息直接呈现给主要决策者，航天局对技术因素的致命程度估计不足。

（3）沟通中的压力问题。压力既有内部的，又有外部的，宇航局想在里根总统发表国情咨文前把航天飞机送上天。这显然是承受着巨大的压力。

在 2003 年"哥伦比亚号"灾难之后，NASA 内部对安全问题的态度再次成为关注的焦点。"哥伦比亚号"事故调查委员会认为，NASA 未能从挑战者的事故中学到足够多的教训，"造成对'挑战者号'（事故）负有责任的制度失效原因并未消除"，意即导致"挑战者号"事故"有瑕疵的决策过程"，在过了 17 年后再次导致了"哥伦比亚号"的悲剧。

（三）价值思考

如果将"挑战者号""哥伦比亚号"航天飞机发射视为一个项目，该项目无疑是失败的，由于决策失误导致失败的教训是深刻的。早有迹象可循，为何未能把好安全关口？从事故中汲取教训，工程师应当怎么办？通过本课程的学习，帮助大家掌握一定的项目管理和工程经济决策理论和工程伦理思想基础，培养工科学生形成相应的思维方法，提高决策能力。

复习思考题

一、单项选择题

1. 项目的"一次性"的含义是指（   ）。

    A. 项目的持续时间很短　　　　　　B. 项目有确定的开始时间和结束时间

    C. 项目在未来一个不确定的时间结束　D. 项目可以在任何时间取消

2. 确定项目是否可行是在（   ）完成的。

    A. 概念阶段　　　　B. 规划阶段　　　　C. 实施阶段　　　　D. 收尾阶段

3. 随着项目生命周期的进展，资源的投入（　　　）。

    A. 逐渐变小　　　　B. 逐渐变大　　　C. 先变小再变大　　D. 先变大再变小

4. 下列表述正确的是（　　　）。

    A. 与其他项目阶段相比，项目收尾阶段与启动阶段的成本投入较少

    B. 与其他项目阶段相比，项目启动阶段的成本投入是较多的

    C. 项目从开始到结束，其风险是不变的

    D. 项目开始时，风险最低，随着任务的逐项完成，风险逐渐增多

5. 应对项目可交付成果负主要责任的是（　　　）。

    A. 质量经理　　　　　　　　　　　　B. 高级管理层

    C. 项目经理　　　　　　　　　　　　D. 项目班子中的某个人

二、多项选择题

1. 下列属于项目的是（　　　）。

    A. 举办一场婚礼　　B. 开发一种新的软件系统

    C. 提供金融服务　　D. 举办奥运会　　E. 管理一个公司

2. 属于项目组成要素的有（　　　）。

    A. 项目范围　　　　B. 项目组织　　　C. 项目的质量

    D. 项目经理　　　　E. 项目的成本

3. 项目的生命周期阶段中过程比较缓慢的是（　　　）。

    A. 启动　　　　　　B. 规划　　　　　C. 执行

    D. 收尾　　　　　　E. 监控

4. 关于项目管理的特点，说法正确的是（　　　）。

    A. 项目管理的体制是个人负责制

    B. 项目管理组织专门化

    C. 项目管理的方式是目标管理

    D. 项目管理的过程贯穿着系统工程的思想

    E. 项目管理的目标是让利益相关者满意

5. 项目的利益相关者可定义为（　　　）。

    A. 与项目直接有关的个人和组织

    B. 使用项目产品的个人和组织

    C. 利益受项目执行过程或完成结果影响的个人和组织

    D. 任何项目可能涉及的个人和组织

    E. 与项目间接有关的个人和组织

三、思考题

1. 举例说明什么是项目，并结合该具体项目分析项目的特征与属性。

2. 什么是项目管理？项目管理的原则体现在哪些方面？

3. 查阅北京大兴国际机场项目资料，谈谈对项目与项目管理的认识。

4. 以粤港澳大湾区城际轨道线路如广珠城际、广佛城际等为例，识别项目的利益相关者，并分析利益相关者的需求和期望。

第 2 章　工程经济决策基础

任何工程活动必然涉及经济方面的因素，工程经济是以工程项目为主体，以技术—经济系统为核心，研究如何有效利用资源，提高经济效益的学科。由于在特定的时期和一定的地域范围内，人们能够支配的经济资源总是稀缺的，因此对工程经济活动进行事前分析（简称"工程经济分析"）是十分必要的。工程经济分析的目的是，在有限的资源约束条件下对所采用的技术进行选择，对活动本身进行有效的计划、组织、协调和控制，以最大限度地提高工程经济活动的效益，降低损失或消除负面影响，最终提高工程经济活动的价值。

2.1　工程经济分析的基本原理与步骤

2.1.1　工程经济分析的基本原理

1. 工程经济分析的目的是提高工程经济活动的经济效果

工程经济活动都具有明确的目标，都是为了直接或间接地满足人类自身的需要。例如，生产性活动是通过新材料、新设备、新能源和新技术的应用为人类生存和发展提供更多更好的所需物品和服务；医疗活动是应用生物工程、遗传学和生命科学的成果更好地防病治病，救死扶伤，造福人类。工程经济活动的目标是通过活动产生的效果来实现的。根据活动对具体目标的不同影响，效果可分为有用的、所期望的和无用的或想避免的。前者通常称为效益，后者通常称为损失。

经济效果就是人们在应用技术的社会实践中效益与成本及损失的比较。对于取得一定有用成果和所支付的资源代价及损失的对比分析，就是经济效果。

当效益与成本及损失为不同度量单位时，经济效果可用下式表示：

$$经济效果＝\frac{效益}{成本＋损失}$$

当效益与成本及损失为相同度量单位时，经济效果可用下式表示：

$$经济效果＝效益－（成本＋损失）$$

根据分析的角度不同、受益者不同，可将经济效果划分为不同的类别。

（1）企业经济效果和国民经济效果。根据分析的角度不同，可以将经济效果分为企业经济效果和国民经济效果。企业经济效果是指站在企业的角度，从企业的利益出发，分析投资方案的经济效果；国民经济效果是指站在国家的角度，从国民经济以至整个社会出发，分析投资方案的经济效果。

由于分析的角度不同，对同一投资方案的企业经济效果评价的结果与国民经济效果评价的结果可能会不一致。一般情况下，如果投资方案的国民经济效果评价认为可行，企业经济效果评价也认为可行，就可以进行实施；如果国民经济效果评价认为可行，企业经济效果评价认为不可行，可以通过减税、优惠贷款及实行政策性补贴等经济手段，使企业经济效果变为可行，再进行实施；如果国民经济效果评价认为不可行，无论企业经济效果如何都必须坚决否定。

（2）直接经济效果和间接经济效果。根据受益者不同，可以将经济效果分为直接经济效果和间接经济效果。直接经济效果是指投资方案直接给实施企业带来的经济效果；间接经济效果是指投资方案对社会其他部门产生的经济效果。如一个生态旅游项目的实施，既可获得旅游收益，又可以减少环境污染、保护生态平衡，改善周边的生态环境，一般来说，直接经济效果容易看得见，不易被忽略。但从全社会可持续发展的角度出发，则更应强调间接经济效果。

提高工程经济活动的经济效果是工程经济分析的出发点和归宿点。

2. 技术与经济之间是对立统一的辩证关系

从长期来看，经济是技术进步的目的，技术是达到经济目标的手段，是推动经济发展的强大动力。从短期来看，技术与经济之间还存在着相互制约和相互矛盾的一面。有些先进技术需要有相应的工程经济条件起支撑作用，需要相应的资源结构配合。对于不具备相应条件的国家和地区，这样的技术就很难发挥应有的效果。这正是为什么在相同的生产力发展阶段，不同的社会形态会创造出极为悬殊的劳动生产率的原因之一。

3. 工程经济分析的重点是科学地预见活动的结果

人类对客观世界运动变化规律的认识，使得人们可以对自身活动的结果作出一定的科学预见，判断一项活动目的的实现程度，并相应地选择、修正所采取的方法。

工程经济分析正是对一次性工程经济活动的方案付诸实施之前或实施之中的各种结果进行估计和评价的过程，属于事前或事中主动的控制，即信息搜集—资料分析—制定对策—防止偏差。事后的评价和总结仍然是为了在新的项目中汲取经验教训。对工程经济活动的预见要求人们面对未来，对可能发生的后果进行合理的预测。只有提高预测的准确性，客观地把握未来的不确定性，才能提高决策的科学性。工程经济活动可行性研究的主要内容之一就是要进行周密的市场调查，准确地估计项目的效益、成本及损失。

可行性研究工作方式的提出使工程经济分析的预见性提高到一个新的水平。可行性研究是在对工程项目作出是否投资的决策之前，进行技术经济分析论证的科学分析方法和技术手段。可行性研究报告的基本内容可概括为三部分：市场研究、技术研究、效益研究。这三部分构成了可行性研究的三大支柱。市场研究包括产品的市场调查与预测研究，这是工程项目成立的重要前提，其主要任务是要解决工程项目建设的"必要性"问题；技术研究即投资方案和建设条件研究，从资源投入、厂（场）址、技术、设备和生产组织等问题入手，对工程的投资方案和建设条件进行研究，这是可行性研究的技术基础，其主要任务是要解决建设项目在技术上的"可行性"问题；效益研究即经济评价，这是决策项目投资命运的关键，是项目可行性研究的核心部分，其主要任务是要解决工程项目在经济上的"合理性"问题。

4. 工程经济分析是对工程经济活动的系统评价

系统性主要表现在以下三个方面：

（1）评价指标的多样性和多层性，构成一个指标体系；

（2）评价角度或立场的多样性，根据评价时所站的立场或看问题的出发点的不同，分为企业财务评价、国民经济评价以及社会评价等；

（3）评价方法的多样性，常用的评价方法有以下几大类：定量或定性评价、静态或动态评价、单指标或多指标综合评价等。

由于局部和整体、局部与局部之间客观上存在着一定的矛盾和利益，系统评价的结果总是在法律法规允许的范围内，各利益主体目标相互协调的均衡结果。

需要指出的是，对于特定的利益主体，由于多目标的存在，各方案对各分目标的贡献有可能不一致。因此，在一定的时空和资源约束条件下，工程经济分析寻求的只能是令决策者满意的整体方案，而非各分项效果都最佳的最优方案。

5. 满足可比条件是投资方案比较的前提

为了在对各项投资方案进行评价和选优时，能全面、正确地反映实际情况，必须使各方案的条件等同化，这就是所谓的"可比性问题"。由于各个方案涉及的因素极其复杂，加上难以定量表达的因素，所以不可能做到绝对的等同化。

在实际工作中，一般只能做到使方案经济效果影响较大的主要方面达到可比性要求，包括：①产出成果使用价值的可比性；②投入相关成本的可比性；③时间因素的可比性；④价格的可比性；⑤评价参数的可比性。其中，时间因素的可比性是方案经济评价通常要考虑的一个重要因素。例如，有两个投资方案，产品种类、产量、投资、成本完全相同，但时间上有差别，其中一个投产早，另一个投产晚，这时很难直接对两个方案的价值大小下结论，必须将它们的效果和成本都换算到同一个时点后，才能进行方案评价和比较。

2.1.2 工程经济分析的基本步骤

工程经济分析可大致概括为五个步骤：确定目标、寻找关键要素、穷举方案、评价方案、决策。

1. 确定目标

工程项目的成功与否，不但取决于系统本身效率的高低，也与系统是否能满足人们的需要密切相关，只有通过市场调查等各种手段，明确了目标，才谈得上技术的可行性和经济的合理性。工程经济分析的第一步就是通过调查研究寻找经济环境中显在和潜在需求，确立工作目标。

2. 寻找关键要素

关键要素也就是实现目标的制约因素，确定关键要素是工程经济分析的重要一环。只有找出主要矛盾，确定系统的各种关键要素，才能集中力量，采取最有效的措施，为目标的实现扫清道路。

寻找关键要素，实际上是一个系统分析的过程，需要树立系统思想方法，综合运用各种相关学科的知识和技能。例如，三峡工程决策时就采用了系统分析的方法来确定项目的关键要素。1954 年，由于长江中下游区域出现了近 100 年间最大的洪水，造成了严重的洪涝灾害。为消除水患，国家于 1958 年成立长江流域规划办公室，提出蓄水位 200m、水电装机容量 2500 万 kW 的设计方案。由于工程规模太大、移民太多、水库建成后泥沙淤积等问题，工程建设被搁置。1984 年，中国长江三峡开发总公司筹建处在湖北省宜昌市成立，经过充分论证和系统分析，确定了整个三峡工程的关键要素：防洪、发电、通航、移民、文物保护、环境保护。三峡工程于 2009 年完工后，可使荆江河段防洪标准由原来的约 10 年一遇提高到 100 年一遇；三峡水电站总装机容量 1820 万 kW，对华东、华中和华南地区的经济发展和减少环境污染起到重大的作用；显著改善了宜昌至重庆 660km 的长江航道，万吨级船队可直达重庆港，航道单向年通过能力可由原来的 1000 万 t 提高到 5000 万 t。

3. 穷举方案

关键要素找到后，紧接着要做的工作就是制订各种备选方案。一个问题通常可采用多种方法来解决，因而可以制订出许多不同的方案。例如，提高产品质量，可通过更新设备实现，也可通过质量控制方法实现。

工程经济分析过程本身就是多方案选优，如果只有一个方案，决策的意义就不大了。所以，穷举方案就是要尽可能多地提出潜在方案，包括什么都不做的方案，也就是维持现状的方案。实际工作中往往有这样的情况，虽然在分析时考虑了若干方案，然而由于恰恰没有考虑更为合理的某个方案，导致了不明智的决策结果。很明显，一个较差的方案与一个更差的方案比较也会变得有吸引力。

4. 评价方案

从工程技术的角度提出的方案往往都是在技术上可行的，但在效果一定时，只有成本最低的方案才能成为最佳方案，这就需要对备选方案进行经济效果评价。

评价方案，首先必须将参与分析的各种因素定量化，一般将方案的投入和产出转化为用货币表示的收益和成本，即确定各对比方案的现金流量，并估计现金流量发生的时点，然后运用数学手段进行综合运算、分析对比，从中选出最优的方案。

5. 决策

决策即从若干行动方案中选择令人满意的实施方案，它对工程项目的效果有决定性的影响。在决策时，工程技术人员、经济分析人员和决策人员应特别注重信息交流和沟通，减小由于信息的不对称所产生的分歧，使各方人员充分了解各方案的工程经济特点和各方面的效果，以提高决策的科学性和有效性。

2.2 资金时间价值的计算及应用

2.2.1 现金流量和资金的时间价值

1. 现金流量的含义及示意图

（1）现金流量的含义。在工程经济中，通常将所分析的对象视为一个独立的经济系统。在某一时点 t 流入系统的资金称为现金流入，记为 CI_t；流出系统的资金称为现金流出，记为 CO_t；同一时点上的现金流入与现金流出之差称为净现金流量，记为 NCF（Net Cash Flow）或 $(CI-CO)t$，现金流入量、现金流出量、净现金流量统称为现金流量。现金流入和现金流出是从研究对象的角度划分的。例如，个人向银行存入一笔资金，从个人角度考察是现金流出，从银行角度考察是现金流入。

（2）现金流量示意图。现金流量示意图是一种反映经济系统资金运动状态的图式，运用现金流量示意图可以形象、直观地表示现金流量的三要素：大小（资金数额）、方向（资金流入或流出）和作用点（资金流入或流出的时间点），如图 2-1 所示。

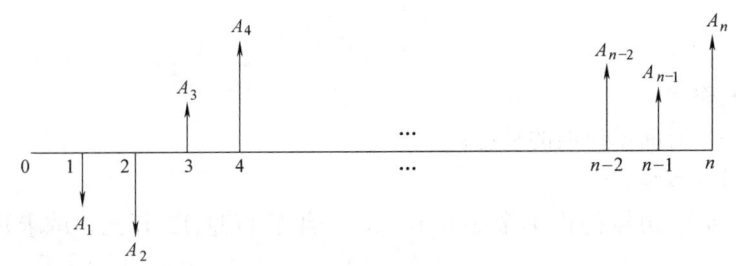

图 2-1 现金流量示意

现金流量示意图绘制规则如下：

（1）横轴为时间轴，0 表示时间序列的起点，n 表示时间序列的终点。轴上每一间隔表示一个时间单位（计息周期），一般可取年、半年、季或月等。整个横轴表示系统的生命周期。

（2）与时间轴相连的垂直箭线代表不同时点的现金流入或现金流出。在时间轴上方的箭线表示现金流入；在时间轴下方的箭线表示现金流出。

（3）垂直箭线的长度要能适当体现各时点现金流量的大小，并在各箭线上方或下方注明现金流量的数值。

（4）垂直箭线与时间轴的交点为现金流量发生的时点（作用点）。时点既表示与之相连的前一时间单位的终点，又表示后一时间单位的起点。

2. 资金的时间价值

（1）资金时间价值的含义。资金在运动中，其数量会随着时间的推移而产生增值，其增值的这部分资金就是原有资金的时间价值。

任何方案的实施在时间上都是一个延续过程，由于资金时间价值的存在，在方案经济分析中，若将不同时点发生的现金流量直接进行比较就不尽合理。只有通过一系列换算（时间价值计算），站在同一时点上进行对比，才能使比较结果符合客观实际情况。考虑资金时间价值的经济分析方法，能使方案评价和选择的结论更加客观和可靠。

（2）利息和利率。利息是资金时间价值的一种重要表现形式，甚至可以用利息代表资金的时间价值。通常用利息作为衡量资金时间价值的绝对尺度；用利率作为衡量资金时间价值的相对尺度。

① 利息。在资金借贷过程中，债务人偿付给债权人的资金总额中超过原借款本金的部分就是利息，即

$$I = F - P \tag{2-2-1}$$

式中　I——利息；

　　　F——还本付息总额；

　　　P——本金。

在工程经济分析中，利息还被理解为资金的一种机会成本，是指占用资金所付的代价或者是放弃现期消费所得的补偿。

② 利率。利率是一个时间单位内（如年、半年、季、月、周、日等）所得（或所付）利息与借款本金之比，通常用百分数表示，即

$$i = \frac{I_t}{P} \times 100\% \tag{2-2-2}$$

式中 i——利率；

I_t——一个时间单位内的利息；

P——借款本金。

【例 2-1】 某公司年初借本金 200 万元，一年后付息 12 万元，试求这笔借款的年利率。

解：根据式（2-2-2），年利率为 $12 \div 200 \times 100\% = 6\%$。

③ 影响利率的主要因素。利率的高低主要由以下因素决定：

a. 社会平均利润率。通常情况下，平均利润率是利率的最高界限。如果利率高于利润率，借款人投资后无利可图，也就不会借款了。

b. 借贷资本供求情况。利息是使用资金的代价，受供求关系的影响，在平均利润率不变的情况下，借贷资本供过于求，利率下降；反之，利率上升。

c. 借贷风险。借出资本要承担一定风险，而风险的大小会影响利率的波动。风险越大，利率也就越高。

d. 通货膨胀。通货膨胀对利率的波动有直接影响，如果资金贬值幅度超过名义利率，往往会使实际利率无形中成为负值。

e. 借贷期限。借款期限长，不可预见因素多，风险大，利率也就高；反之，利率就低。

④ 利息的计算方法。

利息计算有单利和复利之分。当计息周期数在一个以上时，就需要考虑单利与复利的问题。

a. 单利计算。单利是指在计算每个周期的利息时，仅根据最初的本金和周期利率计算本期利息，而先前计息周期中所累积增加的利息不作为本期利息计算基础，即通常所说的"利不生利"的计息方法。其计算式如下：

$$I_t = P \cdot i_d \tag{2-2-3}$$

式中 I_t——第 t 计息周期的利息额；

P——本金；

i_d——计息周期单利利率。

设 I_n 代表 n 个计息周期所付或所收的单利总利息，则有下式：

$$I_n = \sum_{i=1}^{n} I_t = \sum_{i=1}^{n} P \cdot i_d = P \cdot i_d \cdot n \tag{2-2-4}$$

由式（2-2-4）可知，在以单利计息的情况下，总利息与本金、利率以及计息周期数成正比。而 n 期末单利本利和 F 等于本金加上利息，即

$$F = P + I_n = P(1 + n \cdot i_d) \tag{2-2-5}$$

式中 $1 + n \cdot i_d$——单利终值系数。

在利用式（2-2-5）计算本利和 F 时，要注意式中 n 和 i_d 反映的周期要匹配。如 i_d 为年利率，则 n 应为计息的年数；若 i_d 为月利率，n 应为计息的月数。

【例 2-2】 如某公司以单利方式在第 1 年初借入 1 000 万元，年利率为 8%，第 4 年年

末偿还。试计算各年利息与年末本利和。

解：计算过程和计算结果如表 2-1 所示。

各年单利利息与本利和计算表（单位：万元）　　　　　　表 2-1

使用期	计息本金	利息	年末本利和	偿还额
1	1000	1000×8%＝80	1080	0
2	1000	80	1160	0
3	1000	80	1240	0
4	1000	80	1320	1320

由例 2-2 可见，单利的年利息额仅由本金所产生，其新生利息，不再加入本金产生利息，此即"利不生利"。由于没有反映资金随时都在"增值"的规律，即没有完全反映资金的时间价值，因此，在工程经济分析中较少使用单利。

b. 复利计算。复利是指在计算每个周期的利息时，先前计息周期所累积增加的利息结转为本金一并计算本期利息，即通常所说的"利生利""利滚利"的计息方法。其计算式如下：

$$I_t = i \cdot F_{t-1} \tag{2-2-6}$$

式中　I_t——第 t 个计息周期利息额；

　　　i——计息周期复利利率；

　　F_{t-1}——第 $t-1$ 个计息周期末复利本利和。

第 t 年年末复利本利和的表达式如下：

$$F_t = F_{t-1} \cdot (1+i) = F_{t-2} \cdot (1+i)^2 = \cdots = P \cdot (1+i)^n \tag{2-2-7}$$

【例 2-3】 数据同例 2-2。试按复利计算各年的利息和年末本利和。

解：按复利计算时，计算结果见表 2-2。

各年复利利息与本利和计算表（单位：万元）　　　　　　表 2-2

使用期	计息本金	利息	年末本利和	偿还额
1	1000	1000×8%＝80	1080	0
2	1080	1080×8%＝86.400	1166.400	0
3	1166.4	1166.4×8%＝93.312	1259.712	0
4	1259.712	1259.712×8%＝100.777	1360.489	1360.489

比较表 2-1 和表 2-2 可以看出，同一笔借款，在利率和计息期数均相同的情况下，用复利计算出的利息金额比用单利计算出的利息金额大。如果本金越大，利率越高，计息期数越多时，两者差距就越大。复利反映利息的本质特征更符合资金在社会生产过程中运动的实际状况。因此，在工程经济分析中，一般采用复利计算。

复利计算有间断复利和连续复利之分。按期（年、半年、季、月、周、日）计算复利的方法称为间断复利（即普通复利），按瞬时计算复利的方法称为连续复利。在实际应用中，一般采用间断复利。

【例 2-4】 某企业在年初向银行借贷一笔资金，月利率为 1%，在 6 月底偿还时，按单利和复利计算的利息应分别是本金的（　　）。

A. 5％和5.10％　　　　　　B. 6％和5.10％

C. 5％和6.15％　　　　　　D. 6％和6.15％

解：按照单利计息，一共有6个计息期，利息为$6 \times 1\％ = 6\％$，按照复利计息，利息为$(1+1\％)^6 - 1 \approx 6.15\％$。故选择D。

2.2.2　资金时间价值的应用

不同时期、不同数额但其"价值等效"的资金称为等值，又称等效值。在工程经济分析中，等值的概念为确定某一经济活动的有效性或者进行方案比选提供了可能。

1. 等值计算方法

常用的等值计算方法主要包括两大类，即一次支付和等额支付系列。

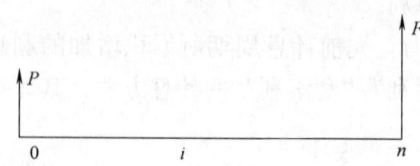

图2-2　一次支付现金流量示意

（1）一次支付。一次支付又称整付，是指所分析系统的现金流量，无论是流入还是流出，只在某一时点上发生一次。

① 终值计算（已知P求F）。现有一笔资金P，计息周期利率为i，按复利计算，则n期期末的本利和F为多少？即已知P、i、n，求F。其现金流量示意如图2-2所示。

根据复利含义，n期期末复本利和F的计算过程见表2-3。

n 期期末复本利和 F 的计算过程　　　　　　表2-3

计息期	期初金额(1)	本期利息额(2)	期末复本利和 $F_i = (1)+(2)$
1	P	$P \cdot i$	$F_1 = P + P \cdot i = P(1+i)$
2	$P(1+i)$	$P(1+i) \cdot i$	$F_2 = P(1+i) + P(1+i) \cdot i = P(1+i)^2$
3	$P(1+i)^2$	$P(1+i)^2 \cdot i$	$F_3 = P(1+i)^2 + P(1+i)^2 \cdot i = P(1+i)^3$
⋮	⋮	⋮	⋮
n	$P(1+i)^{n-1}$	$P(1+i)^{n-1} \cdot i$	$F = F_n = P(1+i)^{n-1} + P(1+i)^{n-1} \cdot i = P(1+i)^n$

由表2-3可以看出，一次支付n期期末复本利和F的计算公式为

$$F = P(1+i)^n \tag{2-2-8}$$

式中　i——计息周期复利率；

　　　n——计息周期数；

　　　P——现值（即现在的资金价值或本金，Present Value），指资金发生在（或折算为）某一特定时间序列起点时的价值；

　　　F——终值（即未来的资金价值或本利和，Future Value），指资金发生在（或折算为）某一特定时间序列终点时的价值。

式（2-2-7）中的$(1+i)^n$称为一次支付终值系数，用$(F/P, i, n)$表示，则式（2-2-7）又可写成：

$$F = P(F/P, i, n) \tag{2-2-9}$$

在$(F/P, i, n)$这类符号中，括号内斜线左侧的符号表示所求的未知数，斜线右

侧的符号表示已知数。$(F/P,i,n)$ 则表示在已知 P、i 和 n 的情况下求解 F 值。为计算方便，通常按照不同的利率 i 和计息周期数 n 计算出 $(1+i)^n$ 的值，并列表（见本书所附的复利系数表）。在计算 F 时，只要从复利系数表中查出相应的复利系数再乘以本金即可。

【例2-5】 某公司从银行借款 1000 万元，年复利率 $i=8\%$。试问：5 年后一次需支付本利和为多少？

解：按式（2-2-9）计算得：
$$F=P(F/P,i,n)=1000\times(F/P,8\%,5)$$
从复利系数表查出系数 $(F/P,8\%,5)$ 为 1.469，代入上式得：
$$F=1000\times1.469=1469（万元）$$
也可用公式计算：
$$F=P(1+i)^n=1000\times(1+8\%)^5=1469（万元）$$
② 现值计算（已知 F 求 P）。由式（2-2-8）即可求出现值 P。
$$P=F(1+i)^{-n} \qquad\qquad (2\text{-}2\text{-}10)$$

式中，$(1+i)^{-n}$ 称为一次支付现值系数，用符号 $(P/F,i,n)$ 表示。在工程经济分析中，一般是将未来时刻的资金价值折算为现在时刻的价值，该过程称为"折现"或"贴现"，其所使用的利率常称为折现率或贴现率。故 $(1+i)^{-n}$ 或 $(P/F,i,n)$ 也称为折现系数或贴现系数。式（2-2-9）常写成：
$$P=F(P/F,i,n) \qquad\qquad (2\text{-}2\text{-}11)$$

【例2-6】 某公司希望 5 年后收回 2000 万元资金，年复利率 $i=8\%$。试问：现在需一次投入多少？

解：由式（2-2-11）得：
$$P=F(P/F,i,n)=2000\times(P/F,8\%,5)$$
查复利系数表得 $(P/F,8\%,5)$ 为 0.681，代入上式得：
$$P=2000\times0.681=1362（万元）$$
也可用公式计算：$P=2000\times(1+8\%)^{-5}=1362（万元）$

（2）等额支付系列。在工程实践中，多次支付是最常见的支付形式。多次支付是指现金流量在多个时点发生，而不是集中在某一时点上，如图 2-3 所示。

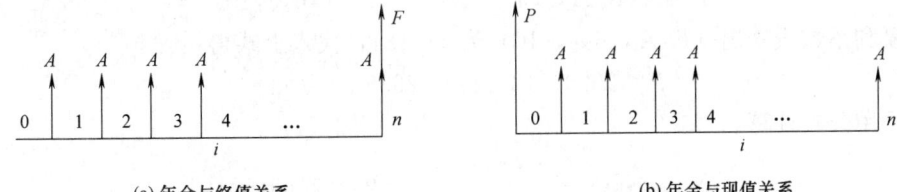

(a) 年金与终值关系   (b) 年金与现值关系

图 2-3　等额支付系列现金流量示意图

A—年金，发生在（或折算为）某一特定时间序列各计息期末（不包括 0 期）的等额支付系列价值。

如果用 A_t 表示第 t 期末发生的现金流量（可正可负），用一次支付现值计算方法，可将多次支付现金流量换算成现值并求其代数和，即

$$P=A_1(1+i)^{-1}+A_2(1+i)^{-2}+\cdots+A_n(1+i)^{-n}=\sum_{t=1}^{n}A_t(1+i)^{-t} \qquad (2\text{-}2\text{-}12)$$

或

$$P = \sum_{t=1}^{n} A_t(P/F, i, t) \tag{2-2-13}$$

同理，也可将多次现金流量换算成终值：

$$F = \sum_{t=1}^{n} A_t(1+i)^{n-t} \tag{2-2-14}$$

或

$$F = \sum_{t=1}^{n} A_t(F/P, i, n-t) \tag{2-2-15}$$

在上述公式中，虽然所用系数都可以通过计算或查复利系数表得到，但如果 n 较大，A_t 较多时，计算也是比较烦琐。如果多次支付现金流量 A_t 是连续序列流量，且数额相等，则可大幅简化上述计算公式。这种具有 $A_t = A = $ 常数（$t = 1$，2，3，…，n）特征的系列现金流量称为等额支付系列现金流量，如图 2-3 所示。

对于等额支付系列现金流量，其复利计算方法如下：

① 终值计算（即已知 A 求 F）。由式（2-2-14）展开得：

$$F = \sum_{t=1}^{n} A_t(1+i)^{n-t} = A[(1+i)^{n-1} + (1+i)^{n-2} + \cdots + (1+i) + 1]$$

$$F = A\frac{(1+i)^n - 1}{i} \tag{2-2-16}$$

式中，$\dfrac{(1+i)^n - 1}{i}$ 称为等额系列终值系数或年金终值系数，用符号（F/A，i，n）表示，式（2-2-16）又可写成：

$$F = A(F/A, i, n) \tag{2-2-17}$$

等额系列终值系数（F/A，i，n）可从复利系数表中查得。

【例 2-7】　若在 10 年内，每年末存入银行 2000 万元，年利率 6%，按复利计算，则第 10 年末本利和为多少？

解：由公式（2-2-16）得：

$$F = A(F/A, i, n) = 2000 \times (F/A, 6\%, 10)$$

从复利系数表查出（F/A，6%，10）为 13.181，代入上式得：

$$F = 2000 \times 13.181 = 26362 \text{（万元）}$$

也可用公式计算：

$$F = 2000 \times \frac{(1+6\%)^{10} - 1}{6\%} = 26362 \text{（万元）}$$

② 现值计算（即已知 A 求 F）。由式（2-2-10）和式（2-2-15）得：

$$P = F(1+i)^{-n} = A\frac{(1+i)^n - 1}{i(1+i)^n} \tag{2-2-18}$$

式中，$\dfrac{(1+i)^n - 1}{i(1+i)^n}$ 称为等额系列现值系数或年金现值系数，用符号（P/A，i，n）表示，则式（2-2-18）又可写成：

$$P = A(P/A, i, n) \tag{2-2-19}$$

等额系列现值系数 $(P/A, i, n)$ 可从复利系数表中查得。

【例 2-8】 若想在 5 年内的每年年末收回 2000 万元，当年复利率为 8% 时，试问：开始需一次投资多少？

解： 由式（2-2-19）得：

$$P = A(P/A, i, n) = 2000 \times (P/A, 8\%, 5)$$

从复利系数表中查出系数 $(P/A, 8\%, 5)$ 为 3.993，代入上式得：

$$P = 2000 \times 3.993 = 7986 （万元）$$

也可用公式计算：$P = 2000 \times \dfrac{(1+8\%)^5 - 1}{8\% \times (1+8\%)^5} = 7986 （万元）$

③ 资金回收计算（已知 P 求 A）。等额支付系列资金回收计算是等额支付系列现值计算的逆运算，故由式（2-2-18）可得：

$$A = P \frac{i(1+i)^n}{(1+i)^n - 1} \tag{2-2-20}$$

式中，$\dfrac{i(1+i)^n}{(1+i)^n - 1}$ 称为等额支付系列资金回收系数，用符号 $(A/F, i, n)$ 表示，则式（2-2-20）又可写成：

$$A = P(A/P, i, n) \tag{2-2-21}$$

等额支付系列资金回收系数 $(A/F, i, n)$ 可从复利系数表中查得。

【例 2-9】 若投资 2000 万元，年复利率为 6%，在 10 年内收回全部本利，则每年年末应收回多少？

解： 由式（2-2-21）得：

$$A = P(A/P, i, n) = 2000 \times (A/P, 6\%, 10)$$

从复利系数表中查出系数 $(A/P, 6\%, 10)$ 为 0.1359，代入上式得：

$$A = 2000 \times 0.1359 = 271.8 （万元）$$

也可用公式计算：

$$A = 2000 \times \frac{6\% \times (1+6\%)^{10}}{(1+6\%)^{10} - 1} = 271.8 （万元）$$

④ 偿债基金计算（已知 F 求 A）。偿债基金计算是等额支付系列终值计算的逆运算，故由式（2-2-16）可得：

$$A = F \frac{i}{(1+i)^n - 1} \tag{2-2-22}$$

式中，$\dfrac{i}{(1+i)^n - 1}$ 称为等额支付系列偿债基金系数，用符号 $(A/F, i, n)$ 表示，则式（2-2-22）又可写成：

$$A = F(A/F, i, n) \tag{2-2-23}$$

等额支付系列偿债基金系数 $(A/F, i, n)$ 也可从复利系数表中查得。

【例 2-10】 若想在第 5 年年末获得 2000 万元，每年投入金额相等，年复利率为 8%，则每年年末需投入多少？

解： 由式（2-2-23）得：

$$A=F(A/F,i,n)=2000\times(A/F,8\%,5)$$

从复利系数表中查出系数（A/F，8%，5）为 0.1705，代入上式得：

$$A=2000\times0.1705=341（万元）$$

也可用公式计算：

$$A=2000\times\frac{8\%}{(1+8\%)^5-1}=341（万元）$$

为便于记忆前文中所述的六个常用资金等值计算换算公式，现将其汇总，见表 2-4。

六个常用资金等值换算公式 表 2-4

	公式名称	已知	求解	公式	系数名称符号
整付	终值公式	现值 P	终值 F	$F=P(1+i)^n$	$(F/P,i,n)$
	现值公式	终值 F	现值 P	$P=F(1+i)^{-n}$	$(P/F,i,n)$
等额分付	终值公式	年值 A	终值 F	$F=A\frac{(1+i)^n-1}{i}$	$(F/A,i,n)$
	偿债基金公式	终值 F	年值 A	$A=F\frac{i}{(1+i)^n-1}$	$(A/F,i,n)$
	现值公式	年值 A	现值 P	$P=A\frac{(1+i)^n-1}{i(1+i)^n}$	$(P/A,i,n)$
	资本回收公式	现值 P	年值 A	$A=P\frac{i(1+i)^n}{(1+i)^n-1}$	$(A/P,i,n)$
六个基本公式可以联立记忆： $F=P\times(1+i)^n=A\frac{(1+i)^n-1}{i}$					

等值计算公式的使用注意事项如下：

（1）P 是在第一计息期开始时（0 期）发生。

（2）F 发生在考察期期末，即 n 期期末。

（3）各期的等额支付 A 发生在各期期末。

（4）当问题包括 P 与 A 时，系列的第一个 A 与 P 隔一期，即 P 发生在系列 A 的前一期期末。

（5）当问题包括 A 与 F 时，系列的最后一个 A 与 F 同时发生。

【例 2-11】 某建设项目建设期为 5 年，建设期内每年年初贷款 300 万元，年利率为 8%。若在运营期第 3 年年底和第 6 年年底分别偿还 500 万元，则在运营期第 9 年年底全部还清贷款本利和还需偿还多少万元？

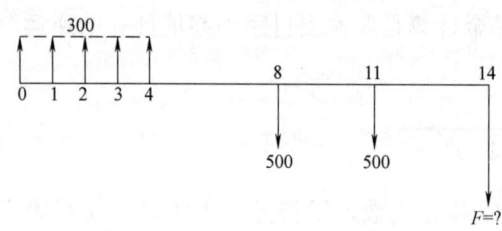

图 2-4 例题 2-11 的现金流量示意

解：首先画出现金流量图，如图 2-4 所示。

$F=300\times(F/A,8\%,5)\times(F/P,8\%,10)-500\times(F/P,8\%,6)-500\times(F/P,8\%,3)$
$=300\times5.867\times1.469-500\times1.587-500\times1.260=1162.08（万元）$

2. 名义利率和有效利率

在复利计算中，利率周期通常以年为时间单位，它可以与计息周期相同，也可以不同。当利率周期与计息周期不一致时，就出现了名义利率和有效利率的概念。

（1）名义利率。名义利率 r 是指计息周期利率 i 乘以一个利率周期内的计息周期数 m 所得的利率周期利率，即：

$$r = i \times m \tag{2-2-24}$$

若月利率为 1%，则年名义利率为 12%。在计算名义利率时忽略了前面各期利息再生利息的因素，这与单利的计算相同。反过来，若年利率为 12%，按月计息，则月利率为 1%（计息周期利率），而年利率为 12%（利率周期利率）同样是名义利率。通常所说的利率周期利率都是名义利率。

（2）有效利率。有效利率是指资金在计息中所发生的实际利率，包括计息周期有效利率和利率周期有效利率。

① 计息周期有效利率即计息周期利率。由式（2-2-24）得：

$$i = \frac{r}{m} \tag{2-2-25}$$

② 利率周期有效利率。若用计息周期利率来计算利率周期有效利率，并将利率周期内的利息再生利息因素考虑进去，这时所得的利率周期利率称为利率周期有效利率（又称利率周期实际利率）。根据利率的概念即可推导出利率周期有效利率的计算式。

已知利率周期名义利率 r，一个利率周期内计息 m 次（图 2-5），则计息周期利率 $i = r/m$，在某个利率周期初有资金 P，则利率周期终值 F 的计算式为：

$$F = P\left(1 + \frac{r}{m}\right)^m \tag{2-2-26}$$

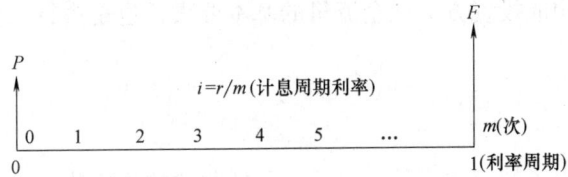

图 2-5　利率周期有效利率计算的现金流量示意图

根据利息的定义可得该利率周期的利息 I 为：

$$I = F - P = P\left(1 + \frac{r}{m}\right)^m - P = P\left[\left(1 + \frac{r}{m}\right)^m - 1\right] \tag{2-2-27}$$

再根据利率的定义可得该利率周期的有效利率 i_{eff} 为：

$$i_{\text{eff}} = \frac{I}{P} = \left(1 + \frac{r}{m}\right)^m - 1 \tag{2-2-28}$$

由此可见，利率周期有效利率与名义利率的关系实质上与复利和单利的关系相同。假设年名义利率 $r = 8\%$，则按年、半年、季、月、日计息的年有效利率见表 2-5。

年有效利率计算结果　　　　　　　　　　　表 2-5

年名义利率 r	计息周期	m	i	年有效利率
8%	年	1	8%	8%
	半年	2	4%	8.16%
	季	4	2%	8.24%

年名义利率 r	计息周期	m	i	年有效利率
8%	月	12	0.667%	8.30%
	日	365	0.0219%	8.32%

从表 2-5 可以看出,在名义利率 r 一定时,每一利率周期内计息次数 m 越多,i_{eff} 与 r 相差越大,这一结论具有普遍性。因此,在工程经济分析中,如果各方案的计息周期不同,就不能简单地使用名义利率来评价,而必须换算成同一周期的有效利率进行评价,否则会得出不正确的结论。

【例 2-12】 已知年名义利率是 8%,按季度计息,则计息周期有效利率和年有效利率为( )。

A. 2%,8%   B. 2%,8.24%

C. 2.06%,8%   D. 2.06%,8.24%

解: 计息周期有效利率 $i=8\%/4=2\%$,$i_{\text{eff}}=(1+8\%/4)^4-1=8.24\%$。故选择 B。

2.3 工程经济分析的基本要素

在工程经济分析中,经济效果评价指标起着重要的作用,而经济效果评价的主要指标是通过投资方案现金流量表计算导出的。对于一般性投资方案经济效果评价来说,投资、经营成本、营业收入和税金等经济量本身既是经济指标,又是导出其他经济效果评价指标的依据,所以它们是构成投资方案现金流量的基本要素,也是进行工程经济分析最重要的基础数据。

2.3.1 投资

投资是投资主体为了特定的目的,以达到预期收益的价值垫付行为。投资方案经济效果评价中的总投资是建设投资、建设期利息和流动资金之和。

1. 建设投资

建设投资是指投资方案按拟定建设规模(分期实施的投资方案为分期建设规模)、产品方案、建设内容进行建设所需的投入。建设投资包括建筑安装工程费、设备工(器)具购置费、工程建设其他费和预备费。在投资方案建成后,按有关规定建设投资中的各分项将分别形成固定资产、无形资产和其他资产。形成的固定资产原值可用于计算折旧费,投资方案寿命期结束时,固定资产的残余价值(一般指当时市场上可实现的预测价值)对于投资者来说是一项在期末可回收的现金流入。形成的无形资产和其他资产原值可用于计算摊销费。

2. 建设期利息

在建设投资分年计划的基础上可设定初步融资方案,对采用债务融资的投资方案应估算建设期利息。建设期利息系指筹措债务资金时在建设期内发生并按规定允许在投产后计入固定资产原值的利息,即资本化利息。分期建成投产的投资方案应按各期投产时间分别停止借款成本的资本化,此后发生的借款利息应计入总成本费用。按照总贷款分年均衡发放，建设期利息的计算按当年借款在年中支用考虑，即当年贷款按半年计息，上年贷款按全年计息。

$$q_j = \left(P_{j-1} + \frac{1}{2}A_j\right) \cdot i \qquad (2\text{-}3\text{-}1)$$

式中　q_j——建设期第 j 年应计利息；

　　P_{j-1}——建设期第（$j-1$）年年末累计贷款本金与利息之和；

　　A_j——建设期第 j 年贷款金额；

　　i——年利率。

【**例 2-13**】　某新建项目的建设期为两年，分年均衡进行贷款，第一年贷款 400 万元，第二年贷款 600 万元，年利率为 8%，建设期内利息只计息不支付，计算建设期贷款利息。

解：$q_1 = 0.5 \times A_1 \times i = 0.5 \times 400 \times 8\% = 16$

　　$q_2 = (P_1 + 0.5 \times A_2) \times i = (400 + 16 + 0.5 \times 600) \times 8\% = 57.28$

所以，建设期贷款利息 $q_1 + q_2 = 16 + 57.28 = 73.28$（万元）。

3. 流动资金

流动资金系指运营期内长期占用并周转使用的营运资金，不包括运营中需要的临时性营运资金。

4. 投资方案资本金

投资方案资本金（即投资方案权益资金）是指在投资方案总投资中，由投资者认缴的出资额，对投资方案来说是非债务性资金，投资方案权益的投资者整体（即项目法人）不承担这部分资金的任何利息和债务；投资者可按其出资的比例依法享有所有者权益，也可转让其出资，但一般不得以任何方式抽回。项目资本金可以用货币出资，也可以用实物、工业产权、非专利技术、土地使用权作价出资。对作为资本金的实物、工业产权、非专利技术、土地使用权，必须经过有资格的资产评估机构依照法律、法规评估作价，不得高估或低估。以工业产权、非专利技术作价出资的比例不得超过投资项目资本金总额的 20%，国家对采用高新技术成果有特别规定的除外。

5. 维持运营投资

某些投资方案在运营期需要进行一定的固定资产投资才能得以维持正常运营。例如，设备更新成本、油田的开发成本、矿山的井巷开拓延伸成本等。不同类型和不同行业的投资方案，其投资的内容也可能不同，但发生维持运营投资时应估算其投资成本，并将其作为现金流出。投资方案经济效果评价中，如果该投资投入延长了固定资产的使用寿命，或使产品质量实质性提高，或成本实质性降低等，使可能流入企业的经济利益增加，那么，该维持运营投资应予以资本化，即应计入固定资产原值并计提折旧；否则，该投资只能成本化，不形成新的固定资产原值。

2.3.2　收入

1. 营业收入

营业收入是指在投资方案实施后，各年销售产品或提供服务所获得的收入，即

营业收入＝产品销售量(或服务量)×产品单价(或服务) 　(2-3-2)

主副产品（或不同等级的产品）的销售收入应全部计入营业收入；所提供的不同类型服务的收入也应同时计入营业收入。营业收入是现金流量表中现金流入的主体，是经济效果分析的重要数据，其估算的准确性极大地影响着投资方案经济效果的评价。

2. 补贴收入

某些经营性的公益事业、基础设施投资方案，如城市轨道交通项目、垃圾处理项目、污水处理项目等，政府在项目运营期给予一定数额的财政补助，以维持正常运营，使投资者能获得合理的投资收益。

2.3.3 成本

1. 总成本

总成本费用是指在一定时期（投资方案评价中一般指一年）为生产和销售产品或提供服务所发生的全部成本。项目投入使用后，即进入运营期。在运营期内，各年的总成本费用可以按生产要素法进行分析。按生产要素的构成如式（2-3-3）所示。

$$总成本费用＝外购原材料、燃料及动力费＋工资及福利费＋修理费＋$$
$$折旧费＋摊销费＋财务成本（利息支出）＋其他成本 \qquad (2\text{-}3\text{-}3)$$

（1）外购原材料、燃料及动力费。耗用量大的主要原材料、燃料及动力应分别按照其年消耗量和供应单价进行估算，然后汇总。

（2）工资及福利费。工资及福利费是指企业为获得职工提供的服务而给予各种形式的报酬以及其他相关支出。通常包括职工工资、奖金、津贴和补贴，职工福利费，以及医疗、养老、失业、工伤、生育等社会保险费和住房公积金中由职工个人缴付的部分。工资及福利费一般按照投资方案建成投产后各年所需的职工总数，即劳动定员数和人均年工资及福利费水平测算。

（3）修理费。修理费是指为保持固定资产的正常运转和使用，充分发挥使用效能，对其进行必要修理所发生的成本。

（4）折旧费。折旧是指在固定资产的使用过程中，随着资产损耗而逐渐转移到产品成本中的那部分价值。将折旧费计入成本是企业回收固定资产投资的一种手段。按照国家规定，企业可把已发生的资本性支出转移到产品成本中去，然后通过产品的销售，逐步回收初始的投资成本。

固定资产的折旧是从固定资产投入使用月份的次月起，按月计提。停止使用的固定资产，从停用月份的次月起，停止计提折旧。企业按财务制度的有关规定，有权选择具体折旧方法和折旧年限，在开始实行年度前报主管财政机关备案。折旧年限和折旧方法一经确定，不得随意变更。若需要变更的，则由企业提出申请，并在变更年度前报主管财政机关批准。

① 平均年限法。其也称使用年限法，是指按照固定资产的预计使用年限平均分摊固定资产折旧额的方法。该方法计算的折旧额在各个使用年（月）份都是相等的。

平均年限法的计算公式为：

$$年折旧率＝\frac{1－预计净残值率}{折旧年限}\times100\% \qquad (2\text{-}3\text{-}4)$$

$$年折旧额＝固定资产原值\times年折旧率 \qquad (2\text{-}3\text{-}5)$$

其中，预计净残值率按照固定资产原值的 3%～5% 确定，净残值率低于 3% 或者高于 5% 的，由企业自主确定，并报主管财政机关备案。

② 工作量法。其是指按照固定资产生产经营过程中所完成的工作量计提折旧的一种方法。其是由平均年限法派生出来的一种方法。适用于各种时期使用程度不同的专业机械、设备。

a. 按照行驶里程计算折旧额时：

$$单位里程折旧额 = \frac{原值 \times (1 - 预计净残值率)}{规定的总行驶里程} \tag{2-3-6}$$

$$年折旧额 = 年实际行驶里程 \times 单位里程折旧额 \tag{2-3-7}$$

b. 按照台班计算折旧额时：

$$每台班折旧额 = \frac{原值 \times (1 - 预计净残值率)}{规定的总工作台班} \tag{2-3-8}$$

$$年折旧额 = 年实际工作台班 \times 每台班折旧额 \tag{2-3-9}$$

③ 双倍余额递减法。其是指按照固定资产账面净值和固定的折旧率计算折旧的方法，它属于一种加速折旧的方法。其年折旧率是平均年限法的两倍，并且在计算年折旧率时不考虑预计净残值率。采用这种方法时，折旧率是固定的，但计算基数逐年递减，因此，计提的折旧额逐年递减。

双倍余额递减法的计算公式为：

$$年折旧率 = \frac{2}{折旧年限} \times 100\% \tag{2-3-10}$$

$$年折旧额 = 固定资产账面净值 \times 年折旧率 \tag{2-3-11}$$

实行双倍余额递减法的固定资产，应当在其固定资产折旧年限到期前两年内，将固定资产账面净值扣除预计净残值后的净额平均摊销。

【例 2-14】 某项固定资产原价为 10000 元，预计净残值为 1000 元，预计使用年限 5 年。采用双倍余额递减法计算各年的折旧额。

解：年折旧率 = 2÷5×100% = 40%

第一年折旧额 = 10000×40% = 4000（元）

第二年折旧额 =（10000−4000）×40% = 2400（元）

第三年折旧额 =（10000−6400）×40% = 1440（元）

第四年折旧额 =（10000−7840−1000）÷2 = 580（元）

第五年折旧额 =（10000−7840−1000）÷2 = 580（元）

④ 年数总和法。其也称年数总额法，是指以固定资产原值减去预计净残值后的余额为基数，按照逐年递减的折旧率计提折旧的一种方法。年数总和法也属于一种加速折旧的方法。其折旧率以该项固定资产预计还可使用的年数（包括当年）作分子，而以逐年可使用年数之和作分母。分母是固定的，而分子逐年递减，因此，折旧率逐年递减，计提的折旧额也逐年递减。

年数总和法的计算公式为：

$$年折旧率 = \frac{折旧年限 - 已使用年数}{折旧年限} \times (折旧年限 + 1) \times 100\% \tag{2-3-12}$$

$$年折旧额 = (固定资产原值 - 预计净残值) \times 年折旧率 \tag{2-3-13}$$

【例 2-15】 采用例 2-14 的数据，用年数总和法计算各年的折旧额。

解： 计算折旧的基数＝10000－1000＝9000（元）。

年数总和＝5＋4＋3＋2＋1＝15（年）。

第一年折旧额＝9000×5/15＝3000（元）；

第二年折旧额＝9000×4/15＝2400（元）；

第三年折旧额＝9000×3/15＝1800（元）；

第四年折旧额＝9000×2/15＝1200（元）；

第五年折旧额＝9000×1/15＝600（元）。

（5）摊销费。摊销费是指无形资产和其他资产在投资方案投产后一定期限内分期摊销的成本。按照有关规定，无形资产从开始使用之日起，在有效使用期限内平均摊入成本。法律和合同规定了法定有效期限或者受益年限的，摊销年限从其规定，否则摊销年限应注意符合税法的要求。无形资产的摊销一般采用平均年限法，不计残值。

其他资产的摊销可以采用平均年限法，不计残值，摊销年限应注意符合税法的要求。

（6）财务成本（利息支出）。利息支出是指按照会计法规，企业为筹集所需资金而发生的成本，也称为借款成本或称为财务成本，包括利息支出（减利息收入）、汇兑损失（减汇兑收益）以及相关的手续费等。在投资方案的经济效果分析中，通常只考虑利息支出。利息支出的估算包括长期借款利息、流动资金借款利息和短期借款利息三部分。建设投资贷款在生产期间的利息支出应根据不同的还款方式和条件采用不同的计息方法，流动资金借款利息按照每年年初借款余额和预计的年利率计算。需要引起注意的是，在生产运营期，利息是可以进入总成本的，因而每年计算的利息不再参与以后各年利息的计算。

（7）其他成本。其他成本包括其他制造成本、其他管理成本和其他营业成本三项成本，系指制造成本、管理成本和营业成本中分别扣除工资及福利费、折旧费、摊销费、修理费以后的其余部分，应计入生产总成本费用的其他所有成本。

2. 经营成本

经营成本是工程经济分析中的专用术语，用于投资方案经济效果评价的现金流量分析。

在经济效果评价中，由于建设投资已按其发生的时间作为一次性支出被计入现金流出，在投资方案建成后，建设投资形成固定资产、无形资产和其他资产。折旧是建设投资所形成的固定资产的补偿价值，如将折旧随成本计入现金流出，会造成现金流出的重复计算。同样，由于无形资产及其他资产摊销费也是建设投资所形成资产的补偿价值，只是投资方案内部的现金转移，而非现金支出，故为避免重复计算也不予考虑。贷款利息是使用借贷资金所要付出的代价，对于投资方案来说是实际的现金流出，但在评价投资方案总投资的经济效果时，并不考虑资金来源问题，故在这种情况下也不考虑贷款利息的支出。在资本金现金流量表中由于已将利息支出单列，因此经营成本中也不包括利息支出。由此，经营成本作为投资方案现金流量表中运营期现金流出的主体部分，是从投资方案本身考察的，在一定期间（通常为一年）内由于生产和销售产品及提供服务而实际发生的现金支出。按下式计算：

$$经营成本＝总成本费用－折旧费－摊销费－利息支出 \qquad (2\text{-}3\text{-}14)$$

经营成本与融资方案无关，因此在完成建设投资和营业收入估算后，就可以估算经营成本，为投资方案融资前分析提供数据。

2.3.4 税费

税费是国家凭借政治权力参与国民收入分配和再分配的一种货币形式。在方案经济效果评价中合理计算各种税费，是正确计算方案效益与成本的重要基础。

方案经济效果评价涉及的税费主要包括增值税、消费税、附加税（城市维护建设税、教育费附加、地方教育附加）、企业所得税、资源税、环境保护税等。

1. 增值税

增值税是对商品生产、流通、劳务服务中多个环节的新增价值或商品的附加值征收的一种流转税。实行价外税，也就是由消费者负担，有增值才征税，没增值不征税。

【例 2-16】 某企业将 40 万元的材料投入生产过程中，生产出的产品成本为 80 万元，以 130 万元的价格卖出。试问增值税为多少？

解： 增值两次分别为 $80-40=40$（万元），$130-80=50$（万元）。

增值税为 $(40+50)\times13\%=11.7$（万元）。

我国现行增值税属于比例税率，由于不同行业、不同企业、不同产品适用的增值税税率有所不同，根据应税行为的不同，适用的税率可能有所不同。在实践中，往往运用间接法计算，应纳税额等于销项税额减去进项税额，按照间接法计算的增值税额为 $130\times13\%-40\times13\%=11.7$（万元）。

（1）税率和征收率。分为以下两部分内容：

① 增值税税率：提供交通运输、邮政、基础电信、建筑、不动产租赁服务，销售不动产，转让土地使用权，税率为 9%；提供有形动产租赁服务，税率为 13%；纳税人发生应税行为，除上述规定外税率为 6%。

② 增值税征收率：增值税征收率为 3%。

（2）应纳税额计算。增值税的计税方法包括一般计税方法和简易计税方法。一般纳税人发生应税行为适用一般计税方法计税。小规模纳税人发生应税行为适用简易计税方法计税。

① 一般计税方法。一般计税方法的应纳税额是指当期销项税额抵扣当期进项税额后的余额。应纳税额计算公式：

$$应纳税额＝当期销项税额－当期进项税额 \tag{2-3-15}$$

当期销项税额小于当期进项税额不足抵扣时，其不足部分可以结转下期继续抵扣。

销项税额是指纳税人发生应税行为按照销售额和增值税税率计算并收取的增值税额。

销项税额计算公式：

$$销项税额＝销售额×税率 \tag{2-3-16}$$

进项税额是指纳税人购进货物，加工修理修配劳务、服务、无形资产或者不动产，支付或者负担的增值税额。

方案建设投资估算应按含增值税进项税额的价格进行。同时要将可抵扣固定资产进项税额单独列示，以便财务分析中正确计算固定资产原值和应纳增值税。

② 简易计税方法。简易计税方法的应纳税额是指按照销售额和增值税征收率计算的增值税额，不得抵扣进项税额。

2. 消费税

消费税是针对特定消费品征收的税费。在经济效果评价中，对适用消费税的产品，消费税实行从价定率、从量定额，或者从价定率和从量定额复合计税（简称复合计税）的办法计算应纳税额。

（1）消费税实行从价定率办法时，应纳税额的计算公式为：

$$应纳消费税额＝销售额×比例税率 \qquad (2\text{-}3\text{-}17)$$

（2）消费税实行从量定额办法时，应纳税额的计算公式为：

$$应纳消费税额＝销售数量×定额税率 \qquad (2\text{-}3\text{-}18)$$

（3）消费税实行从价定率和从量定额复合计税办法时，应纳消费税额的计算公式为：

$$应纳消费税额＝销售额×比例税率＋销售数量×定额税率 \qquad (2\text{-}3\text{-}19)$$

销售额为纳税人销售应税消费品向购买方收取的全部价款和价外成本。

3. 附加税

附加税是随某种税收按一定比例加征的税。方案经济效果评价涉及的附加税主要是城市维护建设税、教育费附加和地方教育附加。

城市维护建设税是一种为了加强城市的维护建设，扩大和稳定城市维护建设资金来源的地方附加税；教育费附加是国家为发展地方教育事业，扩大地方教育经费来源，计征用于教育的政府性基金，是地方收取的专项成本；地方教育附加是各省、自治区、直辖市根据国家有关规定，为实施"科教兴省"战略，增加地方教育的资金投入，开征的一项地方政府性基金。其主要用于各地方的教育经费的投入补充。

城市维护建设税、教育费附加和地方教育附加，以增值税和消费税为税基乘以相应的税率计算。其中，城市维护建设税税率根据投资方案所在地的不同分三个等级，即市区为7%，县城和镇为5%，市区、县城和镇以外为1%；教育费附加率为3%；地方教育附加率为2%。城市维护建设税、教育费附加和地方教育附加分别与增值税和消费税同时缴纳。

在经济效果分析时，消费税、土地增值税、资源税和城市维护建设税、教育费附加、地方教育附加均可包含在增值税费及附加中。

4. 企业所得税

（1）利润总额的计算。利润总额是企业在一定时期内生产经营活动的最终财务成果。利润总额的估算公式为：

$$利润总额＝产品销售(营业)收入(含增值税)－增值税金及附加－总成本费用$$

$$(2\text{-}3\text{-}20)$$

由于建设投资构成中的建筑安装工程费、设备及工（器）具购置费、工程建设其他成本中所含增值税进项税额，可以根据国家增值税相关规定予以抵扣（该可抵扣固定资产进项税额不得计入固定资产原值），故：

$$增值税应纳税额＝当期销项税额－当期进项税额－可抵扣固定资产进项税额$$

所以，利润总额运用下列公式计算才比较可靠：

$$利润总额＝产品销售(营业)收入(不含增值税)－增值税附加－总成本费用(不含增值税)$$

$$(2\text{-}3\text{-}21)$$

根据利润总额可计算所得税和净利润：净利润＝利润总额－所得税。

（2）所得税计算。根据我国税法的规定，企业取得利润后，先向国家缴纳所得税，即凡在我国境内实行独立经营核算的各类企业或者组织者，其来源于我国境内、境外的生产、经营所得和其他所得，均应依法缴纳企业所得税。

企业所得税的应纳税额计算公式如下：

$$所得税应纳税额＝应纳税所得额×适用税率－减免和抵免的税额 \qquad (2-3-22)$$

$$应纳税所得额＝收入总额－不征税收入－免税收入－各项扣除－弥补以前年度亏损$$

$$(2-3-23)$$

式中各项的含义如下：

① 收入总额。其是指企业以货币形式和非货币形式从各种来源取得的收入。其包括销售货物收入；提供劳务收入；转让财产收入；股息、红利等权益性投资收益；利息收入；租金收入；特许权使用费收入；接受捐赠收入；其他收入。

② 不征税收入。收入总额中的不征税收入包括财政拨款；依法收取并纳入财政管理的行政事业性收费、政府性基金；国务院规定的其他不征税收入。

③ 免税收入。企业免税收入包括国债利息收入；符合条件的居民企业之间的股息、红利等权益性投资收益；在中国境内设立机构、场所的非居民企业从居民企业取得与该机构、场所有实际联系的股息、红利等权益性投资收益；符合条件的非营利组织的收入。

④ 各项扣除。企业实际发生的与取得收入有关的、合理的支出，包括成本、税金、损失和其他支出，准予在计算应纳税所得额时扣除。同时，企业发生的公益性捐赠支出，在年度利润总额12％以内的部分，准予在计算应纳税所得额时扣除。

⑤ 弥补以前年度亏损。根据利润的分配顺序，企业发生的年度亏损在连续5年内可以用税前利润弥补进行弥补。

在计算应纳税所得额时不得扣除的支出包括向投资者支付的股息、红利等权益性投资收益款项；企业所得税税款；税收滞纳金；罚金、罚款和被没收财物的损失；允许扣除范围以外的捐赠支出；赞助支出；未经核定的准备金支出；与取得收入无关的其他支出。

企业所得税实行25％的比例税率。此外，可以免征、减征企业所得税的企业所得包括从事农、林、牧、渔业项目的所得；从事国家重点扶持的公共基础设施项目投资经营的所得；从事符合条件的环境保护、节能节水项目的所得；符合条件的技术转让所得。

企业取得的下列所得已在境外缴纳的所得税税额可以从其当期应纳税额中抵免，抵免限额为该项所得依照规定计算的应纳税额；超过抵免限额的部分可以在以后5个年度内，用每年度抵免限额抵免当年应抵税额后的余额进行抵补。

① 居民企业来源于中国境外的应税所得；

② 非居民企业在中国境内设立机构、场所，取得发生在中国境外且与该机构、场所有实际联系的应税所得。

居民企业从其直接或者间接控制的外国企业分得的来源于中国境外的股息、红利等权益性投资收益，外国企业在境外实际缴纳的所得税税额中属于该项所得负担的部分，可以作为该居民企业的可抵免境外所得税税额，在规定的抵免限额内抵免。

5. 资源税

资源税是国家对开发应税资源的单位和个人在应税资源产品（以下简称"应税产品"）的销售或自用环节征收的税种。资源税按照《税目税率表》实行从价计征或者从量计征。

（1）采用从价计征的方法，应纳资源税额的计算公式为：

$$应纳资源税额=应税产品的销售额\times适用税率 \qquad (2\text{-}3\text{-}24)$$

（2）采用从量计征的方法，应纳资源税额的计算公式为：

$$应纳资源税额=应税产品的销售数量\times适用单位税额 \qquad (2\text{-}3\text{-}25)$$

6. 环境保护税

环境保护税是为了保护和改善环境，减少污染物排放，推进生态文明建设，对在我国领域和我国管辖的其他海域，直接向环境排放应税污染物的企业事业单位和其他生产经营者征收的税费。环境保护税所称应税污染物是指《环境保护税税目税额表》《应税污染物和当量值表》规定的大气污染物、水污染物、固体废物和噪声。环境保护税应纳税额按照应税污染物分别计算。

（1）应税大气污染物应纳环境保护税额的计算公式为：

$$应纳环境保护税额=大气污染当量数\times适用税额 \qquad (2\text{-}3\text{-}26)$$

式中，大气污染当量数按照应税大气污染物排放量折合的污染当量数确定。

（2）应税水污染物应纳环境保护税额的计算公式为：

$$应纳环境保护税额=水污染当量数\times适用税额 \qquad (2\text{-}3\text{-}27)$$

式中，水污染当量数按照应税水污染物排放量折合的污染当量数确定。

（3）应税固体废物应纳环境保护税额的计算公式为：

$$应纳环境保护税额=固体废物排放量\times适用税额 \qquad (2\text{-}3\text{-}28)$$

式中，固体废物排放量按照应税固体废物的排放量确定。

（4）应税噪声应纳环境保护税额的计算公式为：

$$应纳环境保护税额=分贝数\times适用税额$$

式中，分贝数按照应税噪声超过国家规定标准的分贝数确定。

【例 2-17】 某企业拟新建一工业产品生产线，采用同等生产规模的标准化设计资料。项目可行性研究相关基础数据如下：

（1）项目建设期为 1 年，运营期为 10 年，2200 万元（包含可抵扣进项税 200 万元），建设投资（不含可抵扣进项税）全部形成固定资产。固定资产使用年限为 10 年，残值率为 5%，直线法折旧。

（2）项目投产当年需要投入运营期流动资金 200 万元。

（3）项目运营期达产年不含税销售收入为 1200 万元，适用的增值税税率为 13%，增值税附加按增值税 10% 计取，项目达产年份的经营成本为 760 万元（含进项税 60 万元）。

（4）运营期第 1 年达到产能的 80%，销售收入、经营成本（含进项税）均按达产年份的 80% 计。第 2 年及以后年份为达产年份。

（5）企业适用的所得税税率为 25%。

问题：

（1）列式计算运营期第 1 年、第 2 年的应纳增值税额。

（2）列式计算运营期第 1 年、第 2 年的利润和所得税。

解：（1）运营期第 1 年应纳增值税额：$1200\times13\%\times80\%-60\times80\%-200=-123.20$（万元）$<0$，第 1 年应纳增值税为 0。

运营期第 2 年应纳增值税额：$1200\times13\%-60-123.20=-27.20$（万元），第 2 年应纳增值税为 0。

（2）折旧费：（2200－200）×（1－5％）/10＝190.00（万元）。

运营期第 1 年利润：1200×80％－[（760－60）×80％＋190＋0]－0＝210.00（万元）；

运营期第 2 年利润：1200－[（760－60）＋190＋0]－0＝310.00（万元）；

运营期第 1 年所得税：210.00×25％＝52.50（万元）；

运营期第 2 年所得税：310.00×25％＝77.50（万元）。

课程思政案例

一、京沪高铁十年论证，彰显理性决策

（一）案例背景

世界高铁看中国，中国高铁看京沪。京沪高铁是中国"八纵八横"高速铁路网主通道之一，全线纵贯京、津、冀、鲁、皖、苏、沪七省市，连接环渤海和长江三角洲两大经济区，全长 1318km，设 24 个车站，设计时速 350km。2008 年 4 月 18 日正线工程开工建设，2011 年 6 月 30 日建成通车，2014 年实现盈利。20 世纪 90 年代，人们对修建京沪之间更快捷交通线路的必要性并无质疑，但工程总造价将超过千亿元的巨大投资项目，是否立项还要考虑其可行性，要经过审慎的论证和决策。

京沪高铁项目的立项进程缓慢，论证历时十多年。这一过程的典型事件有：1990 年 12 月，原铁道部完成"京沪高速铁路线路方案构想报告"；1994 年，当时的国家科学技术委员会、国家计划委员会、国家经济贸易委员会、国家体改委和原铁道部课题组完成了"京沪高速铁路重大技术经济问题前期研究报告"的深化研究；1996 年 4 月，完成"京沪高速铁路预可行性研究报告（送审稿）"；1997 年 4 月，完成"京沪高速铁路预可行性研究报告补充研究报告"，并据此上报了项目建议书；1998 年 10 月至 2000 年 4 月，完成了"京沪高速铁路预可行性研究报告（评估补充稿）"；2001 年，当时的国家计划委员会和国土资源部联合颁发《关于预留京沪高速铁路建设用地的通知》，要求沿线地方政府预留京沪高速铁路建设用地；2006 年 2 月 22 日，国务院第 126 次常务会议批准京沪高速铁路立项。

高速轨道交通建设面临两种技术可供选择：磁悬浮轨道交通和轮轨式轨道交通。从 1998 年起，两种技术专家就开始各抒己见，力主采用磁悬浮式技术的专家认为，其具有能耗小、环保、启动停车快以及安全舒适等优点；力主轮轨式技术的专家认为，轮轨系统（普通铁路、高速铁路及城际轨道列车等）兼容性好，相对经济，更适合我国国情。高速铁路之所以最终胜出，关键在于价格和技术转让方面的优势。磁悬浮技术确实先进，正常运营速度最快能达到 500km/h，但造价高。从技术角度看，磁悬浮技术的垄断地位使德国在知识产权的输出问题上始终不肯让步；而在轮轨技术领域，由于面对日本和法国强有力的竞争，德国会作出让步。国务院颁布的《中长期铁路网规划》确立了中国铁路网建设的蓝图，但磁悬浮制式却不兼容，不能进入现有铁路网络。而京沪间总客流量的 70％左右是通过铁路网由沿线进入的，所以高速铁路的运营效益会比较好。

（二）案例分析

在长达十年的争论与论证中，政府没有追求所谓的轰动效应，而是坚持实事求是，政府决策中理性凸显。经过充分论证、科学比选，各方面就投资方案等重大问题基本取得一

致。慎重抉择中，不乏高层对于技术自主的战略考量。在我国的高速铁路发展上，应当立足于发展自主知识产权的高速铁路技术，但毕竟我国在高速铁路方面刚刚起步；而一些西方国家的高速铁路已经有三四十年的发展历史。对于国外已经成熟的先进技术，我们要以积极的态度引进、消化、吸收。在此基础上，要以最大限度提高国产化的比例，不断提高国内相关企业自主创新能力，避免订单大量外流，才是决策层长远的着眼点。此外，还可推动其他相关产业，诸如机械、电子电气、钢铁等技术的发展。不受制于人，但也不要"水土不服"，实现技术引进与国产化的最佳结合。

京沪高铁客运专线是新中国成立以来一次建设里程长、投资大、标准高的高速铁路客运专线。它也是新中国一次性投资额（概算投资额为2209.4亿元）最高的工程。京沪高速铁路通过技术创新和标准化管理，工程技术、质量和管理等均达到了世界先进水平，构建了中国高铁标准体系与技术体系，支撑了中国高速铁路的快速发展，打造了技术先进、安全可靠、性价比高的中国高铁品牌。以京沪高速铁路为代表的高铁已成为中国的一张亮丽名片。

（三）价值思考

项目是经济社会发展的重要载体，前期构思、立项决策对于项目能否取得成功至关重要，而现实中存在项目"轻视前期决策、重视后期建设"本末倒置的现象。通过本案例，可以感受工程师的严谨、审慎、负责的态度，客观、公正、科学的求实精神，更体现了我国最高决策者求真务实的科学精神，堪称我国乃至世界建设项目理性决策的典范。做好基础工作既是专业的要求，更是职业的使命。同学们要树立爱岗敬业的职业精神、实事求是的科学精神、协作共进的团队精神等职业道德和职业精神，为委托人提供科学评价结论，为决策提供翔实依据，要坚决反对把可行性研究蜕变成可批性研究。

二、某家庭的购房换房故事

（一）案例背景

某滨海二线城市的一个三口之家，2006年9月，儿子王某入学了一所当地的省属重点大学，开启了人生的新征程。经过半年的大学学习，王某很好地适应了大学的学习和生活，父母开始考虑王某毕业后的成家立业问题，计划为儿子购置一套房产以备结婚时居住。经过广泛调查了解、综合研判，并依据家庭的经济状况，决定在该城市功能区轨道交通沿线购置一套120m²的三居室住房（以下简称"房产a"），单价为8000元/m²，总价为96万元。按照当时购房的规定，需要首付40%，贷款利率为6%。父母商量后决定从银行贷款50万元，15年还款期限。在跟银行签订贷款合同时，面临着等额还本付息和等额还本、利息照付两种方式的选择问题，为减轻还款压力，经过比较后决定考虑采用等额还本付息的还款方式。4年后王某本科毕业，由于本科期间学习认真刻苦、成绩优秀，成功考取了一线城市全国重点大学的硕士研究生。研二时经过与儿子交流，儿子比较认同就读学校所在城市的文化和发展前景，有毕业后留在所在城市不愿意再回老家的初步意向，这时，父母开始考虑在一线城市换房的事项。眼看着越来越高的房价，尤其是一线城市比二线城市的涨幅更大，父母决定出售原购置房屋，在该一线城市购房，此时原房屋单价已经达到了15000元/m²，一线城市的新建房屋、房龄3年以内的次新房屋单价已经达到了30000元/m²。购买一套120m²的三居室住房需要360万元。2012年9月，综合考虑后决定考虑购买房龄 3 年以内、生活较为便利的次新房屋（以下简称"房产 b"），需要贷款 150 万元，贷款期限为 10 年。

问题：

（1）从定性分析的角度来判断，选择采用等额还本付息是否妥当。

（2）采用等额还本付息的还款方式，分别计算购置房产 a、购置房产 b 时每月的还款额。

（3）若将购置首套房的自有资金存入银行，比较买房获利和银行存款（利率 5%）两者之间的差异。

（二）案例分析

（1）等额还本付息是在还款期内，每年偿付的本金利息之和是相等的，但每年支付的本金数和利息数均不相等。等额还本、利息照付是在还款期内每年等额偿还本金，而利息按年初借款余额和利息率的乘积计算，利息不等，每年偿还的本利和不等。所以，等额还本、利息照付在前期还款数额大，随着时间的推移越来越小，会给前期带来较大的还款压力，他们的选择是妥当的。

借款等额还本付息计算方法常见的有如下两种：

① 等额还本付息的计算步骤：

a. 计算还款期之前累计借款本金与资本化利息之和 I_c；

b. 根据等值计算原理，已知现值求年值；

c. 计算每年应付的利息：

$$每年应支付的利息＝年初借款余额×年利率$$

式中，年初借款余额＝I_c－本年之前各年偿还的本金累计

d. 计算每年偿还的本金：

$$本年偿还本金＝A－每年支付利息$$

② 等额还本、利息照付的计算步骤：

a. 计算建设期末的累计借款本金和未付的资本化利息之和 I_c。

b. 计算在指定偿还期内，每年应偿还的本金 A：

$$A＝I_c/n$$

式中，n 为贷款的偿还期（不包括建设期）。

c. 计算每年应付的利息额：

$$年应付利息＝年初借款余额×年利率$$

d. 计算每年的还本付息额总额：

$$年还本付息总额＝A＋年应付利息$$

【例 2-18】 已知某项目还款额累计为 1000 万元，分 5 年还清，已知年利率为 6%，求该项目分别采用等额还本付息，等额还本、利息照付的方法，计算还款期每年的还本额、付息额和还本付息总额。

解：① 等额还本付息

每年的还本付息总额：

$$A＝P\frac{i(1+i)^n}{(1+i)^n-1}=1000×\frac{6\%×(1+6\%)^5}{(1+6\%)^5-1}≈237.40（万元）$$

还款期各年的还本额、付息额和还本付息总额如表 2-6 所示。

等额还本付息方式下各年的还款数据表　　　　　　　　　　　　表 2-6

年份	1	2	3	4	5
年初借款余额/万元	1000	822.60	634.56	435.23	223.94
利率	6%	6%	6%	6%	6%
年利息/万元	60	49.36	38.07	26.11	13.46
年还本额/万元	177.40	188.04	199.33	211.29	223.94
年还本付息总额/万元	237.40	237.40	237.40	237.40	237.40
年末借款余额/万元	822.60	634.56	435.23	223.94	0

② 等额还本、利息照付方式：

每年的还本额 $A = 1000/5 = 200$（万元）

还款期各年的还本额、付息额和还本付息总额如表 2-7 所示。

等额还本、利息照付方式下各年的还款数据　　　　　　　　　　表 2-7

年份	1	2	3	4	5
年初借款余额/万元	1000	800	600	400	200
利率	6%	6%	6%	6%	6%
年利息/万元	60	48	36	24	12
年还本额/万元	200	200	200	200	200
年还本付息总额/万元	260	248	236	224	212
年末借款余额/万元	800	600	400	200	0

（2）采用等额还本付息的还款方式，每月需还款额的计算实质是已知 P 求 A。每月计息周期利率为 6%/12=0.5%，15 年和 10 年分别为 180 个月和 120 个月。

购置房产 a：　　　$A = 50 \times \dfrac{(1+0.5\%)^{180} \times 0.5\%}{(1+0.5\%)^{180} - 1} = 4219$（元）

购置房产 b：　　　$A = 150 \times \dfrac{(1+0.5\%)^{120} \times 0.5\%}{(1+0.5\%)^{120} - 1} = 16653$（元）

（3）房产 a 出售价值为 180 万元，减去 6 年间 50 万元的贷款及其利息（利息值小于 18 万元）、自有资金 46 万元，购房获利大于 180−50−18−46 = 66（万元）；存款利息为：$46 \times (1 + 6 \times 5\%) - 46 = 13.8$（万元）；所以，6 年间，利用自己的 46 万元存款购买房产比存款利息超额获利 50 多万元。

购买次新房屋可以在王某仍在学校就读期间获得一定的房屋租金收入，用来偿还贷款。

（三）价值思考

全面、深刻把握资金时间价值的背景、本源和实现条件。深刻认识资金的时间价值是客观存在的，是社会生产再生产规律的客观反映。深刻理解资金时间价值对于不断满足人们日益增长的物质文化需要和推进人类自身再生产的重要意义，人类自身的再生产也依赖于资金的时间价值。大家应熟练掌握资金时间价值计算的基本原理并能在日常生活中灵活运用，培养善于理财、合理利用金融政策创造美好生活的生活观，增强自觉运用资金时间价值理论指导实践的能动性。

同时，通过资金的时间价值理论，同学们应该深刻理解改革开放基本国策。通过改革梳理不适应生产力发展的生产关系，按照"三个有利于"的标准，大胆进行体制机制创新。比如，改革单一的劳动分配制度为"按劳分配为主、多种分配形式并存"，在理论和政策上承认资本的贡献，引导更多的资本投入。通过开放，引进外资，弥补我国社会主义建设的资本不足，为做大做强国民经济总量的盘子、提高综合国力提供资本支撑。还应深刻理解我国"全民创新，万众创业"。创新创业是支撑经济高质量发展的逻辑前提，积极投身"双创"是对国家经济建设、对社会发展的有效贡献，有志于担当社会责任的青年一代，应该积极投身"双创"。

复习思考题

一、单项选择题

1. 甲企业年初向银行贷款流动资金 200 万元，按季计算并支付利息，季度利率 1.5%，则甲企业一年应支付的该项流动资金贷款利息为（   ）万元。

    A. 6.00   B. 6.05   C. 12.00   D. 12.27

2. 某企业向银行借款 250 万元，期限 2 年，年利率 6%，半年复利计息一次，第二年还本付息，则到期企业需支付给银行的利息为（   ）万元。

    A. 30.00   B. 30.45   C. 30.90   D. 31.38

3. 某企业一次性从银行借入 200 万元，按复利计息，5 年后一次还本付息，利率为 6%，5 年后的本利和为（   ）。

    A. $200\times(P/F，6\%，5)$ B. $200\times(F/P，6\%，5)$

    C. $200\times(P/F，6\%，6)$ D. $200\times(F/P，6\%，4)$

4. 年初借款 1000 万元，年利率 5%，10 年，每年年还款（   ）万元。

    A. 129.50   B. 135.97   C. 111.50   D. 129.05

5. 某建设项目建设期为 5 年，建设期内每年年初贷款 300 万元，年利率 10%。若在运营期第 3 年年底和第 6 年年底分别偿还 500 万元，则在运营期第 9 年年底全部还清贷款本利和尚需偿还（   ）万元。

    A. 2059.99   B. 3199.24   C. 3318.65   D. 3750.52

6. 某工程项目建设期为 3 年，建设期内每年初贷款 500 万元，年利率为 10%。运营期前 3 年每年年末等额偿还贷款本息，到第 3 年年末全部还清。则每年年末应偿还贷款本息（   ）万元。

    A. 606.83   B. 665.50   C. 732.05   D. 953.60

7. 某企业在第 1～第 5 年的每年年初等额投资，年收益率为 10%，按复利计息，该企业若想在第 5 年年末一次性回收投资本息 1000 万元，应在每年年初投资（   ）万元。

    A. 124.18   B. 148.91   C. 163.80   D. 181.82

8. 某企业在前 3 年的每年年初借款 1000 万元，按年复利计息，年利率为 8%，第 5 年年末还款 3000 万元，剩余本息在第 8 年年末全部还清，则第 8 年年末需还本付息（   ）万元。

A. 981.49   B. 990.89   C. 1270.83   D. 1372.49

9. 某项目建设期为两年，运营期为 5 年，建设期内每年年初贷款分别为 300 万元和 500 万元，年利率为 10%，若在运营期后三年每年年末等额偿还贷款，则每年应偿还的本利和为（   ）万元。

A. 444.22   B. 413.52   C. 560.49   D. 601.34

10. 假设年名义利率为 5%，计息周期为季度，则年有效利率为（   ）。

A. 5.0%   B. 5.06%   C. 5.09%   D. 5.12%

11. 某项借款，年名义利率为 10%，按季复利计息，则季有效利率为（   ）。

A. 2.41%   B. 2.50%   C. 2.52%   D. 3.23%

12. 某企业年初从银行贷款 800 万元，年名义利率为 10%，按季计算并支付利息，则每季度末应支付利息（   ）万元。

A. 19.29   B. 20.00   C. 20.76   D. 26.67

13. 某企业年初借款 2000 万元，按年复利计息，年利率为 8%。第 3 年年末还款 1200 万元，剩余本息在第 5 年年末全部还清，则第 5 年年末需还本付息（   ）万元。

A. 1388.80   B. 1484.80   C. 1538.98   D. 1738.66

14. 某企业拟从银行借款 500 万元，期限为 5 年，年利率为 8%。下列还款方式中，企业支付本利和最多的还款方式是（   ）。

A. 每年年末偿还当期利息，第 5 年年末一次还清本金

B. 第 5 年年末一次还本付息

C. 每年年末等额本金还款，另付当期利息

D. 每年年末等额本息还款

15. 某投资方案估计年总成本费用为 8000 万元，其中外购原材料、燃料及动力费为 4500 万元，折旧费为 800 万元，摊销费为 200 万元，修理费为 500 万元，利息支出为 210 万元。则该投资方案的年经营成本为（   ）万元。

A. 4500   B. 6290   C. 6790   D. 7290

二、多项选择题

1. 关于现金流量图绘制规则的说法，正确的有（   ）。

A. 横轴为时间轴，整个横轴表示经济系统寿命期

B. 横轴的起点表示时间序列第一期期末

C. 横轴上每一间隔代表一个计息周期

D. 与横轴相连的垂直箭线代表现金流量

E. 垂直箭线的长短应体现各时点现金流量的大小

2. 下列关于利息和利率的说法中，正确的有（   ）。

A. 通常情况下，平均利润率是利率的最高界限

B. 有效利率是指资金在计息中所发生的名义利率

C. 利息和利率是用来衡量资金时间价值的重要尺度

D. 利息是占用资金所付的代价或者是放弃使用资金所得的补偿

E. 利率是一年内所获得的利息与借贷金额的现值之比

3. 关于决定利率高低的因素，说法正确的是（   ）。

A. 借贷资本供过于求，利率便上升；供不应求，利率便下降

B. 借出资金的风险越大，利率越高

C. 通货膨胀越严重，利率越高

D. 借出资金的时间越长，利率越高

E. 社会平均利润率提高的时候，利率同比例提高

4. 某人向银行申请住房按揭贷款 50 万元，期限 10 年，年利率为 4.8%，还款方式为按月等额本息还款，复利计息。关于该项贷款的说法，正确的有（　　）。

A. 宜采用偿债基金系数直接计算每月还款额

B. 借款年名义利率为 4.8%

C. 借款的还款期数为 120 期

D. 借款期累计支付利息比按月等额本金还款少

E. 该项借款的月利率为 0.4%

5. 若名义利率大于 0，关于有效利率和名义利率关系的说法，正确的有（　　）。

A. 年有效利率和名义利率的关系实质上与复利和单利的关系一样

B. 每年计息周期数越多，则年有效利率和名义利率的差异越大

C. 年有效利率一定大于年名义利率

D. 名义利率越大，有效利率和名义利率的差异就越小

E. 单利计息时，名义利率和有效利率没有差别

三、计算题

1. 某固定资产原价为 5 万元，预计净残值为 500 元，使用年限 5 年，分别采用平均年限法、双倍余额递减法、年数总和法计算各年的折旧额。

2. 某企业拟投资建设工业项目，生产一种市场急需的产品，该项目相关基础数据如下：

（1）项目建设期 1 年，运营期 8 年，建设投资估算 1500 万元（含可抵扣进项税 100 万元）。建设投资（不含可抵扣进项税）全部形成固定资产。固定资产使用年限 8 年，期末净残值率为 5%，按直线法折旧。

（2）项目建设投资来源为自有资金和银行借款。借款总额 1000 万元，借款年利率为 8%（按年计息）。

（3）项目设计产量为 20000 件/年。单位产品不含税销售价格预计为 450 元，单位产品平均可抵扣进项税估算为 15 元。项目运营期第 1 年产量为设计产量的 80%，营业收入亦为达产年份的 80%，以后各年均达到设计产量。

（4）企业适用的增值税税率为 13%，增值税附加按应纳增值税的 12% 计算。

问题：

（1）列式计算项目建设期贷款利息和固定资产年折旧额。

（2）列式计算项目运营期第 1 年和第 2 年的企业应纳增值税额及增值税附加税额（计算过程和结果数据有小数的，保留两位小数）。

第3章 工程经济决策方法

3.1 经济效果评价与费用效益分析概述

3.1.1 经济效果评价概述

经济效果评价是指对评价方案计算期内各种有关技术经济因素和方案投入与产出的有关财务、经济资料数据进行调查、分析、预测，对方案的经济效果进行计算、评价，分析比较各方案的优劣，从而确定和推荐最佳方案的过程，为选择投资方案提供科学的决策依据。

1. 经济效果评价的内容

经济效果评价的内容主要包括盈利能力分析、偿债能力分析、财务生存能力分析和抗风险能力分析。

（1）盈利能力分析。分析和测算投资方案计算期的盈利能力和盈利水平。

（2）偿债能力分析。分析和测算投资方案偿还借款的能力。

（3）财务生存能力分析。其也称资金平衡分析，是分析和测算投资方案各期的现金流量，判断投资方案能否持续运行。财务生存能力是非经营性项目财务分析的主要内容。财务可持续性应首先体现在有足够的经营净现金流量，这是财务可持续的基本条件；其次在整个运营期间，允许个别年份的净现金流量出现负值，但各年累计盈余资金不应出现负值，这是财务生存的必要条件。

（4）抗风险能力分析。分析投资方案在建设期和运营期可能遇到的不确定性因素和随机因素对项目经济效果的影响程度，考察项目承受各种投资风险的能力。

经济效果评价是工程经济分析的核心内容，其目的在于确保决策的正确性和科学性，避免或最大限度地减小投资方案实施风险，明确投资方案的经济效果水平，最大限度地提高建设投资的综合效益。

2. 经济效果评价的基本方法

经济效果评价的基本方法包括确定性评价方法和不确定性评价方法。对同一投资方案而言，必须同时进行确定性评价和不确定性评价。

（1）按评价方法的性质分类。按评价方法的性质不同，经济效果评价分为定量分析和定性分析。

① 定量分析。定量分析是指对可度量因素的分析方法。在方案经济效果评价中考虑的定量分析因素包括投资、营业收入、成本等一系列可以以货币表示的一切成本和收益。

② 定性分析。定性分析是指对无法精确度量的重要因素实行的估量分析方法。在方案经济效果评价中，应坚持定量分析与定性分析相结合，以定量分析为主的原则。

（2）按评价方法是否考虑时间因素分类。对定量分析，按其是否考虑时间因素又可分为静态分析和动态分析。

① 静态分析。静态分析是不考虑时间因素对资金价值的影响，而对方案现金流量分别进行直接汇总来计算分析指标的方法。

② 动态分析。动态分析是在分析方案经济效果时，对发生在不同时间的现金流量折现后来计算分析指标。在工程经济分析中，由于时间和利率的影响，对方案的每一笔现金流量都应该考虑它所发生的时间，以及时间因素对其价值的影响。动态分析能较全面地反映方案整个计算期的经济效果。

静态评价方法是不考虑资金时间价值，其最大特点是计算简便，适用于方案的初步评价，或对短期投资项目进行评价，以及对于逐年收益大致相等的项目评价。动态评价方法考虑资金时间价值，能较全面地反映投资方案整个计算期的经济效果。因此，在方案经济效果评价中，应坚持动态分析与静态分析相结合，以动态分析为主的原则。

（3）按评价是否考虑融资分类。经济效果分析可分为融资前分析和融资后分析。一般宜先进行融资前分析，在融资前分析结论满足要求的情况下，初步设定融资方案，再进行融资后分析。

① 融资前分析。融资前分析应考察方案整个计算期内现金流入和现金流出，排除了融资方案变化的影响，从方案投资总获利能力的角度，考察方案设计的合理性，作为方案初步投资决策与融资方案研究的依据和基础。融资前分析应以动态分析为主，静态分析为辅。

② 融资后分析。融资后分析应以融资前分析初步的融资方案为基础，考察方案在拟定融资条件下的盈利能力、偿债能力和财务生存能力，判断方案在融资条件下的可行性。融资后分析用于比选融资方案，帮助投资者作出融资决策。融资后的盈利能力分析也应包括动态分析和静态分析。

（4）评价方案的计算期。方案的计算期是指在经济效果评价中为进行动态分析所设定的期限，包括建设期和运营期。

① 建设期是指方案从资金正式投入开始到方案建成投产为止所需要的时间。通常建设期应根据方案实施的内容、工程量大小、技术难易以及资金保障程度、实施条件和管理组织等多因素综合研究确定。

② 运营期。运营期分为投产期和达产期两个阶段。投产期是指方案投入生产，但生产能力尚未完全达到设计能力时的过渡阶段；达产期是指生产运营达到设计预期水平后的时间。

3.1.2 费用效益分析概述

1. 费用效益分析的概念

在市场经济条件下，大部分工程项目财务评价结论可以满足投资决策要求。但对于财务现金流量不能全面、真实地反映其经济价值的项目，还需要进行费用效益分析。所谓费用效益分析（Cost-Benefit Analysis），是按合理配置稀缺资源和社会经济可持续发展的原则，采用影子价格、社会折现率等费用效益分析参数，从国民经济全局的角度出发，考察工程项目的经济合理性。

（1）影子价格。影子价格是指依据一定原则确定的，能够反映投入物和产出物真实经济价值，反映市场供求状况，反映资源稀缺程度，使资源得到合理配置的价格。影子价格是根据国家经济增长的目标和资源的可获性来确定的。如果某种资源数量稀缺且用途广泛，则其影子价格就高。如果这种资源的供应量增多，其影子价格就会下降。进行费用效益分析时，项目的主要投入物和产出物价格，原则上都应采用影子价格。

（2）社会折现率。社会折现率是用以衡量资金时间价值的重要参数，代表社会资金被占用应获得的最低收费率，并用作不同年份价值换算的折现率。

社会折现率是费用效益分析中经济内部收益率的基准值。适当的折现率有利于合理分配建设资金，指导资金投向对国民经济贡献大的项目，调节资金供需关系，促进资金在短期和长期建设项目之间的合理调配。根据对我国国民经济运行的实际情况、投资收益水平、资金供求状况、资金机会成本以及国家宏观调控等因素综合分析，根据国家发展和改革委员会和原建设部联合发布的《建设项目经济评价方法与参数》（第三版），目前社会折现率测定值为 8%。

需要进行费用效益分析的项目主要包括农业、水利、铁道、公路、民航、城市建设、电信等具有垄断特征、公共产品特征的项目和基础设施项目；环境保护、节能减排、生态修复、文化传承创新高科技产业等外部性显著的项目；煤炭、石油、电力、钢铁、有色、黄金等资源开发项目；涉及人工智能、互联网＋、大数据系统、通信、电子、机械、先进装备制造等国家经济安全的项目；受过度行政干预的项目。

2. 费用效益分析的必要性及其内容

正常运作的市场是将稀缺资源在不同用途和不同时间上合理配置的有效机制。然而市场的正常运作要求具备若干条件，包括资源的产权清晰、完全竞争、公共产品数量不多、短期行为不存在等。如果这些条件不能满足，市场就不能有效地配置资源，即市场失灵。市场失灵主要包括以下四项内容：

（1）无市场、薄市场。首先，很多资源的市场还根本没发育起来，或根本不存在。这些资源的价格为零，因而被过度使用，日益稀缺。其次，有些资源的市场虽然存在，但价格偏低，只反映了劳动和资本成本，没有反映生产中资源耗费的机会成本和环境污染的代价。若价格为零或偏低时，资源会被浪费，生态会恶化。例如，我国一些地区的地下水和灌溉用水价格偏低，因而被大量浪费。

（2）外部效果。外部效果是企业或个人的行为对活动以外的企业或个人造成的影响。外部效果造成私人成本（内部成本或直接成本）和社会成本不一致，导致实际价格不同于最优价格。外部效果可以是积极的，也可以是消极的。河流上游农民种树，保持水土，使下游农民旱涝保收，这是积极的外部效果。上游滥砍滥伐，造成下游洪水泛滥和水土流失，这是负面的外部效果。

（3）公共物品。公共物品的显著特点是一个人对公共物品的消费不影响其他消费者对同一公共物品的消费。在许多情况下，个人不管付钱与否都不能被从公共物品的消费中排除出去，例如国防。因为没人能够或应该被排除，所以消费者就不愿为消费公共物品而付钱。消费者不愿付钱，私人企业赚不了钱，就不愿意提供公共物品。因此，自由市场很难提供充足的公共物品。

（4）短视计划。自然资源的保护和可持续发展意味着为了未来利益而牺牲当前消费。

因为人们偏好当前消费，未来利益被打折扣，因而造成应留给未来的资源被提前使用。资源使用中的高贴现率和可再生资源的低增长率，有可能使某种自然资源提早耗尽。

市场失灵的存在使得财务评价的结果往往不能真实反映工程项目的全部利弊得失，必须通过费用效益分析对财务评价中失真的结果进行修正。

费用效益分析的研究内容主要是识别国民经济效益与成本，计算和选取影子价格，编制费用效益分析报表，计算费用效益分析指标并进行方案比选。费用效益分析则只作盈利能力分析，不作清偿能力分析。

3.2 确定性评价方法

3.2.1 经济效果评价指标体系

方案的经济效果评价，一方面取决于基础数据的完整性和可靠性；另一方面取决于选取的评价指标体系的合理性，只有选取正确的评价指标体系，经济效果评价的结果才能与客观实际情况相吻合，才具有实际意义。

根据是否考虑资金时间价值，可分为静态评价指标和动态评价指标，如图 3-1 所示。

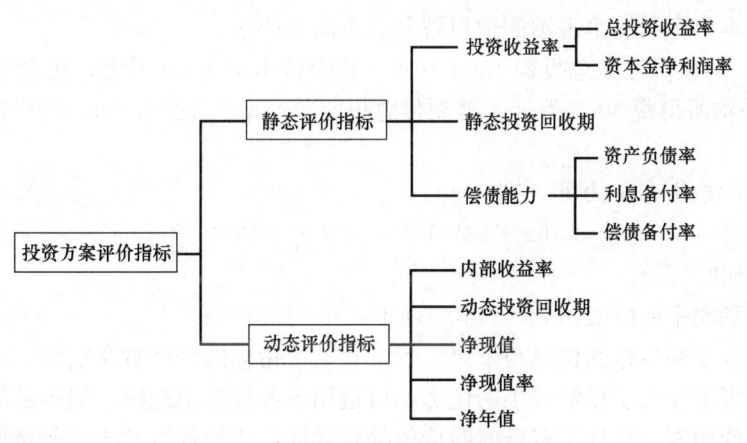

图 3-1　投资方案经济评价指标体系

1. 投资收益率

投资收益率是指投资方案达到设计生产能力后一个正常生产年份的年净收益总额与方案投资总额的比率。它是评价投资方案盈利能力的静态指标，表明在投资方案正常生产年份中，单位投资每年所创造的年净收益额。对运营期内各年的净收益额变化幅度较大的方案，可计算运营期年平均净收益额与投资总额的比率。

（1）投资收益率的计算公式：

$$投资收益率(R) = \frac{年净收益或年平均净收益}{投资总额} \times 100\% \tag{3-2-1}$$

（2）投资收益率的判别准则。将计算出的投资收益率（R）与所确定的基准投资收益率（R_e）进行比较，如下：

① 若 $R \geqslant R_e$，则方案在经济上可以考虑接受；

② 若 $R < R_e$，则方案在经济上是不可行的。

（3）投资收益率的应用指标。根据分析目的的不同，投资收益率又可分为总投资收益率（ROI）和资本金净利润率（ROE）。

① 总投资收益率（ROI），表示项目总投资的盈利水平。

$$ROI = \frac{EBIT}{TI} \times 100\% \tag{3-2-2}$$

式中　EBIT——项目达到设计生产能力后正常年份的年息税前利润或运营期内年平均息税前利润；

　　　　TI——项目总投资，包括建设投资、建设期借款利息和全部流动资金。

总投资收益率高于同行业的收益率参考值或确定的基准总投资收益率，表明用总投资收益率表示的项目盈利能力满足要求。

② 资本金净利润率（ROE），表示项目资本金的盈利水平。

$$ROE = \frac{NP}{EC} \times 100\% \tag{3-2-3}$$

式中　NP——项目达到设计生产能力后正常年份的年净利润或运营期内年平均净利润；

　　　　EC——项目资本金。

资本金净利润率高于同行业的资本金净利润率参考值或确定的基准资本金净利润率，表明用项目资本金净利润率表示的项目盈利能力满足要求。

【例 3-1】　某投资方案总投资 1500 万元，其中资本金 1000 万元，运营期年平均利息 18 万元，年平均所得税 40.5 万元，若项目总投资收益率为 12%，问：项目资本金净利润率为多少？

解：设利润总额为 x 万元，则

$$(x + 18)/1500 \times 100\% = 12\%$$

求得 $x = 162$（万元）

资本金净利润率 $= (162 - 40.5)/1000 \times 100\% = 12.15\%$

（4）投资收益率指标的优点与不足。投资收益率指标的经济意义明确、直观，计算简便，在一定程度上反映了投资效果的优劣，可适用于各种投资规模。但不足的是没有考虑投资收益的时间因素，忽视了资金时间价值的重要性；指标计算的主观随意性太强，即正常生产年份的选择比较困难，如何确定带有一定的不确定性和人为因素。因此，以投资收益率指标作为主要的决策依据不太可靠。

2. 投资回收期

投资回收期是反映投资方案实施以后回收初始并获取收益能力的重要指标，分为静态投资回收期和动态投资回收期。

（1）静态投资回收期。静态投资回收期是在不考虑资金时间价值的条件下，以项目的净收益回收其全部投资所需要的时间。投资回收期可自项目建设开始年算起，也可自项目投产年开始算起，但应予以注明。

① 静态投资回收期的计算公式。自建设开始年算起，投资回收期 P_t（以年表示）的计算公式如下：

$$\sum_{t=0}^{P_t} (CI - CO)_t = 0 \tag{3-2-4}$$

式中　P_t——静态投资回收期；

（CI－CO）$_t$——第t年净现金流量；

　　　　CI——现金流入；

　　　　CO——现金流出。

静态投资回收期可根据现金流量表计算，其具体计算又分为以下两种情况。

a. 项目建成投产后各年的净收益（即净现金流量）均相同，则自项目投产年算起的静态投资回收期的计算公式可简化如下：

$$P_t = \frac{TI}{A} \tag{3-2-5}$$

式中　TI——项目总投资；

　　　A——每年净收益，即$A=(CI-CO)_t$。

b. 项目建成投产后各年的净收益不相同，则静态投资回收期可根据累计净现金流量求得，如图 3-2 所示。也就是在现金流量表中累计净现金流量由负值转向正值之间的年份。其计算公式为：

$$P_t = （累计净现金流量出现正值的年份数-1）+ \frac{上一年累计净现金流量的绝对值}{出现正值年份的净现金流量}$$

$$\tag{3-2-6}$$

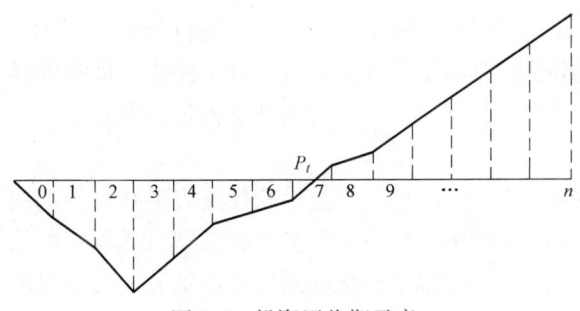

图 3-2　投资回收期示意

② 静态投资回收期的判别准则。将计算出的静态投资回收期（P_t）与所确定的基准投资回收期（P_e）进行比较：

a. 若$P_t \leqslant P_e$，则表明项目投资能在规定的时间内收回，则项目（或方案）在经济上可以考虑接受；

b. 若$P_t > P_e$，则项目（或方案）在经济上是不可行的。

（2）动态投资回收期。动态投资回收期是将投资方案各年的净现金流量按基准收益率折现后，再来推算投资回收期，这是其与静态投资回收期的根本区别。动态投资回收期就是投资方案累计现值等于零时的时间（年份）。

动态投资回收期的表达式为：

$$\sum_{t=0}^{P_t'}(CI-CO)_t(1+i_c)^{-t}=0 \tag{3-2-7}$$

式中　P_t'——动态投资回收期；

　　　i_c——基准收益率。

在实际应用中，可根据项目现金流量表用下列近似公式计算：

$$P'_t = (累计净现金流量现值出现正值的年数-1) + \frac{上一年累计净现金流量现值的绝对值}{出现正值年份净现金流量的现值}$$

$$(3-2-8)$$

按静态分析计算的投资回收期较短，决策者可能认为经济效果尚可以接受。但若考虑资金时间价值，用折现法计算出的动态投资回收期要比用传统方法计算出的静态投资回收期长，该方案未必能被接受。

【例 3-2】 某项目净现金流量如表 3-1 所示，试问该项目的静态投资回收期为多少年？

项目净现金流量表　　　　　　　　　　　　　　　　　表 3-1

计算期/年	1	2	3	4	5	6	7
净现金流量/万元	−800	−1200	400	600	600	600	600
累计净现金流量	−800	−2000	−1600	−1000	−400	200	800

解： 静态投资回收期 $=(6-1)+|-400|/600=5.67$ （年）

（3）投资回收期指标的优点和不足。投资回收期指标容易理解，计算也比较简便；项目投资回收期在一定程度上显示了资本的周转速度。显然，资本周转速度越快，回收期越短，风险越小，盈利越多。这对那些技术上更新迅速的项目、资金相当短缺的项目、未来情况很难预测而投资者又特别关心资金补偿的项目进行分析是特别有用的。但不足的是投资回收期没有全面考虑投资方案整个计算期内的现金流量，即只间接考虑投资回收之前的效果，不能反映投资回收之后的情况，即无法准确衡量方案在整个计算期内的经济效果。

3. 净现值

净现值（Net Present Value，NPV）是反映投资方案在计算期内获利能力的动态评价指标。投资方案的净现值是指用一个预定的基准收益率（或设定的折现率）i_c，分别将整个计算期内各年所发生的净现金流量都折现到投资方案开始实施时的现值之和。

（1）净现值的计算公式：

$$NPV = \sum_{t=0}^{n} (CI-CO)_t (1+i_c)^{-t}$$

$$(3-2-9)$$

式中　NPV——净现值；

　（CI−CO）$_t$——第 t 年的净现金流量（应注意"+""−"号）；

　　　i_c——基准收益率；

　　　n——投资方案计算期。

（2）净现值的判别准则。净现值是评价项目盈利能力的绝对指标。

① 当方案的 NPV≥0 时，说明该方案能满足基准收益率要求的盈利水平，在经济上是可行的；

② 当方案的 NPV<0 时，说明该方案不能满足基准收益率要求的盈利水平，在经济上是不可行的。

（3）净现值指标的优点与不足。净现值指标考虑了资金的时间价值，并全面考虑了项目在整个计算期内的经济状况；经济意义明确直观，能够直接以金额表示项目的盈利水平，判断直观。但不足之处是，必须首先确定一个符合经济现实的基准收益率，而基准收益率的确定往往是比较困难的；而且在互斥方案评价时，净现值必须慎重考虑互斥方案的寿命，如果互斥方案寿命不等，必须构造一个相同的分析期限才能进行方案比选。此外，净现值不能反映项目投资中单位投资的使用效率，不能直接说明在项目运营期各年的经营成果。

（4）基准收益率（i_c）的确定。基准收益率也称基准折现率，是企业或行业或投资者以动态的观点所确定的、可接受的投资方案最低标准的收益水平。它表明投资决策者对项目资金时间价值的估价，是投资资金应当获得的最低盈利率水平，是评价和判断投资方案在经济上是否可行的依据。

基准收益率的确定一般以行业的平均收益率为基础，同时综合考虑资金成本、投资风险、通货膨胀以及资金限制等影响因素。对于政府投资项目，进行经济评价时使用的基准收益率是由国家组织测定并发布的行业基准收益率；非政府投资项目，可由投资者自行确定基准收益率。确定基准收益率时应考虑以下因素：

① 资金成本和投资机会成本（i_1）。资金成本是为取得资金使用权所支付的成本。项目投资后所获净收益必须能补偿资金成本，然后才能有利可言。因此，基准收益率不应小于资金成本，否则便无利可图。投资的机会成本是指投资者将有限的资金用于除拟建项目以外的其他投资机会所能获得的最好收益。显然，基准收益率应既不低于单位资金成本，也不低于单位投资的机会成本，这样才能使资金得到最有效的利用。这一要求可用下式表达：

$$i_c \geqslant i_1 = \max\{单位资金成本, 单位投资机会成本\} \tag{3-2-10}$$

a. 当项目完全由企业自有资金投资时，可参考行业基准收益率；可以理解为一种资金的机会成本。

b. 当项目投资由自有资金和贷款组成时，最低收益率不应低于行业基准收益率与贷款利率的加权平均收益率。如果有几种不同的贷款时，贷款利率应为加权平均贷款利率。

② 投资风险（i_2）。在整个项目计算期内，有可能发生难以预料的环境变化，使投资者要冒着一定风险进行决策。因此，在确定基准收益率时，仅考虑资金成本、机会成本因素是不够的，还应考虑风险因素。通常，以一个适当的风险贴补率 i_2 来提高 i_c 值，即以一个较高的收益水平来补偿投资者所承担的风险，风险越大，贴补率越高。为此，投资者自然就要求获得较高的利润，否则，不会去冒风险的。为了限制对风险大、盈利低的项目进行投资，可以采取提高基准收益率的办法来进行投资方案的经济评价。

③ 通货膨胀（i_3）。在通货膨胀影响下，各种材料、设备、土地的价格以及人工费都会上升。为反映和评价出拟建项目未来的真实经济效果，在确定基准收益率时，应考虑通货膨胀因素。若项目现金流量是按当年价格预测估算的，则应以年通货膨胀率 i_3 值修正 i_c 值；若项目的现金流量是按基准年不变价格预测估算的，预测结果已排除通货膨胀因素的影响，就不再重复考虑通货膨胀的影响而去修正 i_c 值。

综合以上分析，基准收益率的确定如下。

当按当年价格预测项目现金流量时：

$$i_c = (1+i_1)(1+i_2)(1+i_3) - 1 \approx i_1 + i_2 + i_3 \tag{3-2-11}$$

当按不变价格预测项目现金流量时：

$$i_c = (1+i_1)(1+i_2) - 1 \approx i_1 + i_2 \tag{3-2-12}$$

上述近似处理的条件是 i_1、i_2、i_3 均为小数。

总之，资金成本和投资机会成本是确定基准收益率的基础，投资风险和通货膨胀是确定基准收益率必须考虑的影响因素。

4. 净年值

净年值（Net Annual Value，NAV）又称等额年值、等额年金，是以一定的基准收益率将项目计算期内净现金流量等值换算而成的等额年值。它与前述净现值（NPV）的相同之处是，两者都要在给出基准收益率的基础上进行计算；不同之处是，净现值将投资过程的现金流量换算为基准期的现值，而净年值则是将该现金流量换算为等额年值。由于同一现金流量的现值和等额年值是等价的（或等效的），因此，净现值法与净年值法在方案评价中能得出相同的结论。而在多方案评价时，特别是各方案的计算期不相同时，应用净年值比净现值更为方便。

（1）净年值的计算公式。净年值的计算公式为：

$$\text{NAV} = \left[\sum_{t=0}^{n} (\text{CI} - \text{CO})_t (1 + i_c)^{-t} \right] (A/P, i_c, n) \tag{3-2-13}$$

或

$$\text{NAV} = \text{NPV}(A/P, i_c, n) \tag{3-2-14}$$

式中 $(A/P, i_c, n)$——资本回收系数。

（2）净年值的判别准则。由于 $(A/P, i_c, n) > 0$，由式（3-2-14）可知，NAV 与 NPV 总是同为正或同为负，故 NAV 与 NFV 在评价同一个项目时的结论总是一致的，其判别准则如下。

① 若 NAV≥0，则投资方案在经济上可以接受；

② 若 NAV<0，则投资方案在经济上应予拒绝。

5. 内部收益率

内部收益率（Internal Rate of Return，IRR）是使投资方案在计算期内各年净现金流量的现值累计等于零时的折现率，即在该折现率时，项目的现金流入现值和等于其现金流出的现值和。

内部收益率容易被人误解为是项目初期投资的收益率。事实上，内部收益率的经济含义是投资方案占用的尚未回收资金的获利能力。它取决于项目内部。现举例说明如下：

【例 3-3】 某投资方案的现金流量见表 3-2，其内部收益率 IRR=20%。

投资方案的现金流量表　　　　　　　　　　　　　　表 3-2

第 t 期末	0	1	2	3	4	5	6
现金流量/万元	−1000	300	300	300	300	300	307

由于已提走的资金是不能再生息的，因此，设 F_t 为第 t 期期末尚未回收的投资余额为 F_0，即项目计算期初的投资额 A_0。显然，只要在本周期内取得复利利息 $i \times F_{t-1}$，则第 t 期期末的未回收投资余额为：

$$F_t = F_{t-1}(1 + i) + A_t \tag{3-2-15}$$

将 $i = \text{IRR} = 20\%$ 代入式（3-2-15），计算出表 3-3 所示项目的未回收投资在计算期内的恢复过程。与表 3.2.3 所示相对应的现金流量如图 3-3 所示。

未回收投资在计算期内的恢复过程 　　　　　　　　　　　　　　表 3-3

第 t 期期末	0	1	2	3	4	5	6
现金流量 A_t	−1000	300	300	300	300	300	307
第 t 期期初未回收投资 F_{t-1}	—	−1000	−900	−780	−636	−463.20	−255.840
第 t 期期末的利息 $i \times F_{t-1}$	—	−200	−180	−156	−127.2	−92.64	−51.168
第 t 期期末未回收投资 F_t	−1000	−900	−780	−636	−463.2	−255.84	0

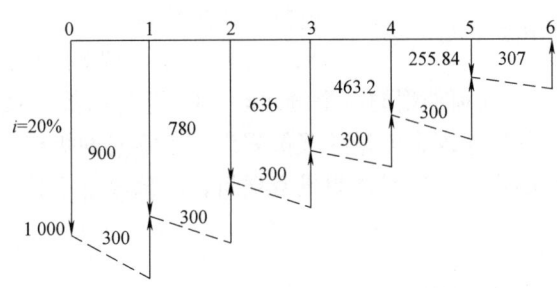

图 3-3　未回收投资现金流量示意图

由此可见，项目的内部收益率是项目到计算期末正好将未收回的资金全部收回来的折现率，是项目对贷款利率的最大承担能力。

上述项目现金流量在计算期内的演变过程可以发现，在整个计算期内，未回收投资 F_t 始终为负，只有计算期末的未回收投资 $F_n = 0$。因此，可将内部收益率定义为在项目的整个计算期内，如果按利率 $i = i^*$ 计算，始终存在未回收投资，且仅在计算期末时，投资才恰被完全收回，即：

$$F_t(i^*) \leqslant 0 \quad (t = 0,1,2,3,n-1) \tag{3-2-16}$$

$$F_n(i^*) = 0 \quad (t = n) \tag{3-2-17}$$

于是，i^* 便是项目的内部收益率。所以，内部收益率的经济含义就是使未回收投资余额及其利息恰好在项目计算期末完全收回的一种利率，也是项目为其所占有资金（不含逐年已回收可作他用的资金）所提供的盈利率。它不仅受项目初始投资规模的影响，而且受项目计算期内各年净收益大小的影响。

在项目计算期内，由于项目始终处于"偿付"未被收回的投资状况，内部收益率指标正是项目占用的尚未回收资金的获利能力。它能反映项目自身的盈利能力，其值越高，方案的经济性越好。因此，在工程经济分析中，内部收益率是考查项目盈利能力的主要动态评价指标。

对具有常规现金流量（即在计算期内，开始时有支出而后才有收益，且方案的净现金流量序列的符号只改变一次的现金流量）的投资方案，其净现值的大小与折现率的高低有直接的关系。若已知某投资方案各年的净现金流量，则该方案的净现值就完全取决于所选用的折现率，即净现值是折现率的函数，其表达式如下：

$$\text{NPV}(i) = \sum_{t=0}^{n} (\text{CI} - \text{CO})_t (1+i)^{-t} \tag{3-2-18}$$

工程经济中常规投资项目的净现值函数曲线在 $-1 < i < +\infty$（对大多数工程经济实际

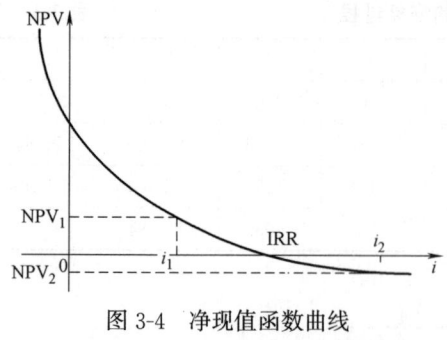

图 3-4 净现值函数曲线

问题来说是 $0 \leqslant i < +\infty$）内是单调下降的，且递减率逐渐减小，即随着折现率的逐渐增大，净现值将由大变小，由正变负，NFV 与 i 之间的关系如图 3-4 所示。

按照净现值的判别准则，只要 $NPV(i) \geqslant 0$，方案或项目就可接受，但由于 $NPV(i)$ 是 i 的递减函数，故折现率越高，方案被接受的可能性就越小。显然，i 可以大到使 $NPV(i)=0$，此时 $NPV(i)$ 曲线与横轴相交，i 达到了其临界值 i^*。可以说，i^* 是净现值判别准则的一个分水岭，i^* 即为内部收益率 IRR。其实质就是使投资方案在计算期内各年净现金流量的现值累计等于零时的折现率。

（1）内部收益率的计算公式。对常规投资项目，内部收益率就是净现值为零时的收益率。其数学表达式为

$$NPV(IRR) = \sum_{t=0}^{n} (CI - CO)_t (1 + IRR)^{-t} \tag{3-2-19}$$

式中　IRR——内部收益率。

由于 IRR 值可达到的项目净现值为 0，所以项目的净年值也必为 0，故有：

$$NPV(IRR) = NVA(IRR) = 0 \tag{3-2-20}$$

内部收益率是一个未知的折现率，由式（3-2-19）可知，求方程式中的折现率需解高次方程，不易求解。在实际工作中，一般是通过计算机进行计算，手算时可用试算法确定 IRR。基本原理为：首先试用 i_1 计算，若得 $NPV_1 > 0$，再试用 i_2（$i_2 > i_1$）。若 $NPV_2 < 0$，则 $NPV = 0$ 时的 IRR 一定在 $i_1 \sim i_2$ 之间，如图 3-4 所示。此时，可用内插法求得 IRR 的近似值，其计算公式为：

$$IRR = i_1 + \frac{NPV_1}{NPV_1 + |NPV_2|} (i_2 - i_1) \tag{3-2-21}$$

为了保证 IRR 的精度，i_1 与 i_2 之间的差距以不超过 2% 为宜，最大不要超过 5%。采用线性内插法计算 IRR 只适用于具有常规现金流量的投资方案。而对于具有非常规现金流量的方案，由于其内部收益率的存在可能不唯一，因而不适用内插法。

（2）内部收益率的判别准则。求得内部收益率 IRR 后，与基准收益率 i_c 进行比较如下。

① 若 $IRR \geqslant i_c$，则投资方案在经济上可以接受；

② 若 $IRR < i_c$，则投资方案在经济上应予拒绝。

（3）内部收益率指标的优点和不足。内部收益率指标考虑了资金的时间价值以及项目在整个计算期内的经济状况；能够直接衡量项目未回收投资的收益率；不需要事先确定一个基准收益率，而只需要知道基准收益率的大致范围即可。但不足的是，内部收益率计算需要大量的与投资项目有关的数据，计算比较麻烦；对于具有非常规现金流量的项目来讲，其内部收益率往往不是唯一的，在某些情况下甚至不存在。

6. 净现值率

净现值率（NPVR）是在 NPV 的基础上发展起来的，可作为 NPV 的一种补充。净

现值率是项目净现值与项目全部投资现值之比，其经济含义是单位投资现值所能带来的净现值，是一个考察项目单位投资盈利能力的指标。由于净现值不直接考虑项目投资额的大小，故为考虑投资的利用效率，常用净现值率作为净现值的辅助评价指标。

当对比的两个方案投资额不同时，如果仅以各方案的 NPV 大小来选择方案，可能导致不正确的结论。因为净现值只表明盈利总额，不能说明投资的利用效果。单纯以净现值最大作为方案选优的标准，往往导致评价人趋向于选择投资大、盈利多的方案，而忽视盈利额较多，但投资更少，经济效果更好的方案。为此，可采用净现值的相对指标（单位投资的净现值）——净现值率来进行评价。

（1）净现值率的计算公式。净现值率（NPVR）的计算公式如下：

$$NPVR = \frac{NPV}{I_p} \tag{3-2-22}$$

$$I_p = \sum_{t=0}^{m} I_t (P/F, i_c, t) \tag{3-2-23}$$

式中　I_p——投资现值；

　　　I_t——第 t 年投资额；

　　　m——建设期年数。

（2）净现值率的判别准则。净现值率的判别准则如下：

① 若 NPVR≥0，则说明投资方案在经济上可接受；

② 若 NPVR<0，则说明投资方案在经济上不可行。

7. 偿债能力指标

（1）偿债能力指标利息备付率。利息备付率（ICR）也称已获利息倍数，是指投资方案在借款偿还期内的息税前利润（EBIT）与当期应付利息（PI）的比值。利息备付率从付息资金来源的充裕性角度反映投资方案偿付债务利息的保障程度。

① 偿债能力指标的计算公式：

$$ICR = \frac{EBIT}{PI} \tag{3-2-24}$$

式中　EBIT——息税前利润；

　　　PI——计入总成本费用的应付利息。

② 偿债能力指标的判别准则。利息备付率应在借款偿还期内分年计算，它从付息资金来源的充裕性角度反映企业偿付债务利息的能力，表示企业使用息税前利润偿付利息的保证倍率。利息备付率高，说明利息支付的保证度大，偿债风险小。在正常情况下，利息备付率应当大于 1，并结合债权人的要求确定；否则，表示企业的付息能力保障程度不足。尤其是当利息备付率低于 1 时，表示企业没有足够资金支付利息，偿债风险很大。参考国际经验和国内行业的具体情况，根据我国企业历史数据统计分析，一般情况下，利息备付率不宜低于 2，而且需要将该利息备付率指标与其他同类企业进行比较，来分析决定本企业的指标水平。

（2）偿债备付率。偿债备付率（DSCR）是指投资方案在借款偿还期内各年可用于还本付息的资金（$EBITDA - T_{AX}$）与当期应还本付息金额（PD）的比值。偿债备付率表示可用于还本付息的资金偿还借款本息的保障程度。

① 偿债备付率的计算公式：

$$DSCR = \frac{EBITDA - T_{AX}}{PD}$$

（3-2-25）

式中　EBITDA——息税前利润加折旧和摊销；

　　　　T_{AX}——企业所得税；

　　　　PD——应还本付息金额，包括还本金额和计入总成本费用的全部利息。融资租赁成本可视同借款偿还。运营期内的短期借款本息也应纳入计算。

根据国家现行财税制度的规定，偿还贷款的资金来源主要包括可用于归还借款的利润、固定资产折旧、无形资产及其他资产摊销费和其他还款资金来源。如果项目在运营期内有维持运营的投资，那么可用于还本付息的资金应扣除维持运营的投资。

② 偿债备付率的判别准则。偿债备付率应在借款偿还期内分年计算，它表示企业可用于还本付息的资金偿还借款本息的保证倍率。若偿债备付率低，则说明偿付债务本息的资金不充足，偿债风险大。正常情况，偿债备付率应当大于1，并结合债权人的要求确定。当指标小于1时，表示企业当年资金来源不足以偿付当期债务，需要通过短期借款偿付已到期债务。参考国际经验和国内行业的具体情况，根据我国企业历史数据统计分析，一般情况下，偿债备付率不宜低于1.3。

利息备付率和偿债备付率都是反映投资方案在借款偿还期内企业偿债能力的指标，但有时借款偿还期难以确定，此时可以先大致估算出借款偿还期，再采用适宜的方法计算出每年企业需要还本和付息的金额，进而计算利息备付率和偿债备付率指标。此时的借款偿还期只是为估算利息备付率和偿债备付率指标所用，切不可将它与利息备付率和偿债备付率指标并列使用。

（3）资产负债率。资产负债率（LOAR）是指投资方案各期末负债总额（TL）与资产总额（TA）的比率。其计算公式为：

$$LOAR = \frac{TL}{TA} \times 100\%$$

（3-2-26）

式中　TL——期末负债总额；

　　　TA——期末资产总额。

适度的资产负债率，表明企业经营安全、稳健，具有较强的筹资能力；也表明企业和债权人的风险较小。对该指标的分析，应结合国家宏观经济状况、行业发展前景、企业所处的竞争环境状况等具体条件确定。

3.2.2　经济效果评价的方法

1. 评价方案的类型

运用经济效果评价指标对投资方案进行评价，主要有两个用途：一是对某一方案进行分析，判断该方案在经济上是否可行。对于这种情况，需要选用适当指标并计算指标值，根据判断准则评价其经济性即可；二是对于多方案进行经济上的比选，此时，如果仅计算各种方案的评价指标并作出结论，其结论可能是不可靠的。进行多方案比选时，首先必须了解方案所属的类型，从而按照方案的类型确定适合的评价方法和指标，为最终作出正确的投资决策提供科学依据。

方案类型是指一组备选方案之间所具有的相互关系。这种关系一般分为独立型方案和相关型方案两类。而相关型方案又分为互斥型、互补型、现金流量相关型、组合—互斥型和混合相关型 5 种，如图 3-5 所示。

（1）独立型方案。独立型方案是指方案间互不干扰，在经济上互不相关的

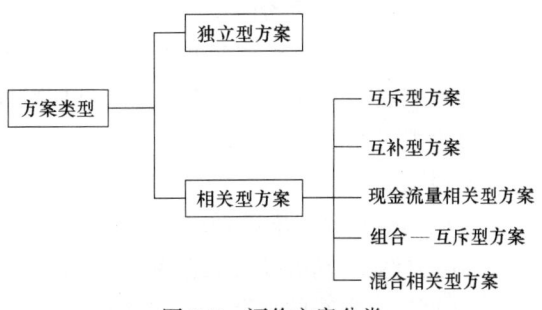

图 3-5　评价方案分类

方案，选择或放弃其中一个方案，并不影响其他方案的选择。因此，其评价主要是针对每个方案自身的经济效果情况进行判断，相互之间不影响。

（2）相关型方案。

① 互斥型方案。互斥型方案是指在若干备选方案中，各个方案彼此可以相互代替。选择其中任何一个方案，其他方案必然被排斥。项目互斥方案比较是工程经济评价工程的重要组成部分，也是寻求合理决策的必要手段。

② 互补型方案。互补型方案是指在方案之间存在技术经济互补关系的一组方案。某一方案的接受有助于其他方案的接受。根据互补方案之间相互依存的关系，互补方案可能是对称的，如建设一个大型非港口电站，必须同时建设铁路、电厂，它们无论在建成时间、建设规模上都要彼此适应，缺少其中任何一个项目，其他项目就不能正常运行。因此，它们之间是互补型方案，又是对称的。此外，还存在着大量非对称的经济互补关系，如建造一座建筑物 A 和增加一个空调系统 B，建筑物 A 本身是有用的，增加空调系统 B 后使建筑物 A 更有用，但采用方案 A 并不一定要采用方案 B。

③ 现金流量相关型方案。现金流量相关型方案是指方案之间不完全互斥，也不完全相互依存，但任一方案的取舍会导致其他方案现金流量的变化。例如，某跨海交通项目考虑两个建设方案，一个是跨海大桥方案 A，另一个是海底隧道方案 B，两个方案都是收费的。此时，任一方案的实施或放弃都会影响另一方案的现金流量。

④ 组合—互斥型方案。组合—互斥型方案是指在若干可采用的独立方案中，如果有资源约束条件（如受资金、劳动力、材料、设备及其他资源拥有量限制）且只能从中选择一部分方案实施，就可以将它们组合为互斥型方案。例如，现有独立方案 A、B、C、D，它们所需的投资分别为 10000 万元、6000 万元、4000 万元、3000 万元。当资金总额限量为 10000 万元时，除方案 A 具有完全的排他性外，其他方案由于所需金额不大，可以互相组合。这样，可能选择的方案共有：A、B、C、D、B+C、B+D、C+D 7 个组合方案。因此，当受某种资源约束时，独立方案可以组成各种组合方案，这些组合方案之间是互斥或排他的。

⑤ 混合相关型方案。混合相关型方案是指在方案众多的情况下，方案间的相关关系可能包括上述类型中的多种，这些方案称为混合相关型方案。

在方案评价前，分清方案属于何种类型是非常重要的。因为方案类型不同，其评价方法、选择和判断的尺度就不同。如果方案类型划分不当，会带来错误的评价结果。在方案评价中，以独立型方案和互斥型方案最为常见。

2. 独立型方案的评价

独立型方案在经济上是否可接受，取决于方案自身的经济性，即方案的经济效果是否达到或超过预定的评价标准或水平。通过计算方案的经济效果指标，并按照指标的判别准则加以检验即可判断方案在经济上是否可行。这种对方案自身的经济性检验称为"绝对经济效果检验"。

（1）应用投资收益率进行评价。

① 确定行业的基准投资收益率（R_e）；

② 计算投资方案的投资收益率（R）；

③ 进行判断。当 $R \geqslant R_e$ 时，表明方案在经济上是可行的。

（2）应用投资回收期进行评价。

① 确定行业或投资者的基准投资回收期（P_e）；

② 计算投资方案的静态投资回收期（P_t）；

③ 进行判断。当 $P_t \leqslant P_e$ 时，表明方案在经济上是可行的。

（3）应用 NPV 进行评价。

① 依据现金流量和确定的基准收益率（i_c）计算方案的净现值（NPV）；

② 进行判断。若 NPV $\geqslant 0$，则表明方案在经济上是可行的。

（4）应用 IRR 进行评价。计算出内部收益率后，将 IRR 与基准收益率 i_c 进行比较。当 IRR $\geqslant i_c$ 时，表明方案在经济上是可行的。

3. 互斥型方案的评价

互斥型方案经济效果评价包括两部分内容：一是考察各个方案自身的经济效果，即进行绝对（经济）效果检验；二是考察方案的相对最优性，称为相对（经济）效果检验。进行多方案比选时，要确保所选方案不但可行而且最优，计算方案的经济效果还应考虑不同方案的计算期（寿命）是否相同。

在进行互斥方案相对（经济）效果评价时，一般按投资大小由低到高进行两个方案比选，然后淘汰较差的方案，以保留的较好方案再与其他方案比较，直至所有的方案都经过比较，最终选出经济性最优的方案。

（1）静态评价方法。互斥方案静态分析常用增量投资收益率、增量投资回收期、年折算费用、综合总费用等评价方法进行相对经济效果的评价。

① 增量投资收益率。增量投资收益率是指增量投资所带来的经营成本上的节约与增量投资之比。

【例 3-4】 现有甲、乙两个互斥方案，其规模相同或基本相同，如果其中一个方案的投资额和经营成本都为最小时，该方案就是最理想的方案。但是，实践中往往达不到这样的要求。经常出现的情况是，某一个方案的投资额小，但经营成本却较高；而另一方案则正好相反，其投资额较大，但经营成本却较省。这样，投资大的方案与投资小的方案就形成了增量的投资，但投资大的方案正好经营成本较低，它比投资小的方案在经营成本上又带来了节约。

现设 I_1、I_2 分别为甲、乙方案的投资额，C_1、C_2 为甲、乙方案的经营成本。

若 $I_1 < I_2$，$C_1 > C_2$，则增量投资收益率 $R_{(2-1)}$ 为：

$$R_{(2-1)} = \frac{C_1 - C_2}{I_2 - I_1} \times 100\% \qquad (3\text{-}2\text{-}27)$$

当得到的增量投资收益率大于基准投资收益率时，投资额大的方案可行，它表明投资的增量（$I_2 - I_1$）完全可以由经营成本的节约（$C_1 - C_2$）来得到补偿。反之，投资额小的方案为优选方案。

② 增量投资回收期。增量投资回收期是指用经营成本的节约来补偿增量投资的年限。

当各年经营成本的节约（$C_1 - C_2$）基本相同时，增量投资回收期的计算公式为：

$$P_{t(2-1)} = \frac{I_2 - I_1}{C_1 - C_2} \qquad (3\text{-}2\text{-}28)$$

当各年经营成本的节约（$C_1 - C_2$）差异较大时，增量投资回收期的计算公式为：

$$(I_2 - I_1) = \sum_{t=1}^{P_{t(2-1)}} (C_1 - C_2) \qquad (3\text{-}2\text{-}29)$$

当得到的增量投资回收期小于基准投资回收期时，投资额大的方案可行；反之，投资额小的方案为优选方案。

在上述方案比较过程中，如果相比较的两个方案生产规模相同，即年收入相同时，其年经营成本的节约额实质上就是它们的年收益额之差。

③ 年折算费用。当互斥方案个数较多时，用增量投资收益率、增量投资回收期进行方案经济比较，要进行两两比较逐个淘汰，比选次数较多。而运用年折算费用法，只需计算各方案的年折算费用，即将投资额用基准投资回收期分摊到各年，再与各年的年经营费用相加。年折算费用计算公式为：

$$Z_j = \frac{I_j}{P_e} + C_j \qquad (3\text{-}2\text{-}30)$$

或

$$Z_j = I_j \cdot i_c + C_j \qquad (3\text{-}2\text{-}31)$$

式中　Z_j——第 j 个方案的年折算费用；

　　　I_j——第 j 个方案的总投资；

　　　P_e——基准投资回收期；

　　　i_c——基准收益率；

　　　C_j——第 j 个方案的年经营成本。

根据年折算费用，选择最小者为最优方案。这与增量投资收益率法的结论是一致的。年折算费用法计算简便，判别准则直观、明确。

④ 综合总费用。方案的综合总费用即为方案的投资与基准投资回收期内年经营成本的总和。其计算公式为：

$$S_j = I_j + P_c \cdot C_j \qquad (3\text{-}2\text{-}32)$$

式中　S_j——第 j 个方案的综合总成本。

显然，$S_j = P_c \cdot Z_j$。故方案的综合总费用即为基准投资回收期内年折算费用的总和。在方案评选时，综合总费用为最小的方案即为最优方案。

以上几种互斥方案静态评价方法，虽然概念清晰，计算简便，但主要缺点是没有考虑资金的时间价值和方案未来时期的发展变化情况，例如，投资方案的使用年限；投资回收以后方案的收益；方案使用年限终时的残值；方案在使用过程中更新和追加的投资及其效果等未能充分反映。因此，静态评价方法仅适用于方案初评或作为辅助评价方法采用。

（2）动态评价方法。内容如下：

① 计算期相同的互斥方案经济效果的评价。对于计算期相同的互斥方案，常用的经济效果评价方法有以下三种：

a. 净现值（NPV）法。对互斥方案评价，首先剔除 NPV＜0 的方案，即进行方案的绝对效果检验；然后对所有 NPV≥0 的方案比较其净现值，选择净现值最大的方案为最佳方案。

在工程经济分析中，对效益相同（或基本相同），但效益无法或很难用货币直接计量的互斥方案进行比较，常用成本现值（PW）比较替代净现值进行评价。为此，首先计算各备选方案的成本现值（PW），然后进行对比，以成本现值最低的方案为最佳。其表达式为：

$$PW = \sum_{t=0}^{n} CO_t (1+i_c)^{-t} = \sum_{t=0}^{n} CO_t (P/F, i_c, t) \tag{3-2-33}$$

b. 增量投资内部收益率（ΔIRR）法。由于内部收益率不是项目初始投资的收益率，而且内部收益率受现金流量分布的影响很大，净现值相同但分布状态不同的两个现金流量，会得出不同的内部收益率。因此，直接根据各互斥方案的内部收益并不一定能选出净现值（基准收益率下）最大的方案，即 $IRR_{(2)} > IRR_{(1)}$，并不意味着一定有 $IRR_{(2-1)} = \Delta IRR > i_c$。

增量投资内部收益率 ΔIRR 是指两个方案各年净现金流量差额的现值之和等于零时的折现率，其表达式为：

$$\Delta NPV(\Delta IRR) = \sum_{t=0}^{n} (A_1 - A_2)_t (1 + \Delta IRR)^{-t} = 0 \tag{3-2-34}$$

$$\sum_{t=0}^{n} A_{1t} (1 + \Delta IRR)^{-t} = \sum_{t=0}^{n} A_{2t} (1 + \Delta IRR)^{-t} \tag{3-2-35}$$

式中　　　ΔIRR——增量投资内部收益率；

$A_{1t} = (CI - CO)_{1t}$——初始投资额大的方案年净现金流量；

$A_{2t} = (CI - CO)_{2t}$——初始投资额小的方案年净现金流量。

应用 ΔIRR 法评价互斥方案的基本步骤如下：

Ⅰ. 计算各备选方案的 IRR_j 分别与基准收益率 i_c 比较。若 $IRR_j < i_c$ 的方案，则予以淘汰；

Ⅱ. 将 $IRR_j \geq i_c$ 的方案按初始投资额由小到大依次排列；

Ⅲ. 按初始投资额由小到大依次计算相邻两个方案的增量投资内部收益率 ΔIRR，若 ΔIRR≥i_c，则说明初始投资额大的方案优于初始投资额小的方案，保留投资额大的方案；反之，若 ΔIRR＜i_c，则保留投资额小的方案。直至全部方案比较完毕，保留的方案就是最优方案。

c. 净年值（NAV）法。如前所述，净年值评价与净现值评价是等价的（或等效的）。同样，在互斥方案评价时，只需按方案的净年值的大小直接进行比较即可得出最优可行方案。在具体应用净年值评价互斥方案时常分以下两种情况：

Ⅰ. 当给出"＋""－"现金流量时，分别计算各方案的等额年值。凡等额年值小于0

的方案，先行淘汰，在余下方案中，选择等额年值大者为优。

Ⅱ. 当方案所产生的效益无法或很难用货币直接计量时，即只给出投资和年经营成本或作业成本时，计算的等额年值也为"－"值。此时，可以用年费用（Annual Cost，AC）替代净年值（NAV）进行评价，即通过计算各备选方案的等额年费用（AC），然后进行对比，以等额年费用（AC）最低者为最佳方案。其表达式为：

$$AC = \sum_{t=0}^{n} CO_t (P/F, i_c, t)(A/P, i_c, n) \tag{3-2-36}$$

采用等额年费用（AC）或净年值（NAV）进行评价所得出的结论是完全一致的。

② 计算期不同的互斥方案经济效果的评价。如果互斥方案的计算期不同，必须对计算期作出某种假定，使得方案在相等期限的基础上进行比较，这样才能保证得到合理的结论。

a. 净年值（NAV）法。用净年值法进行寿命不等的互斥方案比选，实际上隐含着这样一种假定：各备选方案在其寿命结束时间均可按原方案重复实施或以与原方案经济效果水平相同的方案接续。由于净年值法是以"年"为时间单位比较各方案的经济效果，一个方案无论重复实施多少次，其净年值是不变的，从而使寿命不等的互斥方案之间具有可比性。通过分别计算各备选方案净现金流量的等额年值（NAV）并进行比较，以 NAV≥0 且 NAV 最大者为最优方案。

在对寿命不等的互斥方案进行比选时，净年值是最为简便的方法。同时，用等值年金可不考虑计算期的不同，故它也较净现值（NPV）简便，当参加比选的方案数目众多时，更是如此。

b. 净现值（NPV）法。净现值（NPV）用于互斥方案评价时，必须考虑时间的可比性，即在相同的计算期下比较净现值（NPV）的大小。常用的方法有最小公倍数法和研究期法。

【例 3-5】 某市城市投资有限公司为改善本市越江交通状况拟定了以下两个投资方案：

方案 1：在原桥基础上加固、扩建。该方案预计投资 40000 万元，建成后可通行 20 年。这期间每年需维护费用 1000 万元。每 10 年需进行一次大修，每次大修费用为 3000 万元，运营 20 年后报废时没有残值。

方案 2：拆除原桥，在原址建一座新桥。该方案预计投资 120000 万元，建成后可通行 60 年。这期间每年需维护费用 1500 万元。每 20 年需进行一次大修，每次大修费用为 5000 万元，运营 60 年后报废时可回收残值 5000 万元。

不考虑两个方案建设期的差异，基准收益率为 6%。

问题：根据两个方案的年费用选择最佳方案。（计算结果保留两位小数）

解：计算各方案的年费用。

方案 1 的年费用：

$$1000 + 40000 \times (A/P, 6\%, 20) + 3000 \times (P/F, 6\%, 10)\times(A/P, 6\%, 20)$$
$$= 1000 + 40000 \times 0.0872 + 3000 \times 0.5584 \times 0.0872$$
$$= 4634.08（万元）$$

方案 2 的年费用：

$$1500+120000\times(A/P,6\%,60)+5000\times(P/F,6\%,20)\times(A/P,6\%,60)+5000\times$$
$$(P/F,6\%,40)\times(A/P,6\%,60)-5000\times(P/F,6\%,60)\times(A/P,6\%,60)$$

$=1500+120000\times0.0619+5000\times0.3118\times0.0619+5000\times0.0972\times0.0619-5000\times$
　　0.0303×0.0619

$=9045.21$（万元）

由于方案 1 的年费用小于方案 2 的年成本，故选择方案 1。

3.3　不确定性评价方法

3.3.1　不确定性评价概述

产生不确定性因素的原因很多，一般情况下，产生不确定性的主要原因如下：

（1）所依据的基本数据不足或者统计偏差。

（2）预测方法的局限，预测的假设不准确。

（3）技术进步。科技进步会引起产品和工艺的更新替代，这样根据原有技术条件和生产水平所估计出的年营业收入、年经营成本等数据就会与实际值发生偏差。

（4）未来经济形势及其他外部影响因素，如政府政策的变化，新的法律、法规的颁布，国际政治经济形势的变化等，均会对投资方案的经济效果产生一定的甚至是难以预料的影响。

（5）无法以定量来表示的定性因素的影响。不确定性的直接后果是使投资方案经济效果的实际值与评价值相偏离，从而给决策者带来风险。假定某方案的基准收益率 i_c 定为 8%，根据方案基础数据求出的方案，财务内部收益率为 10%。由于内部收益率大于基准收益率，因此根据方案判别准则自然认为方案是可行的；但如果凭此就作出决策，则是不够的，因为我们还没有考虑到不确定性问题。比如，如果在方案实施的过程中存在投资超支、建设工期拖长、生产能力达不到设计要求、原材料价格上涨、劳务成本增加、产品售价波动、市场需求量变化、贷款利率变动等，都可能使方案达不到预期的经济效果，导致财务内部收益率下降，甚至发生亏损。当内部收益率下降超过 2%，方案就会变成不可行，则投资方案就会有风险。如果不对这些进行分析，仅凭一些基础数据所做的确定性分析为依据来取舍投资方案，就可能会导致决策的失误。

为此，应根据拟实施投资方案的具体情况，分析各种内外部条件发生变化或者测算数据误差对投资方案经济效果的影响程度，以估计投资方案可能承担不确定性的风险及其承受能力，确定投资方案在经济上的可靠性，并采取相应的对策力争把风险减低到最小限度。这种对影响方案经济效果的不确定性因素进行的分析称为不确定性分析。常用的不确定性分析方法有盈亏平衡分析和敏感性分析。

3.3.2　盈亏平衡分析

盈亏平衡分析也称量本利分析，就是将投资方案投产后的产销量作为不确定因素，通过计算投资方案的盈亏平衡点的产销量，据此分析判断不确定性因素对投资方案经济效果的影响程度，说明投资方案实施的风险大小及投资方案承担风险的能力，为决策提供科学依据。

1. 总成本与固定成本、可变成本

根据成本与产量（或工程量）的关系可以将投资方案总成本费用分解为可变成本、固定成本和半可变（或半固定）成本。

（1）可变成本是随投资方案产品产量的增减而呈正比例变化的各项成本，如原材料、燃料、动力费、包装费和计件工资等。

（2）固定成本是指在投资方案一定的产量范围内不受产品产量影响的成本，即不随产品产量的增减发生变化的各项成本，如工资及福利费（计件工资除外）、折旧费、修理费、无形资产及其他资产摊销费、其他成本等。

（3）半可变（或半固定）成本是指介于固定成本和可变成本之间，随投资方案产量增长而增长，但不成正比例变化的成本，如与生产批量有关的某些消耗性材料成本、工模具费及运输费等。由于半可变（或半固定）成本通常在总成本中所占比例很小，在投资方案经济效果分析中，为便于计算和分析，可以根据行业特点情况将产品半可变（或半固定）成本进一步分解成固定成本和可变成本。长期借款利息应视为固定成本；流动资金借款和短期借款利息可能部分与产品产量相关，其利息可视为半可变（或半固定）成本，为简化计算，一般也将其作为固定成本。综上所述，投资方案总成本是固定成本与可变成本之和，它与产品产量的关系也可以近似地认为是线性关系。

2. 盈亏平衡分析

线性盈亏平衡分析的前提条件如下：

（1）生产量等于销售量；

（2）生产量变化，单位可变成本不变，从而使总生产成本成为生产量的线性函数；

（3）生产量变化，销售单价不变，从而使销售收入成为销售量的线性函数；

（4）只生产单一产品；或者生产多种产品，但可以换算为单一产品计算。

在一定期间将成本分解成固定成本和变动成本两部分后，再同时考虑收入和利润，成本、产量和利润的关系就统一于一个数学模型（也称为量本利模型）。其基本的损益方程式可表达为：

利润＝销售收入（不含税）−总成本（不含税）−增值税附加

式中 销售收入＝单位售价（不含税）×销量

总成本（不含税）＝变动成本（不含税）＋固定成本（不含税）＝单位变动成本（不含税）×产量＋固定成本（不含税）

增值税附加＝单位产品增值税附加×销售量

利润的表达式为：

$$B = p \cdot Q - C_v \cdot Q - C_F - t \cdot Q \tag{3-3-1}$$

式中 B——利润；

p——单位产品售价（不含税）；

Q——销售量或生产量；

t——单位产品增值税附加；

C_v——单位产品变动成本（不含税）；

C_F——固定成本（不含税）。

项目盈亏平衡点（BEP）的表达形式有多种：可以用实物产销量、年销售额、单位产品售价、单位产品的可变成本以及年固定总成本的绝对量表示，也可以用某些相对值表示。例如，生产能力利用率（盈亏平衡点产销量占项目设计产量的比重）。其中，以产量和生产能力利用率表示的盈亏平衡点应用最为广泛。

由于单位产品的增值税附加是随产品的销售单价变化而变化的，为了便于分析，将销售收入与增值税附加合并考虑，即可将产销量、成本、利润的关系反映在直角坐标系中，成为基本的量本利图，如图3-6所示。

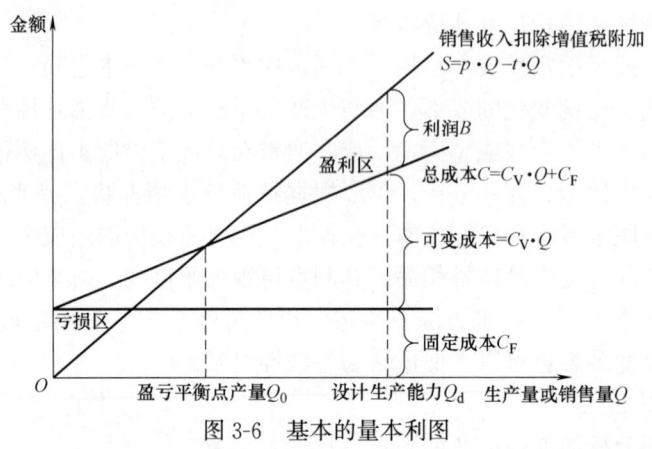

图3-6　基本的量本利图

由图3-6可知，销售收入线与总成本线的交点是盈亏平衡点，表明项目在此产销量下，总收入扣除销售税金及附加后与总成本相等，既没有利润，也不发生亏损。在此基础上，增加销售量，销售收入超过总成本，收入线与成本线之间的距离为利润值，形成盈利区；反之，形成亏损区。

盈亏平衡点反映了投资方案对市场变化的适应能力和抗风险能力。盈亏平衡点越低，达到此点的盈亏平衡产销量就越少，投资方案投产后盈利的可能性越大，适应市场变化的能力越强，抗风险能力也越强。一般用生产能力利用率的计算结果表示投资方案运营的安全程度。根据经验，若BEP（%）≤70%，则投资方案的运营是安全的，或者说投资方案可以承受较大的风险。盈亏平衡分析虽然能够从市场适应性方面说明投资方案风险的大小，但并不能揭示产生投资方案风险的根源。因此，还需采用其他方法来帮助达到这个目标。

【例3-6】　某新建项目正常年份的设计生产能力为100万件某产品，年固定成本为580万元（不含可抵扣进项税），单位产品不含税销售价预计为56元，单位产品不含税可变成本估算额为40元。企业适用的增值税税率为13%，增值税附加税税率为12%，单位产品平均可抵扣进项税预计为5元。

问题：

（1）对项目进行盈亏平衡分析，计算项目的产量盈亏平衡点。

（2）在市场销售良好的情况下，正常生产年份的最大可能盈利额为多少？

（3）在市场销售不良的情况下，企业欲保证年利润120万元的年产量应为多少？

（4）在市场销售不良的情况下，企业将产品的市场价格由56元降低10%销售，则欲保证年利润 60 万元的年产量应为多少?

(5) 从盈亏平衡分析角度判断该项目的可行性。

解:

(1) 项目产量盈亏平衡点计算如下:

$$产量盈亏平衡点 = \frac{580}{56-40-(56\times13\%-5)\times12\%} = 36.88(万件)$$

(2) 在市场销售良好的情况下,正常年份最大可能盈利额为:

$$最大可能盈利额 R = 正常年份总收益额 - 正常年份总成本$$

$R =$ 设计生产能力×单价-年固定成本-设计生产能力×(单位产品可变成本+单位产品增值税×增值税附加税率)

$$=100\times56-580-100\times[40+(56\times13\%-5)\times12\%]=992.64(万元)$$

(3) 在市场销售不良的情况下,每年欲获 120 万元利润的最低年产量为:

$$产量盈亏平衡点 = \frac{120+580}{56-40-(56\times13\%-5)\times12\%} = 44.51(万件)$$

(4) 在市场销售不良的情况下,为了促销,产品的市场价格由 56 元降低 10% 时,还要维持每年 60 万元利润额的年产量应为:

$$产量盈亏平衡点 = \frac{60+580}{50.4-40-(50.4\times13\%-5)\times12\%} = 62.66(万件)$$

(5) 根据上述计算结果分析如下:

① 本项目产量盈亏平衡点为 36.88 万件,而项目的设计生产能力为 100 万件,远大于盈亏平衡产量。可见,项目产量盈亏平衡点仅为设计生产能力的 36.88%,所以,该项目盈利能力和抗风险能力较强。

② 在市场销售良好的情况下,按照设计正常年份生产的最大可能盈利额为 992.64 万元;在市场销售不良的情况下,只要年产量和年销售量达到设计能力的 44.51%,每年仍能盈利 120 万元。

③ 在不利的情况下,单位产品价格即使压低 10%,只要年产量和年销售量达到设计能力的 62.66%,每年仍能盈利 60 万元。所以,该项目获利的机会较大。

综上所述,从盈亏平衡分析角度判断该项目可行。

3.3.3 敏感性分析

敏感性分析是指通过分析不确定性因素发生增减变化时,对财务或经济评价指标的影响,并计算敏感度系数和临界点,找出敏感因素,确定评价指标对该因素的敏感程度和项目对其变化的承受能力。

敏感性分析有单因素敏感性分析和多因素敏感性分析两种。单因素敏感性分析是对单一不确定因素变化对投资方案经济效果的影响进行分析,即假设各个不确定性因素之间相互独立,每次只考查一个因素变动,其他因素保持不变,以分析这个可变因素对经济效果评价指标的影响程度和敏感程度。为了找出关键的敏感性因素,通常只进行单因素敏感性分析。多因素敏感性分析是假设两个或两个以上互相独立的不确定因素同时变化时,分析这些变化的因素对经济效果评价指标的影响程度和敏感程度。

计算敏感度系数和临界点应符合下列规定：

1. 敏感度系数（S_{AF}）

敏感度系数是指项目评价指标变化率与不确定性因素变化率之比，可按下式计算：

$$S_{AF} = \frac{\Delta A / A}{\Delta F / F} \tag{3-3-2}$$

式中　$\Delta F / F$——不确定性因素 F 的变化率；

　　　$\Delta A / A$——不确定性因素 F 发生 ΔF 变化时，评价指标 A 的相应变化率。

2. 临界点

临界点是指投资方案允许不确定因素向不利方向变化的极限值。超过极限，投资方案的经济效果指标将不可行。临界点可用临界点百分比或者临界值分别表示某一变量的变化达到一定的百分比或者一定数值时，投资方案的经济效果指标将从可行转变为不可行。

利用临界点判别敏感因素的方法是一种绝对测定法，投资方案能否接受的判据是各经济效果评价指标能否达到临界值。在一定指标判断标准（如基准收益率）下，对若干不确定性因素中，临界点越低，说明该因素对投资方案经济效果指标影响越大，投资方案对该因素就越敏感。把临界点与未来实际可能发生的变化幅度相比较，就可大致分析该投资方案的风险情况。

在实践中，常常把敏感度系数和临界点两种方法结合起来确定敏感因素。进行敏感性分析的目的是对不同的投资方案进行选择，一般应选择敏感程度小、承受风险能力强、可靠性大的投资方案。需要说明的是：单因素敏感性分析虽然对于投资方案分析中不确定因素的处理是一种简便易行、具有实用价值的方法。但它以假定其他因素不变为前提，这种假定条件，在实际经济活动中是很难实现的，因为各种因素的变动都存在着相关性，一个因素的变动往往引起其他因素也随之变动。比如产品价格的变化可能引起需求量的变化，从而引起市场销售量的变化。所以，在分析投资方案经济效果受多种因素同时变化的影响时，要用多因素敏感性分析，使之更接近于实际过程。多因素敏感性分析由于要考虑可能发生的各种因素在不同变动情况的多种组合，因此计算起来要比单因素敏感性分析复杂得多。

综上所述，敏感性分析在一定程度上对不确定因素的变动对投资方案经济效果的影响作了定量描述，有助于搞清楚投资方案对不确定因素的不利变动所能容许的风险程度，有助于鉴别何者是敏感因素，从而及早排除对那些无足轻重的变动因素的注意力，把进一步深入调查研究的重点集中在那些敏感因素上，或者针对敏感因素制定出管理和应变对策，以达到尽量减小风险、增加决策可靠性的目的。但敏感性分析也有其局限性，它主要依靠分析人员凭借主观经验来分析判断，难免存在片面性。在投资方案的计算期内，各不确定性因素相应发生变动幅度的概率不会相同。这意味着，投资方案承受风险的大小不同。而敏感性分析在分析某一因素的变动时，并不能说明不确定因素发生变动的可能性是大还是小。

3.4　设备更新分析

随着科学技术进步的速度加快、市场竞争日趋激烈，设备的技术、经济寿命不断缩短，设备更新成为工程经济活动中的一项重要工作。选择适当的时间、合理的方式进行设备更新是工程经济决策的重要内容。

3.4.1 设备磨损及补偿方式

1. 设备磨损的类型

购置的设备在使用或闲置的过程中都会发生磨损，设备磨损按产生的原因不同，可分为以下三大类、四种形式：

（1）有形磨损（又称物质磨损）。有以下两种形式：

① 设备在使用的过程中，在外力的作用下，实体产生的磨损、变形、精度降低和损坏，称为第一种有形磨损，该种磨损的程度与使用强度和使用时间有关。

② 设备在闲置或封存过程中受自然力的作用而产生的实体磨损，如生锈、腐蚀、老化等，称为第二种有形磨损，该种磨损与闲置时间和所处环境有关。

有形磨损特别是第一种有形磨损，其磨损是比较有规律的，磨损过程可以分为三个阶段：初期磨损阶段、正常磨损阶段和剧烈磨损阶段。

上述两种有形磨损都将造成设备的性能、精度、生产率的降低，使得设备的运行成本和维修成本增加，反映了设备使用价值的降低。

（2）无形磨损（又称经济磨损、精神磨损）。设备无形磨损是由于技术进步，出现性能更完善、生产效率更高的新设备或是相同结构设备重置价值下降，而使原有形设备发生的贬值。有以下两种形式：

① 第一种无形磨损是由于设备的技术结构和性能并没有变化，而是由于技术进步，设备制造工艺不断改进，社会劳动生产率水平的提高，同类设备的再生产价值降低，致使原设备相对贬值。其后果只是现有设备原始价值部分贬值，设备本身的技术特性和功能即使用价值并未发生变化，故不会影响现有设备的使用。因此，不产生提前更换现有设备的问题。

② 第二种无形磨损是由于科学技术的进步，不断创新出结构更先进、性能更完善、效率更高、耗费原材料和能源更少的新型设备，使原有设备相对陈旧落后，其经济效益相对降低而发生的贬值。第二种无形磨损的后果不仅是使原有设备价值降低，而且由于技术上更先进的新设备的发明和应用会使原有设备的使用价值局部或全部丧失，这就产生了是否用新设备代替现有陈旧落后设备的问题。

有形和无形两种磨损都引起设备原始价值的贬值。不同的是，遭受有形磨损的设备特别是有形磨损严重的设备，在修理之前，常常不能工作；而遭受无形磨损的设备，并不表现为设备实体的变化和损坏，即使无形磨损很严重，其固定资产物质形态却可能没有磨损，仍然可以使用，只不过继续使用它在经济上是否合算，需要分析研究。

（3）设备的综合磨损。设备的综合磨损是指同时存在有形磨损和无形磨损的损坏和贬值的综合情况。对任何特定的设备来说，这两种磨损必然同时发生和互相影响。某些方面的技术要求可能加快设备有形磨损的速度，例如高强度、高速度、大负荷技术的发展，必然使设备的物质磨损加剧。同时，某些方面的技术进步又可提供耐热、耐磨、耐腐蚀、耐振动、耐冲击的新材料，使设备的有形磨损减缓，但使其无形磨损加快。

2. 设备磨损的补偿方式

设备发生磨损后，需要进行补偿，以恢复设备的生产能力。补偿分为局部补偿和完全补偿两种。设备有形磨损的局部补偿是修理，设备无形磨损的局部补偿是现代化改装。设备有形磨损和无形磨损的完全补偿是更新。设备大修理是更换部分已磨损的零部件和调整设备，以恢复设备的生产功能和效率为主；设备现代化改造是对设备的结构作局部的改进和技术上的革新，如增添新的、必需的零部件，以增加设备的生产功能和效率为主；更新是对整个设备进行更换。

3.4.2 设备更新方案的概念和比选原则

1. 设备更新的概念

设备更新是对旧设备的整体更换，就其本质来说，可分为原型设备更新和新型设备更新。原型设备更新就是用结构相同的新设备去更换有形磨损严重而不能继续使用的旧设备。这种更新主要是解决设备的损坏问题，不具有更新技术的性质。新型设备更新是以结构更先进、技术更完善、效率更高、性能更好、能源和原材料消耗更少的新型设备来替换那些技术上陈旧、在经济上不宜继续使用的旧设备。通常所说的设备更新主要是指后一种。

通常优先考虑更新的设备是：

（1）设备损耗严重，在进行大修后其性能、精度仍不能满足规定工艺要求的；

（2）设备耗损虽在允许范围之内，但技术已经陈旧落后，能耗高、使用操作条件不好、对环境污染严重，技术经济效果很不好的；

（3）设备役龄长，大修虽然能恢复精度，但经济效果上不如更新的。

2. 设备更新方案的比选原则

确定设备更新必须进行技术经济分析。设备更新方案比选的基本原理和评价方法与互斥性投资方案比选相同。但在实际设备更新方案比选时，应遵循如下原则：

（1）不考虑沉没成本。沉没成本是既有企业过去投资决策发生的、非现在决策能改变（或不受现在决策影响）、已经计入过去投资成本回收计划的成本。在进行设备更新方案比选时，原设备的价值应按目前实际价值计算，而不考虑其沉没成本。

【例 3-7】 某设备 6 年前的原始成本是 90000 元，目前的账面价值是 40000 元，现在的市场价值仅为 26000 元。在进行设备更新分析时，旧设备往往会产生一笔沉没成本，即

$$沉没成本 = 设备账面价值 - 当前市场价值$$

或　　　　　　　$$沉没成本 = （设备原值 - 历年折旧费）- 当前市场价值$$

本例旧设备的沉没成本为 $40000 - 26000 = 14000$ 元，其是过去投资决策发生的，与现在更新决策无关。目前该设备的价值等于市场价值 26000 元。

（2）逐年滚动比较。该原则是指在确定最佳更新时机时，应首先计算比较现有设备的剩余经济寿命和新设备的经济寿命，然后利用逐年滚动计算方法进行比较。

如果不遵循这些原则，方案比选结果或更新时机的确定可能发生错误。

3.4.3 设备更新时机的确定方法

设备更新时机取决于设备使用寿命的效益或成本的高低。

1. 设备寿命

（1）设备的自然寿命。设备的自然寿命又称物质寿命，是指设备从投入使用开始，直到因物质磨损严重而不能继续使用、报废为止所经历的全部时间。它主要是由设备的有形磨损所决定的。随着设备使用时间的延长，设备不断老化，维修所支出的成本也逐渐增加，从而出现恶性使用阶段，即经济上不合理的使用阶段，因此，设备的自然寿命不能成为设备更新的估算依据。

（2）设备的技术寿命。其又称有效寿命，是指设备从投入使用到因技术落后而被淘汰所延续的时间，也即指设备在市场上维持其价值的时间。例如一台计算机，即使完全没有使用过，其功能也会被更为完善、技术更为先进的计算机所取代，此时其技术寿命可以认为等于零。技术寿命主要是由设备的无形磨损所决定的，一般比自然寿命要短，而且科学技术进步越快，技术寿命越短。所以，在估算设备寿命时，必须考虑设备技术寿命期限的变化特点及其使用的制约或影响。

（3）设备的经济寿命。

① 设备经济寿命的含义。经济寿命是指设备从投入使用开始，到继续使用在经济上不合理而被更新所经历的时间。它是由设备维护成本的提高和使用价值的降低决定的。设备使用年限越长，所分摊的设备年资产消耗成本越小。但是随着设备使用年限的增加，一方面需要更多的维修费维持原有功能；另一方面，设备的操作成本及原材料、能源耗费也会增加，年运行时间、生产效率、质量将下降。因此，年资产消耗成本的降低，会被年度运行成本的增加或收益的下降所抵消。在整个变化过程中，存在着某一年份的设备年平均使用成本最低，经济效益最好。如图 3-7 所示，在 N_0 年时，设备年平均使用成本达到最低值。从开始使用到其年平均使用成本最小（或年盈利最高）的使用年限 N_0 为设备的经济寿命。所以，设备的经济寿命就是从经济观点（即成本观点或收益观点）确定的设备更新的最佳时刻。

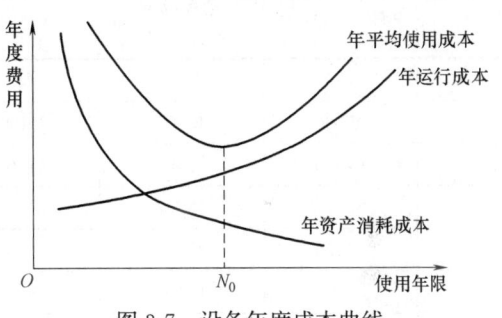

图 3-7　设备年度成本曲线

② 设备经济寿命的确定。

a. 设备经济寿命的确定原则。确定设备经济寿命期的原则是使设备在经济寿命内的平均年净收益（纯利润）达到最大；使设备在经济寿命内的一次性投资和各种经营费总和达到最小。

b. 设备经济寿命的确定方法。确定设备经济寿命的方法可以分为静态模式和动态模式两种。本书仅介绍静态模式下设备经济寿命的确定方法。

在静态模式下，设备经济寿命的确定方法就是在不考虑资金时间价值的基础上计算设备年平均使用成本 $\overline{C}_N$。使 $\overline{C}_N$ 为最小的就是设备的经济寿命。

$$\overline{C}_N = \frac{P - L_N}{N} + \frac{1}{N}\sum_{t=1}^{N} C_t \tag{3-4-1}$$

式中　$\overline{C}_N$——N 年内设备的年平均使用成本；

　　　P——设备目前实际价值，如果是新设备，就包括购置费和安装费；如果是旧设备，就包括旧设备现在的市场价值和继续使用旧设备追加的投资；

C_t——第 t 年的设备运行成本，包括人工费、材料费、能源费、维修费、停工损失、废次品损失等；

L_N——第 N 年年末的设备净残值。

在式（3-4-1）中，$\dfrac{P-L_N}{N}$ 为设备的平均年度资产消耗成本，而 $\dfrac{1}{N}\sum\limits_{i=1}^{N}C_t$ 为设备的平均年度运行成本。

在式（3-4-1）中，如果使用年限 N 为变量，则当 N_0 为经济寿命时，应满足 $\overline{C}_N$ 最小。

【例 3-8】 某设备目前的实际价值为 90000 元，有关统计资料见表 3-4。求其经济寿命。

设备有关统计资料　　　　　　　　　　表 3-4

继续使用年限 t	1	2	3	4	5	6	7
年运行成本/元	15000	17500	21000	27000	35000	42000	51000
年末残值/元	45000	22500	10000	5800	3000	3000	3000

解：由统计资料可知，该设备在不同使用年限时的年平均成本如表 3-5 所示。

设备在不同使用年限时的静态年平均成本　　　　　　　表 3-5

使用年限 N	资产消耗成本 $(P-L_N)$/元	平均年资产消耗成本 (3)=(2)/(1)/元	年度运行成本 C_i/元	运行成本累计 $\sum C_i$/元	平均年度运行成本(6)= (5)/(1)/元	年平均使用成本 $\overline{C}_N$(7)= (3)+(6)/元
(1)	(2)	(3)	(4)	(5)	(6)	(7)
1	45000	45000	15000	15000	15000	60000
2	67500	33750	17500	32500	16250	50000
3	80000	26667	21000	53500	17833	44500
4	84200	21050	27000	80500	20125	41175
5	87000	17400	35000	115500	23100	40500
6	87000	14500	42000	157500	26250	40750
7	87000	12429	51000	208500	29786	42215

由计算结果可以看出，该设备在使用 5 年时，其平均使用成本 40500 元为最低。因此，该设备的经济寿命为 5 年。

用设备的年平均使用成本估算设备的经济寿命的过程是在已知设备现金流量的情况下，逐年计算出从寿命 1 年到 N 年全部使用期的年平均使用成本，从中找出年平均使用成本的最小值及其所对应的年限，从而确定设备的经济寿命。

由于设备使用时间越长，设备的有形磨损和无形磨损越加剧，从而导致设备的维护修理成本增加越多，这种逐年递增的成本称为设备的低劣化。用低劣化数值表示设备损耗的方法称为低劣化数值法。如果每年设备的劣化增量是均等的（表示为 λ），且呈线性增长，就可以简化经济寿命的计算，即

$$N_0=\sqrt{\frac{2(P-L_N)}{\lambda}} \tag{3-4-2}$$

式中　N_0——设备的经济寿命；

　　　λ——设备的低劣化值。

【例 3-9】　设有两台设备，目前实际价值 $P=10000$ 元，预计残值 $L_N=1180$ 元，第一年的设备运行成本 $Q=800$ 元，每年设备的劣化增量是均等的，年劣化值 $\lambda=360$ 元，求该设备的经济寿命。

解：设备的经济寿命 $N_0=\sqrt{\dfrac{2\times(10000-1180)}{360}}=7$（年）

2. 设备更新时机的确定

设备更新方案的比选是指对新设备方案与旧设备方案进行比较分析。也就是决定是马上购置新设备、淘汰旧设备，还是至少保留使用旧设备一段时间，再用新设备替换旧设备。在静态模式下进行设备更新方案比选时，可按如下步骤进行：

（1）计算新旧设备方案不同使用年限的静态年平均使用成本和经济寿命。

（2）确定设备更新时机。设备更新即便在经济上是有利的，却也未必立即更新，还包括更新时机选择的问题。

① 如果旧设备继续使用 1 年的年平均使用成本低于新设备的年平均使用成本，即 $\overline{C}_N$（旧）$<\overline{C}_N$（新），则不更新旧设备，可继续使用旧设备 1 年。

② 当新旧设备方案出现 $\overline{C}_N$（旧）$>\overline{C}_N$（新）时，应更新现有设备。

总之，以经济寿命为依据的更新方案比较，使设备都使用到最有利的年限来进行分析。

3.5　价 值 工 程

3.5.1　价值工程概述

1. 价值工程的基本原理

价值工程（Value Engineering，VE）是以提高产品或作业价值为目的，通过有组织的创造性工作，寻求用最低的寿命周期成本，可靠地实现使用者所需功能的一种管理技术。价值工程中所述的"价值"是指作为某种产品（或作业）所具有的功能与获得该功能的全部成本的比值。设对象（如产品、工艺、服务等）的功能为 F，其成本为 C，价值为 V，则可利用下式计算价值：

$$V=\frac{F}{C} \tag{3-5-1}$$

式中　V——研究对象的价值；

　　　F——研究对象的功能；

　　　C——研究对象的成本，即周期寿命成本。

由此可见，价值工程涉及价值、功能和周期寿命成本三个基本要素。

2. 价值工程的特点

价值工程具有以下特点：

（1）价值工程的目标是以最低的寿命周期成本，使产品具备其所必须具备的功能。产品的寿命周期成本由生产成本和使用及维护成本组成。产品生产成本是指用户购买产品的成本，包括产品的科研、实验、设计、生产、销售等成本及税收等；而产品使用及维护成本是指用户在使用过程中支付的各种成本的总和，包括使用过程中的能耗成本、维修成本、人工成本、管理成本等，有时还包括报废拆除所需成本（扣除残值）。

在一定范围内，产品的生产成本和使用成本存在此消彼长的关系。随着产品功能水平的提高，产品的生产成本 C_1 增加，使用及维护成本 C_2 降低；反之，产品功能水平降低，其生产成本降低，但使用及维护成本会增加。因此，当功能水平逐步提高时，寿命周期成本 $C=C_1+C_2$，呈马鞍形变化，如图 3-8 所示。寿命周期成本为最小值 $C_{\min}$ 时，所对应的功能水平是从成本考虑的最适宜功能水平。

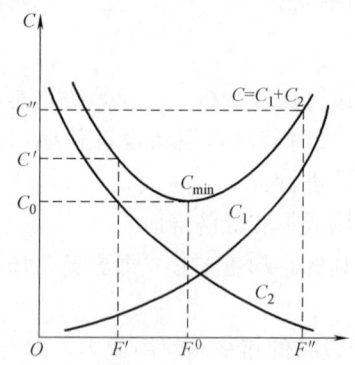

图 3-8　产品功能与成本的关系示意

根据功能的不同特性，可将功能从不同的角度进行分类：

① 按功能的重要程度分类。产品的功能一般可分为基本功能和辅助功能两类。基本功能就是要达到这种产品的目的所必不可少的功能，是产品的主要功能，如果不具备这种功能，这种产品就失去其存在的价值，如室内间壁墙的基本功能是分隔空间。辅助功能是为了更有效地实现基本功能而附加的功能，是次要功能，如墙体的隔声、隔热就是墙体的辅助功能。

② 按功能的性质分类。产品的功能可分为使用功能和美学功能。使用功能是从功能的内涵反映其使用属性，是一种动态功能。美学功能是从产品的外观反映功能的艺术属性，是一种静态的外观功能。建筑产品的使用功能一般包括可靠性、安全性和维修性等，其美学功能一般包括造型、色彩、图案等。有的产品应突出其使用功能，例如，地下电缆、地下管道等；有的应突出其美学功能，例如塑料墙纸、陶瓷壁画等。

③ 按用户的需求分类。功能可分为必要功能和不必要功能。其中，必要功能是指用户所要求的功能以及与实现用户所需求功能有关的功能，使用功能、美学功能、基本功能、辅助功能等均为必要功能；不必要功能是不符合用户要求的功能，又包括三类：多余功能、重复功能和过剩功能。不必要功能必然产生不必要的成本，这不仅增加了用户的经济负担，而且还浪费资源。因此，功能分析是为了可靠地实现必要功能。

④ 按功能的量化标准分类。产品的功能可分为过剩功能和不足功能。过剩功能是指某些功能虽属必要，但满足需要有余，在数量上超过了用户要求或标准功能水平。不足功能是相对于过剩功能而言的，表现为产品整体功能或零部件功能水平在数量上低于标准功能水平，不能完全满足用户需要。

总之，用户购买产品，其目的不是为了获得产品本身，而是通过购买该产品来获得其所需要的功能。因此，价值工程中的功能，一般是指必要功能。同时，价值工程要求将功能定量化，即将功能转化为能够与成本直接相比的量化值。

（2）价值工程的核心是对产品进行功能分析。价值工程中的功能是指对象能够满足某种要求的一种属性。具体地讲，功能就是效用。用户向生产企业购买产品，是要求生产企业提供这种产品的功能，而不是产品的具体结构（或零部件）。因此，价值工程分析产品不是分析其结构，而是分析其功能。

（3）价值工程强调不断改革和创新，开拓新构思和新途径，获得新方案，创新功能载体，提高产品的技术经济效益。这就需要以集体的智慧开展有计划、有组织的管理活动。

3. 提高产品价值的途径

价值工程的基本原理是 $V=F/C$，不仅深刻地反映出产品价值与产品功能和实现此功能所耗成本之间的关系，而且也为如何提高价值提供了有效途径。提高产品价值的途径有以下五种：

（1）在提高产品功能的同时，又降低产品成本，这是提高价值最为理想的途径。但对生产者要求较高，往往要借助科学技术的突破、生产工艺的改进才能实现。

（2）在产品成本不变的条件下，通过增大产品的功能来提高利用资源的效果或效用，以达到提高产品价值的目的。

（3）在保持产品功能不变的前提下，通过降低产品的周期寿命成本，达到提高产品价值的目的。

（4）产品功能有较大幅度提高，产品成本有较少提高。

（5）在产品功能略有下降、产品成本大幅降低的情况下，也可以达到提高产品价值的目的。在某些情况下，为了满足购买力较低的用户需求，或一些注重价格竞争而不需要高档的产品，适当生产价廉的低档品，也能取得较好的经济效益。

3.5.2　价值工程的工作程序和方法

价值工程的主要应用可以概括为以下两大方面：

（1）应用于方案评价，既可在多方案中选择价值较高的方案，也可选择价值较低的对象作为改进对象。

（2）寻求提高对产品或对象价值的途径。

总之，在产品形成的各个阶段，都可应用价值工程提高产品或对象的价值。但在不同阶段进行价值工程活动，其经济效果的提高幅度却大不相同。对于大型复杂的产品，应用价值工程的重点是在产品的研究、设计阶段，产品的设计图纸一旦完成并投入生产后，产品的价值就已基本确定，这时再进行价值工程分析就变得更加复杂，价值工程活动的技术经济效果大幅下降。因此，价值工程活动更侧重在产品的研究、设计阶段，以寻求技术突破，取得最佳的综合效果。

1. 价值工程的工作程序

价值工程的工作程序一般可分为准备、分析、创新、实施与评价四个阶段。其工作步骤实质上就是针对产品功能和成本提出问题、分析问题和解决问题的过程，如表3-6所示。

2. 价值工程的方法

（1）价值工程选择的对象。价值工程是就某个具体对象开展的有针对性的分析评价和改进，有了对象才有分析的内容和目标。价值工程的对象选择过程就是逐步收缩研究范围、寻找目标、确定主攻方向的过程。价值工程对象选择的方法有多种，不同的方法适宜于不同的价值工程对象。应根据具体情况选用适当的方法，以取得较好的效果。常用的方法有以下四种：

価値工程的工作程序 表3-6

工作阶段	工作步骤	对应问题
一、准备阶段	对象选择； 组成价值工程工作小组； 制订工作计划	(1)价值工程的研究对象是什么？ (2)围绕价值工程对象需要做哪些准备工作？
二、分析阶段	收集整理资料； 功能定义； 功能整理； 功能评价	(3)价值工程对象的功能是什么？ (4)价值工程对象的成本是什么？ (5)价值工程对象的价值是什么？
三、创新阶段	方案创造； 方案评价； 提案编写	(6)有无其他方法可以实现同样功能？ (7)新方案的成本是什么？ (8)新方案能满足要求吗？
四、方案实施与评价阶段	方案审批； 方案实施； 成果评价	(9)如何保证新方案的实施？ (10)价值工程活动的效果如何？

① 因素分析法。因素分析法又称经验分析法，是一种定性分析方法，依据分析人员经验作出选择，简便易行。因素分析法的缺点是缺乏定量依据，准确性较差，对象选择的正确与否，主要决定于价值工程活动人员的经验及工作态度，有时难以保证分析质量。为了提高分析的准确程度，可以选择技术水平高、经验丰富、熟悉业务的人员参加，并且要发挥集体智慧，共同确定对象。

② ABC分析法。ABC分析法又称重点选择法或不均匀分布定律法，是指应用数理统计分析的方法来选择对象。这种方法由意大利经济学家帕累托提出，其基本原理为"关键的少数和次要的多数"，抓住关键的少数可以解决问题的大部分。ABC分析法抓住成本比重大的部分（零部件、工序或材料等）作为研究对象，有利于集中精力重点突破，取得较大效果，同时简便易行，广泛为人们所采用。

③ 强制确定法。强制确定法是以功能重要程度作为选择价值工程对象的一种分析方法。具体做法是：先求出分析对象的成本系数、功能系数，然后得出价值系数，以揭示出分析对象的功能与成本之间是否相符。如果不相符，价值低的则被选为价值工程的研究对象。这种方法在功能评价和方案评价中也有应用。

④ 百分比分析法。通过分析某种成本或资源对企业的某个技术经济指标的影响程度大小（百分比）来选择价值工程对象。

（2）价值工程功能的系统分析。功能分析是价值工程活动的核心和基本内容。它通过分析信息资料，用动词和名词的组合方式简明、正确地表达各对象的功能，明确功能特性要求，并绘制功能系统图，从而弄清楚产品各功能之间的关系。功能分析主要包括功能定义、功能整理等内容。通过功能分析，可以准确掌握用户的功能要求。

① 功能定义。功能定义就是以简洁的语言对产品的功能加以描述。这里要求描述的是"功能"，而不是对象的结构、外形或材质。功能定义通常用一个动词和一个名词来描述，不宜太长，以简洁为好。动词是功能承担体发生的动作，而动作的对象就是作为宾语的名词。例如，建筑物基础的功能是"承受荷载"，其中，基础是功能承担体；"承受"是表示功能承担体（基础）发生动作的动词；"荷载"则是作为动词宾语的名词。

② 功能整理。在进行功能定义时，只是把认识到的功能用动词加名词列出来，但因实际情况很复杂，这种表述不一定都很准确和有条理，因此，需要进一步加以整理。功能整理是用系统的观点将已经定义了的功能加以系统化，找出各局部功能相互之间的逻辑关系，并用图表形式表达，以明确产品的功能系统，从而为功能评价和方案构思提供依据。功能整理的主要任务就是建立功能系统图，功能系统图是按照一定的原则和方式，将定义的功能连接起来，从单个到局部，再从局部到整体而形成的一个完整的功能体系。其一般形式如图 3-9 所示。

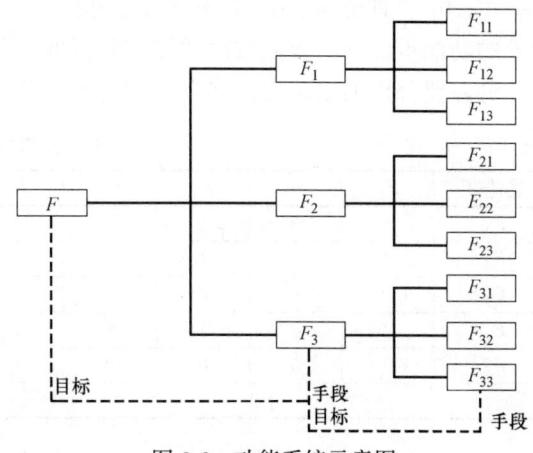

图 3-9　功能系统示意图

在图 3-9 所示中，从整体工程 F 开始。由左向右逐级展开，在位于不同级的相邻两个功能之间，左边的功能（上级）是右边功能（下级）的目标，而右边的功能（下级）是左边功能（上级）的手段。

（3）功能评价。功能评价，即评定功能的价值，是指找出实现功能的最低成本作为功能的目标成本（又称功能评价值），以功能目标成本为基准，通过与功能现实成本的比较，求出两者的比值（功能价值）和两者的差异值（改善期望值），然后选择功能价值低、改善期望值大的功能作为价值工程活动的重点对象。功能评价工作可以更准确地选择价值工程研究对象，同时，制定目标成本，有利于提高价值工程的工作效率。

功能评价的程序如图 3-10 所示。

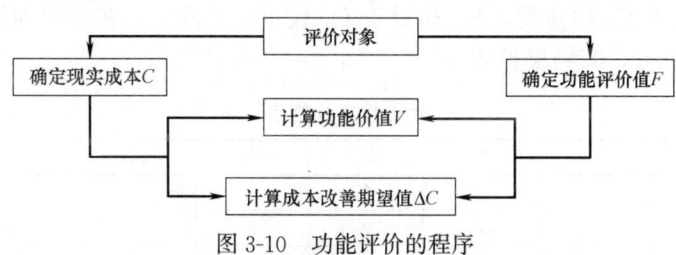

图 3-10　功能评价的程序

① 功能现实成本的计算。在计算功能现实成本时，需要根据传统的成本核算资料，将产品或零部件的现实成本换算成功能的现实成本。

② 功能评价值 F 的计算。对象的功能评价值 F（目标成本）是指可靠地实现用户要求功能的最低成本。功能的现实成本较易确定，而功能评价值较难确定。确定功能评价值的方法较多，仅介绍功能重要性系数评价法。

功能重要性系数评价法是一种根据功能重要性系数确定功能评价值的方法。该方法是将功能划分为几个功能区（即子系统），并根据各功能区的重要程度和复杂程度，确定各个功能区在总功能中所占的比重，即功能重要性系数。然后将产品的目标成本按功能重要性系数分配给各功能区作为该功能区的目标成本，即功能评价值。

a. 确定功能重要性系数。功能重要性系数又称功能系数或功能指数，是指评价对象

（如零部件等）的功能在整体功能中所占的比率。确定功能重要性系数的关键是对功能进行打分，常用的打分方法有 0—1 评分法、0—4 评分法和环比评分法等。

Ⅰ.0—1 评分法。0—1 评分法是采用一定的评分规则，并强制对比打分来评定评价对象的功能重要性。首先按照功能重要程度——对比打分，重要的打 1 分，相对不重要的打 0 分，要分析的对象自己与自己相比不得分，用"×"表示，如表 3-7 所示。

指标权重计算表　　　　　　　　　　　　　　　　　表 3-7

功能区	F_1	F_2	F_3	F_4	F_5	得分	修正得分	权重
F_1	×	0	1	1	1	3	4	4/15＝0.267
F_2	1	×	1	1	1	4	5	5/15＝0.333
F_3	0	0	×	0	1	1	2	2/15＝0.133
F_4	0	0	1	×	1	2	3	3/15＝0.200
F_5	0	0	0	0	×	0	1	1/15＝0.067
合计						10	15	1.000

为了避免不重要的功能得零分，可将各功能累计得分加 1 分进行修正，用修正后的总分分别去除各功能累计得分即得到功能重要性系数。

Ⅱ.0—4 评分法。0—4 评分法也采用一定的评分规则，采用强制对比打分来评定评价对象的功能重要性。采用 0—4 评分法对评价对象进行——比较时，分为三种情况：很重要的功能因素得 4 分，不重要的功能因素得 0 分；较重要的功能因素得 3 分，另一较不重要的功能因素得 1 分；同样重要或基本同样重要时，两个功能因素各得 2 分。

【例 3-10】　某项目征集到若干设计方案，经筛选后对其中较为出色的四个设计方案作进一步的技术经济评价。有关专家决定从五个方面（分别以 $F_1 \sim F_5$ 表示）对不同方案的功能进行评价，并对各功能的重要性达成以下共识：F_2 和 F_3 同样重要，F_4 和 F_5 同样重要，F_1 相对于 F_4 很重要，F_1 相对于 F_2 较重要；此后，各专家对该四个方案的功能满足程度分别打分，其结果见表 3-8。

功能权重计算表　　　　　　　　　　　　　　　　　表 3-8

功能区	F_1	F_2	F_3	F_4	F_5	得分	权重
F_1	×	3	3	4	4	14	14/40＝0.350
F_2	1	×	2	3	3	9	9/40＝0.225
F_3	1	2	×	3	3	9	9/40＝0.225
F_4	0	1	1	×	2	4	4/40＝0.100
F_5	0	1	1	2	×	4	4/40＝0.100
合计						40	1.000

Ⅲ.环比评分法。环比评分法又称 DARE 法。这是一种通过确定各因素的重要性系数来评价和选择创新方案的方法。具体做法如下：根据各评价对象的功能重要性程度，按上高下低原则排序；从上至下按倍数比较相邻两个评价对象；令最后一个评价对象得分为 1，按上述各对象之间的相对比值计算其他对象的得分。示例如表 3-9 所示。

环比评分法适用于各个评价对象有明显的可比关系，能直接对比，并能准确地评定功能重要性程度比值的情况。

b. 确定功能评价值 F。功能评价值的确定分为以下两种情况：

功能重要性系数计算表 表 3-9

功能区	功能重要性评价		
	暂定重要性系数	修正重要性系数	功能重要性系数
(1)	(2)	(3)	(4)
F_1	1.5	9.0	0.47
F_2	2.0	6.0	0.32
F_3	3.0	3.0	0.16
F_4		1.0	0.05
合计		19.0	1.00

Ⅰ. 新产品设计。一般在产品设计之前已初步设计目标成本。因此，在功能重要性系数确定之后，就可将新产品设定的目标成本按已有的功能重要性系数加以分配计算，求得各个功能区的功能评价值，并将此功能评价值作为功能的目标成本，如表 3-10 所示。

新产品功能评价计算表 表 3-10

功能区 (1)	功能重要性系数 (2)	功能评价值 F (3)＝(2)×800
F_1	0.47	376
F_2	0.32	256
F_3	0.16	128
F_4	0.05	40
合计	1.00	800

Ⅱ. 既有产品的改进设计。既有产品应以现实成本为基础确定功能评价值，进而确定功能的目标成本。由于既有产品已有现实成本，就没有必要再假定目标成本。但是，既有产品的现实成本原已分配到各功能区中的比例不一定合理，这就需要根据改进设计中新确定的功能重要性系数，重新分配既有产品的原有成本。从分配结果看，各功能区新分配成本与原分配成本之间有差异。正确分析和处理这些差异，就能合理确定各功能区的功能评价值，求出产品功能区的目标成本。

表 3-11 所示中的第（3）列是将产品的现实成本 $C＝500$，按改进设计方案的新功能重要性系数重新分配给各功能区的结果。此分配结果可能有三种情况：①功能区新分配的成本等于现实成本；②新分配成本小于现实成本；③新分配的成本大于现实成本。

（4）功能改进目标的确定。确定功能改进目标的方法有功能成本法和功能指数法。

① 功能成本法。功能成本法又称绝对值法，是通过一定的测算方法，测定实现应有功能所必须耗费的最低成本，同时计算为实现应有功能所耗费的现实成本，经过分析、对比，求得对象成本降低期望值，以确定价值工程的改进对象。其表达式如下：

$$第 i 个评价对象的价值系数 V＝\frac{第 i 个评价对象的功能评价值 F}{第 i 个评价对象的现实成本 C} \tag{3-5-2}$$

一般可采用表 3-12 所示的进行定量分析。

【例 3-11】 甲设计院承担了某项目的设计任务，为控制成本，拟对选定的设计方案进行价值工程分析。专家组选取了四个主要功能项目，7 名专家进行了功能项目评价。其打分结果见表 3-13。

既有产品功能评价值计算表   **表 3-11**

功能区	功能现实成本 C/元	功能重要性系数	根据产品现实成本和功能重要性系数重新分配的功能区成本/元	功能评价值 F（或目标成本）/元	成本降低幅度 $\Delta C=(C-F)$
	(1)	(2)	(3)=(2)×500	(4)	(5)
F_1	130	0.47	235	130	—
F_2	200	0.32	160	160	40
F_3	80	0.16	80	80	—
F_4	90	0.05	25	25	65
合计	500	1.00	500	395	105

功能评价值与价值系数计算表   **表 3-12**

项目	功能重要性系数 (1)	功能评价值 (2)=目标成本×(1)	现实成本 (3)	价值系数 (4)=(2)/(3)	改善幅度 (5)=(3)-(2)
A					
B					
C					
⋮					
合计					

功能项目评价得分表   **表 3-13**

功能＼项目专家	1	2	3	4	5	6	7
A	10	9	8	10	10	9	9
B	5	6	4	6	7	5	7
C	8	8	6	8	7	8	6
D	6	5	4	6	4	4	5

经测算，该四个功能项目的目前成本见表 3-14。其目标总成本拟限定在 18700 万元。

各功能项目目前成本表（单位：万元）   **表 3-14**

功能项目	A	B	C	D
目前成本	6500	3940	5280	3360

问题：

（1）计算该设计方案中各功能项目得分，将计算结果填写在表 3-15 中；计算该设计方案中各功能项目的价值指数、目标成本和目标成本降低额（计算过程保留四位小数，计算结果保留三位小数）。

例 3-11 的问题（1）   **表 3-15**

功能项目	功能评分	功能指数	目前成本/万元	成本指数	价值指数	目标成本/万元	目标成本降低额/万元
A			6500	0.3407			
B			3940	0.2065			
C			5280	0.2767			
D			3360	0.1761			
合计			19080	1.0000			

（2）确定功能改进顺序。

解：（1）各功能项目的价值指数、目标成本降低额如表 3-16 所示。

例 3-11 的问题（1）答案   表 3-16

功能项目	功能评分	功能指数	目前成本/万元	成本指数	价值指数	目标成本/万元	目标成本降低额/万元
A	9.2857	0.3421	6500	0.3407	1.0041	6397.2700	102.730
B	5.7143	0.2105	3940	0.2065	1.0194	3936.3500	3.650
C	7.2857	0.2684	5280	0.2767	0.9700	5019.0800	260.920
D	4.8571	0.1789	3360	0.1761	1.0159	3345.4300	14.570
合计	27.1428	1.0000	19080	1.0000	—	18700	381.870

（2）优先改进成本降低额 ΔC 大的功能，成本降低额从大到小排序为 C、A、D、B。

② 功能指数法。功能指数法又称相对值法。在功能指数法中，功能的价值用价值指数 V_1 来表示，它是通过评定各对象功能的重要程度，用功能指数来表示其功能程度的大小，然后将评价对象的功能指数与相对应的成本指数进行比较，得出该评价对象的价值指数，从而确定改进对象，并求出该对象的成本改进期望值。其表达式如下：

$$第 i 个评价对象的价值指数 V_1 = \frac{第 i 个评价对象的功能指数 F_1}{第 i 个评价对象的成本指数 C_1} \tag{3-5-3}$$

功能指数法的特点是用归一化数值来表达功能程度的大小，以便使系统内部的功能与成本具有可比性。由于评价对象的功能水平和成本水平都用它们在总体中所占的比率来表示，因此，就可以方便地应用式（3-5-3）定量地表达评价对象价值的大小。在功能指数法中，价值指数是作为评定对象功能价值的指标。

根据功能指数和成本指数计算价值指数，可以通过列表进行，见表 3-17。

价值指数计算表   表 3-17

功能项目	功能指数（1）	现实成本（元）（2）	成本指数（3）	价值指数（4）=（1）/（3）
A				
B				
C				
⋮				
合计	1.00		1.00	

价值指数的计算结果有以下三种情况：

① $V_1 = 1$。此时评价对象的功能比重与成本比重大致平衡，可以认为功能的现实成本是比较合理的。

② $V_1 < 1$。此时评价对象的成本比重大于其功能比重，表明相对于系统内的其他对象而言，目前所占的成本偏高，从而会导致该对象的功能过剩。应将评价对象列为改进对象，改善方向主要是降低成本。

③ $V_1>1$。此时评价对象的成本比重小于其功能比重。出现这种情况的原因可能有三种：第一，由于现实成本偏低，不能满足评价对象实现其应具有的功能的要求，致使对象功能偏低，这种情况应列为改进对象，改善方向是增加成本；第二，对象目前具有的功能已经超过其应该具有的水平，也即存在过剩功能，这种情况也应列为改进对象，改善方向是降低功能水平；第三，对象在技术、经济等方面具有某些特征，在客观上存在着功能很重要而消耗的成本却很少的情况，这种情况一般不列为改进对象。

（5）方案创造与评价。

① 方案创造。方案创造是从提高对象的功能价值出发，在正确的功能分析和评价的基础上，针对应改进的具体目标，通过创造性的思维活动，提出能够可靠地实现必要功能的新方案。从价值工程实践来看，方案创造是决定价值工程成败的关键。

② 方案评价。在方案创造阶段提出的设想和方案是多种多样的，能否付诸实施，就必须对各个方案的优缺点和可行性进行分析、比较、论证和评价，并在评价过程中进一步完善有希望的方案。方案评价包括概略评价和详细评价两个阶段。其评价内容都包括技术评价、经济评价、社会评价以及在三者基础上进行的综合评价。方案经过评价，不能满足要求的就淘汰，有价值的就保留。

（6）方案实施与评价。在方案实施过程中，应该对方案的实施情况进行检查，发现问题及时解决。方案实施完成后，要进行总结评价和验收。

【例题 3-12】 某市城市投资有限公司为改善本市越江交通状况拟定了两个投资方案，两方案的年成本分别为 4634.08 万元和 9045.21 万元。该公司聘请专家对越江大桥应具备的功能进行了深入分析，认为从 F_1、F_2、F_3、F_4、F_5 共五个方面对功能进行评价：F_1 和 F_2 同样重要，F_4 和 F_5 同样重要，F_1 相对于 F_4 很重要，F_1 相对于 F_3 较重要。专家对两个方案的五个功能的评分结果见表 3-18。资金时间价值系数表见表 3-19。

方案功能得分表 表 3-18

功能项目	方案 1	方案 2
F_1	6	10
F_2	7	9
F_3	6	7
F_4	9	8
F_5	9	9

资金时间价值系数表 表 3-19

$(P/F,6\%,n)$	0.5584	0.3118	0.1741	0.0972	0.0543	0.0303
$(A/P,6\%,n)$	0.1359	0.0872	0.0726	0.0665	0.0634	0.0619

问题：（1）计算各功能的权重（权重计算结果保留 3 位小数）。

（2）若采用价值工程方法对两方案进行评价，分别列式计算两方案的成本指数（以年成本为基础）、功能指数和价值指数，并根据计算结果确定最终应入选的方案（计算结果保留三位小数）。

解：（1）根据背景资料所给出的条件，各功能指标权重的计算结果见表 3-20。

各功能权重计算表   表 3-20

	F_1	F_2	F_3	F_4	F_5	得分	权重
F_1	×	2	3	4	4	13	0.325
F_2	2	×	3	4	4	13	0.325
F_3	1	1	×	3	3	8	0.200
F_4	0	0	1	×	2	3	0.075
F_5	0	0	1	2	×	3	0.075
合计						40	1.000

（2）计算各方案的成本指数、功能指数和价值指数，并根据价值指数选择最佳方案。

① 计算各方案成本指数：

方案 1：$C_1 = 4634.08/(4634.08+9045.21)=0.339$

方案 2：$C_2 = 9045.21/(4634.08+9045.21)=0.661$

② 计算各方案功能指数。

a. 各方案综合得分为：

方案 1：$6×0.325+7×0.325+6×0.200+9×0.075+9×0.075=6.775$

方案 2：$10×0.325+9×0.325+7×0.200+8×0.075+9×0.075=8.850$

b. 各方案功能指数为：

方案 1：$F_1 = 6.775/(6.775+8.850)=0.434$

方案 2：$F_2 = 8.850/(6.775+8.850)=0.566$

③ 计算各方案价值指数：

方案 1：$V_1 = F_1/C_1 = 0.434/0.339 = 1.280$

方案 2：$V_2 = F_2/C_2 = 0.566/0.661 = 0.856$

由于方案 1 的价值指数大于方案 2 的价值指数，故应选择方案 1。

课程思政案例

一、养老院改建项目经济方案评价与决策

（一）案例背景

某利用原有仓储库房改建养老院项目，有三个可选设计方案。方案一：不改变原建筑结构和外立面装修，内部格局和装修做部分调整；方案二：部分改变原建筑结构，外立面装修全部拆除重做，内部格局和装修做较大调整；方案三：整体拆除新建。三个方案的基础数据见表 3-21。假设初始投资发生在期初，维护成本和残值发生在期末。

各设计方案的基础数据   表 3-21

数据项目 \ 设计方案	方案一	方案二	方案三
初始投资/万元	1200	1800	2100
维护成本/(万元·年⁻¹)	150	130	120
使用年限/年	30	40	50
残值/万元	20	40	70

经建设单位组织的专家组评审，决定从工期（Z_1）、初始投资（Z_2）、维护成本（Z_3）、空间利用（Z_4）、使用年限（Z_5）、建筑能耗（Z_6）六个指标对设计方案进行评价。专家组采用0～1评分方法对各指标的重要程度进行评分，部分评分结果见表3-22。专家组对各设计方案的评价指标打分的算术平均值见表3-23。

指标重要程度评分表　　　　　　　　　　　　　表 3-22

	Z_1	Z_2	Z_3	Z_4	Z_5	Z_6
Z_1	×	0	0	1	1	1
Z_2		×	1	1	1	1
Z_3			×	1	1	1
Z_4				×	0	1
Z_5				1	×	1
Z_6						×

各设计方案的评价指标打分的算术平均值　　　　　　表 3-23

指标 ＼ 设计方案	方案一	方案二	方案三
Z_1	10	8	7
Z_2	10	7	6
Z_3	8	9	10
Z_4	6	9	10
Z_5	6	8	10
Z_6	7	9	10

问题：

（1）计算各评价指标的权重。

（2）为了进一步对三个方案进行比较，专家组采用结构耐久度、空间利用、建筑能耗、建筑外观四个指标作为功能项目，经综合评价确定的三个方案的功能指数：方案一为0.241，方案二为0.351，方案三为0.408。设定年复利率为8%，在考虑初始投资、维护成本和残值的前提下，已知方案一和方案二的寿命期年成本分别为256.415万元和280.789万元。试计算方案三的寿命期年成本，并用价值工程方法选择最优方案。现值系数见表3-24。

现值系数表　　　　　　　　　　　　　　　表 3-24

n	10	20	30	40	50
$(P/A,8\%,n)$	6.710	9.818	11.258	11.925	12.233
$(P/F,8\%,n)$	0.463	0.215	0.099	0.046	0.021

（3）在选定方案二的前提下，由设计单位提出，通过增设护理监测系统降低维护成本，该系统又有A、B两个设计方案。方案A：初始投资60万元，每年降低维护成本8万元，每10年大修一次，每次大修成本20万元；方案B：初始投资100万元，每年降低维护成本11万元，每20年大修一次，每次大修成本50万元。试分别计算A、B两个方

案的净现值，并选择最优方案（计算过程和结果均保留三位小数）。

（二）案例分析

解：（1）各评价指标的权重如表 3-25 所示。

	Z_1	Z_2	Z_3	Z_4	Z_5	Z_6	得分	修正得分	权重
Z_1	$\times$	0	0	1	1	1	3	4	0.190
Z_2	1	$\times$	1	1	1	1	5	6	0.286
Z_3	1	0	$\times$	1	1	1	4	5	0.238
Z_4	0	0	0	$\times$	0	1	1	2	0.095
Z_5	0	0	0	1	$\times$	1	2	3	0.143
Z_6	0	0	0	0	0	$\times$	0	1	0.048
合计							15	21	1.000

（2）方案三寿命周期年成本：

$2100\times(A/P,8\%,50)+120-70\times(P/F,8\%,50)\times(A/P,8\%,50)=2100/12.233+120-70\times0.021/12.233=291.547$（万元）。

成本指数：$256.415+280.789+291.547=828.751$（万元）。

方案一：$256.415/828.751\approx0.309$；

方案二：$280.789/828.751\approx0.339$；

方案三：$291.547/828.751\approx0.352$。

价值指数：

方案一：$0.241/0.309\approx0.780$；

方案二：$0.351/0.339\approx1.035$；

方案三：$0.408/0.352\approx1.159$。

因方案三价值指数最高，故选择方案三为最优方案。

（3）A 方案成本净现值：

$1800+60-40\times(P/F,8\%,40)+(130-8)\times(P/A,8\%,40)+20\times[(P/F,8\%,10)+(P/F,8\%,20)+(P/F,8\%,30)]=1800+60-40\times0.046+122\times11.925+20\times(0.463+0.215+0.099)=3328.55$（万元）

B 方案成本净现值：

$1800+100-40\times(P/F,8\%,40)+(130-11)\times(P/A,8\%,40)+50\times(P/F,8\%,20)=1800+100-40\times0.046+119\times11.925+50\times0.215=3327.985$（万元）

因 B 方案成本净现值最小，故选择 B 方案为最优方案。

（三）价值思考

"横看成岭侧成峰"，认识事物的角度应是多元化的，从不同角度看会得出不同的结论，深刻理解多方案比选对于方案优化、科学决策具有重要意义。进行方案比选和优化是职业人员的基本动作，是提高工程咨询质量、增强决策科学性的关键工作。准确把握不同关系类型技术方案的特征，熟练运用不同类型关系的经济评价方法，做好这项工作既是专业的要求，更是职业的使命。同学们应学会换位思考，培养多角度、多元化的世界观和人生观，要树立钻研奋进的钉子精神、精益求精的品质精神、追求卓越的进取精神等工匠精神。

现实中往往存在由于备选方案少、评价结论单一带来的决策不稳妥、不可靠乃至不科学的问题，由于现金流归集的错误、基础数据的主观、工程经济评价的败笔、决策建议的疏忽等导致失败的案例，要高度重视工程经济评价这个面上工作、文本工作对于现实工程的影响。

二、"国家体育场"可活动屋盖去除的经济分析

（一）案例背景

国家体育场（鸟巢）位于北京奥林匹克公园中心区南部，占地 20.4 万 m^2，建筑面积 25.8 万 m^2，可容纳观众 9.1 万人。举行了 2008 年北京奥运会、2022 年北京冬残奥会开闭幕式。体育场的形态如同孕育生命的"巢"和摇篮，寄托着人类对未来的希望。设计者们对这个场馆没有做任何多余的处理，把结构暴露在外，因而自然形成了建筑的外观。

国家体育场于 2003 年 12 月 24 日开工建设。2004 年 7 月 30 日，国家体育场突然停工，随之进行了重大的设计方案变更——体育场顶部世界最大的可开启滑动式活动屋盖被去除，并将顶部开口扩大。原有方案造价高，去掉活动屋盖后的方案可以减少用钢量、降低工程造价。

可开闭屋盖体育设施的缘起。现代体育的发展使体育场开始由室外向室内转化，并逐渐向舒适性发展。如今的体育场早已不再局限于单纯举办体育比赛，而是更多的作为多功能中心使用，如英国的温布利大球场每年举办的活动中，体育比赛只占到一半，其他则为展览、文艺和群众集会等活动。这些活动，有些适合在室外进行，有些则对自然气候条件要求极为严格，需要全天候的使用条件。即便同属于体育比赛，不同项目对体育场要求也不尽相同，田径、棒球等项目可以采用人造材料进行，而足球比赛则必须用天然草，需要自然光照射，如日本的"札幌穹顶体育场"，最大特色是为棒球及足球设置两组不同的竞赛场地。棒球赛使用人造草地，而足球赛在比赛时才移进室内的天然草地，为了需要不得不将草坪设计为整体平移式。显然目前只有可开闭式屋盖能够在最大范围内满足上述使用需求。它既可以在天气良好的时候打开，使人们享受良好的室外环境，满足天然草坪的生长需要，又可以在天气恶劣时候关闭，为体育场全天候使用提供可能。

（二）案例分析

顶盖去除后座位变化。顶盖重约 300t，去除顶盖后支撑结构用钢量减少了 1 万多吨，由 5 万多吨变成 42000t，造价约节约 4 亿元人民币；加拿大多伦多天穹顶体育场由于有了顶盖，年使用次数达到了 200 场以上；一般体育场平均年使用数多为 100 场以下；顶盖去除后体育场每天运营费不低于 100 万元；与去除前的运营费相差不多。活动屋盖的去除和顶部开口的扩大，使得项目的附属功能大大降低，进而使该项目的未来商业价值大大降低。

"鸟巢"结构设计奇特新颖，而这次搭建它的钢结构 Q460 也有很多独到之处：Q460 是一种低合金高强度钢，在受力强度达到 460MPa 时会发生塑性变形，这个强度要比一般钢材大，生产难度很大。这是中国国内在建筑结构上首次使用 Q460 规格的钢材；而该项目使用的钢板厚度达到 110mm，是以前绝无仅有的，在中国的国家标准中，Q460 的最

大厚度也只是 100mm。以前这种钢一般从卢森堡、韩国、日本进口。为了给"鸟巢"提供"合身"的 Q460，从 2004 年 9 月开始，河南舞阳特种钢厂的科研人员开始了长达半年多的科技攻关，前后 3 次试制终于获得成功。2008 年，400t 自主创新、具有知识产权的国产 Q460 钢材撑起了"鸟巢"的铁骨钢筋。鸟巢在建设过程中，有咨询人员提出将建造过程中使用的 Q460 钢材下脚料收集起来用于制作奥运会纪念品的建议，被投资方采纳。于是，Q460 钢材的下脚料经北京市公证处公证后拍卖给一家纪念品制作公司，目前我们从市面上购买的鸟巢金银纪念币就是使用 Q460 钢材下脚料制作的。

（三）价值思考

准确理解和把握价值管理的核心、目标和基本工作流程，能用系统的观点、思维和方法进行工作优化，以提升工作效能和活动价值。感悟从局部入手到系统推进的哲学思想、系统观点、整体思路。从把握功能分析这个价值工程核心中，学会工作优化的系统观点、哲学思维和整体方案。对项目的经济决策不能仅从成本角度考虑，而是以提高项目的价值为主要目的，进行价值管理；进行价值管理时应着眼于工程的全生命周期，而不是仅局限于项目建设期。在学习工作中要学会牵"牛鼻子"，不能胡子眉毛一把抓，更不能丢了西瓜捡了芝麻。工作方案优化创新可以从局部做起，积累经验、完善方案，并整体推进。

复习思考题

一、单项选择题

1. 下面工程经济效果评价指标中，属于盈利能力分析静态指标的是（　　）。

    A. 财务净现值　　　　B. 投资收益率　　　　C. 借款偿还期　　　　D. 流动比率

2. 某项目总投资 2000 万元。其中债务资金为 500 万元，项目运营期内年平均净利润为 200 万元，年平均息税为 20 万元，则该项目的投资收益率为（　　）。

    A. 10%　　　　　　　B. 11%　　　　　　　C. 13.3%　　　　　　D. 14.7%

3. 某投资方案的总投资 1500 万元。其中债务资金为 700 万元，投资方案在正常年份的年利润总额为 400 万元，所得税为 100 万元，年折旧费为 80 万元，则该方案的资本金净利润率为（　　）。

    A. 26.7%　　　　　　B. 37.5%　　　　　　C. 42.9%　　　　　　D. 47.5%

4. 采用投资收益率指标评价投资方案经济效果的缺点是（　　）。

    A. 考虑了投资收益的时间因素，因而使指标计算较复杂

    B. 虽在一定程度上反映了投资效果的优劣，但仅适用于投资规模大的复杂工程

    C. 只能考虑正常生产年份的投资收益，不能全面考虑整个计算期的投资收益

    D. 正常生产年份的选择比较困难，因而使指标计算的主观随意性较大

5. 某投资方案计算期现金流量表见下表，该投资方案的静态投资回收期为（　　）年。

年份	0	1	2	3	4	5
净现金流量表/万元	−1000	−500	600	800	800	800

    A. 143　　　　　　　B. 3.125　　　　　　C. 3.143　　　　　　D. 4.125

6. 在投资方案评价中，投资回收期只能作为辅助评价指标的主要原因是（　　）。

    A. 只考虑投资回收前的效果，不能准确反映投资方案在整个计算期内的经济效果

B. 忽视资金具有时间价值的重要性，在回收期内未能考虑投资收益的时间点

C. 只考虑投资回收的时间点，不能系统反映投资回收之前的现金流量

D. 基准投资回收期的确定比较困难，从而使方案选择的评价准则不可靠

7. 利用投资回收期指标评价投资方案经济效果的不足是（　　）。

A. 不能全面反映资本的周转速度

B. 不能全面考虑投资方案整个计算期内的现金流量

C. 不能反映投资回收之前的经济效果

D. 不能反映回收全部投资所需要的时间

8. 采用投资回收期指标评价投资方案的经济效果时，其优点是能够（　　）。

A. 全面考虑整个计算期内的现金流量

B. 作为投资方案选择的可靠依据

C. 在一定程度上反映资本的周转速度

D. 准确衡量整个计算期内的经济效果

9. 某投资方案的净现金流量见下表，若基准收益率为 6%，则该方案的财务净现值为（　　）万元。

计算期/年	0	1	2	3
净现金流量/万元	-1000	200	400	800

A. 147.52　　　　B. 204.12　　　　C. 216.37　　　　D. 400.00

10. 某投资方案建设期为两年，建设期内每年年初投资 400 万元，运营期每年年末净收益为 150 万元，若基准收益率为 12%，运营期为 18 年，残值为零，并已知 $(P/A,12\%,18)=7.249$，则该投资方案的净现值和静态投资回收期分别为（　　）。

A. 213.80 万元和 7.33 年　　　　　　B. 213.80 万元和 6.33 年

C. 109.77 万元和 7.33 年　　　　　　D. 109.77 万元和 6.33 年

11. 某投资方案建设期为 1 年，第 1 年年初投资 8000 万元，第 2 年开始盈利，运营期为 4 年，运营期每年年末净收益为 3000 万元，净残值为零。若基准率为 10%，则该投资方案的财务净现值和静态投资回收期分别为（　　）。

A. 1510 万元和 3.67 年　　　　　　B. 1510 万元和 2.67 年

C. 645 万元和 2.67 年　　　　　　D. 645 万元和 3.67 年

12. 采用净现值指标评价投资方法经济效果的优点是（　　）。

A. 能够全面反映投资方案中单位投资的使用效果

B. 能够全面反映投资方案在整个计划期内的经济状况

C. 能够直接反映投资方案运营期各年的经营成果

D. 能够直接反映投资方案中的资本调整速度

13. 某投资方案，$\text{FNPV}(i_1=14\%)=160$，$\text{FNPV}(i_2=16\%)=-90$，则 FIRR 的取值范围为（　　）。

A. $<14\%$　　　　B. $14\%\sim15\%$　　　　C. $15\%\sim16\%$　　　　D. $>16\%$

14. 为了限制对风险大、盈利低的项目进行投资，在进行项目经济评价时，可以采取提高（　　）的方法。

A. 基准收益率　　B. 投资收益率　　C. 投资报酬率　　D. 内部收益率

15. 某项目有甲、乙、丙、丁 4 个可行方案，投资额和年经营成本见下表。若基准收益率为 10%，采用增量投资收益率比选，最优方案为（　　）方案。

方案	甲	乙	丙	丁
投资额/万元	800	800	900	1000
年经营成本/万元	100	110	100	70

A. 甲　　　　　B. 乙　　　　　C. 丙　　　　　D. 丁

16. 在单因素敏感性分析中，当产品价格下降幅度为 5.91%、项目投资额降低幅度为 25.67%、经营成本上升幅度为 14.82% 时，该项目净现值为 0，按净现值对产品价格、投资额、经营成本的敏感程度由大到小排序，依次为（　　）。

A. 产品价格—投资额—经营成本

B. 产品价格—经营成本—投资额

C. 投资额—经营成本—产品价格

D. 经营成本—投资额—产品价格

17. 某建设项目以财务净现值为指标进行敏感性分析的有关数据如下表所示，则该项目的投资额变化幅度的临界点为（　　）。

投资额变化幅度	−20%	−10%	0	10%	+20%
净现值/万元	420	290	160	30	−100

A. +8.13%　　　B. +10.54%　　　C. +12.31%　　　D. +16.37

18. 某企业 2010 年年初以 3 万元的价格购买了一台新设备，使用 7 年后发生故障不能正常使用，且市场上出现了技术更先进、性能更加完善的同类设备，但原设备经修理后又继续使用，至 2020 年年末不能继续修复使用而报废，则该设备的自然寿命为（　　）年。

A. 7　　　　　B. 10　　　　　C. 12　　　　　D. 11

19. 四个互斥性施工方案的功能系数和成本系数如下表。从价值工程角度分析，最优的方案是（　　）。

方案	甲	乙	丙	丁
功能系数	1.20	1.25	1.05	1.15
成本系数	1.15	1.01	1.05	1.20

A. 甲　　　　　B. 乙　　　　　C. 丙　　　　　D. 丁

20. 某产品的功能现实成本为 5000 元，目标成本为 4500 元。该产品分为三个功能区，各功能区的重要性系数和现实成本见下表。则应用价值工程时，优先选择的改进对象依次为（　　）。

功能区	功能重要性系数	功能现实成本/元
F_1	0.34	2000
F_2	0.42	1900
F_3	0.24	1100

A. F_1-F_2-F_3 B. F_1-F_3-F_2

C. F_2-F_3-F_1 D. F_3-F_1-F_2

二、多项选择题

1. 反映投资方案盈利能力的动态评价指标有（   ）。

   A. 投资收益率 B. 内部收益率 C. 净现值率

   D. 利息备付率 E. 偿债备付率

2. 采用总投资收益率指标进行项目经济评价的不足有（   ）。

   A. 不能用于同行业同类项目经济效果比较

   B. 不能反映项目投资效果的优势

   C. 没有考虑投资收益的时间因素

   D. 正常生产年份的选择带有较大的不确定性

   E. 指标的计算过于复杂和烦琐

3. 下列关于投资方案经济效果评价指标的说法中，正确的有（   ）。

   A. 投资收益率在一定程度上反映了投资效果的优劣

   B. 投资收益率不适用于评价投资规模较大的项目

   C. 净现值能够反映投资方案中单位投资的使用效率

   D. 净现值和内部收益率均考虑了整个计算期的经济状况

   E. 内部收益率不能直接衡量项目未回收投资的收益率

4. 下列关于投资方案经济效果评价指标的说法中，正确的有（   ）。

   A. 投资收益率指标计算的主观随意性强

   B. 投资回收期从项目建设开始年算起

   C. 投资回收期指标不能反映投资回收之后的情况

   D. 利息备付率和偿债备付率均应分月计算

   E. 净现值法与净年值法在方案评价中能得出相同的结论

5. 下列关于投资方案经济效果评价指标的说法中，正确的有（   ）。

   A. 投资收益率在一定程度上反映了投资效果的优劣

   B. 投资收益率不适用于评价投资规模较大的项目

   C. 净现值能够反映投资方案中单位投资的使用效率

   D. 净现值和内部收益率均考虑了整个计算期的经济状况

   E. 内部收益率不能直接衡量项目未回收投资的收益率

6. 下列关于内部收益率的说法中，正确的有（   ）。

   A. 内部收益率是项目初始投资在整个计算期内的盈利率

   B. 内部收益率是项目占用尚未回收资金的获利能力

   C. 内部收益率的计算简单且不受外部参数影响

   D. 内部收益率能够反映投资过程的收益程度

   E. 任何项目的内部收益率是唯一的

7. 下列生产设备磨损形式中，属于无形磨损的有（   ）。

   A. 长期超负荷运转，造成设备的性能下降、加工精度降低

   B. 出现了加工性能更好的同类设备，使现有设备相对落后而贬值

C. 因设备长期封存不用，设备零部件受潮腐蚀，使设备维修成本增加

D. 技术特性和功能不变的同类设备的再生产价值降低，致使现有设备贬值

E. 出现效率更高、耗费更少的新型设备，使现有设备经济效益相对降低而贬值

8. 关于设备技术寿命的说法，正确的有（　　）。

A. 设备的技术寿命是指设备年平均维修成本最低的使用年限

B. 设备的技术寿命一般长于设备的自然寿命

C. 设备的技术寿命受产品质量和精度要求的影响

D. 设备的技术寿命主要是由设备的有形磨损决定

E. 一般情况下，科学技术进步越快，设备的技术寿命越短

9. 关于确定设备经济寿命的说法，正确的有（　　）。

A. 使设备在自然寿命期内一次性投资最小

B. 使设备的经济寿命与自然寿命、技术寿命尽可能保持一致

C. 使设备在经济寿命期平均年净收益达到最大

D. 使设备在经济寿命期年平均使用成本最小

E. 使设备在可用寿命期内总收入达到最大

10. 价值工程应用中，研究对象的功能价值系数小于 1 时，可能的原因有（　　）。

A. 研究对象的功能现实成本小于功能评价值

B. 研究对象的功能比较重要，但分配的成本偏小

C. 研究对象可能存在过剩功能

D. 研究对象实现功能的条件或方法不佳

E. 研究对象的功能现实成本偏低

三、计算题

1. 某智能大厦的一套设备系统有 A、B、C 三个采购方案，其有关数据及现值系数分别见下表。

设备系统各采购方案数据

	A	B	C
购置、安装费(万元)	520	600	700
年使用费(万元·年$^{-1}$)	65	60	55
使用年限(年)	16	18	20
大修周期(年)	8	10	10
大修费(万元·次$^{-1}$)	100	100	110
残值(万元)	17	20	25

现值系数表

N	8	10	16	18	20
$(P/A,8\%,n)$	5.747	6.710	8.851	9.372	9.818
$(P/F,8\%,n)$	0.540	0.463	0.292	0.250	0.215

问题：（1）若各方案年成本仅考虑年度使用费、购置费和安装费，且已知 A 方案和

C方案相应的年成本分别为123.75万元和126.30万元，列式计算B方案的年成本，并按照年成本法作出采购方案比选。

（2）若各方案年成本需进一步考虑大修费和残值、且已知A方案和C方案相应的年成本分别为130.41万元和132.03万元，列式计算B方案的年成本，并按照年成本法作出采购方案比选。（计算结果保留两位小数）

2. 某房地产公司对某公寓项目的开发征集到若干设计方案，经筛选后对其中较为出色的四个设计方案作进一步技术经济评价。有关专家决定从五个方面（分别以 F_1~F_5 表示）对不同方案的功能进行评价，并对各功能的重要性达成共识：F_2 和 F_3 同样重要，F_4 和 F_5 同样重要，F_1 相对于 F_4 很重要，F_1 相对于 F_2 较重要；此后，各专家对该四个方案的功能满意程度分别打分，其结果见下表。

据成本工程师估算，A、B、C、D四个方案的造价分别为1420元/m²、1230元/m²、1150元/m²、1360元/m²。

方案功能得分表

功能	方案功能得分			
	A	B	C	D
F_1	9	10	9	8
F_2	10	10	8	9
F_3	9	9	10	9
F_4	8	8	8	7
F_5	9	7	9	6

问题：
（1）计算各功能指标的权重。
（2）用价值指数法选择最佳设计方案。

第4章　项目范围与组织管理

4.1　项目范围管理

4.1.1　项目范围管理概述

范围包括产品范围和项目范围两个方面。其中，产品范围是指在项目的可交付成果中将要包括的性能，是指项目的对象系统的范围；项目范围是指为了成功达到项目的目标，完成项目可交付成果而必须完成的工作，即项目行为系统的范围。

项目范围管理是指确保项目完成全部规定所要做的工作，而且仅仅完成规定要做的工作，从而成功达到项目目标的管理过程，即在满足项目使用功能的条件下，对项目应该包括哪些具体的工作进行定义和控制。项目管理是一次性的任务，没有范围管理就没有明确的管理对象，就没有明确的职责界限，也就没有办法保证目标实现。项目范围管理的内容主要包括项目范围规划、项目范围定义、项目范围验收和项目范围变更等内容。

1. 项目范围规划

项目范围规划就是确定项目范围并编写项目说明书的过程。项目范围说明书说明了为什么要进行这个项目，形成项目的基本框架，使项目所有者或项目管理者能够系统地、逻辑地分析项目关键问题及项目形成中的相互作用要素，使项目的利益相关者在项目实施前或项目有关文件书写以前，能就项目的基本内容和结构达成一致；产生项目有关文件格式的注释，用来指导项目有关文件的产生；形成项目结果核对清单，作为项目评估的一个工具，在项目终止以后或项目最终报告完成以前使用，以此来作为评价项目成败的判据；可以作为项目整个生命周期中监督和评价项目实施情况的背景文件，作为有关项目计划的基础。

2. 项目范围定义

范围定义就是把项目的主要可交付成果划分为较小的、更易管理的许多组成部分（即项目可交付成果），最终定义和界定项目产出物范围的项目管理活动。项目范围定义的目的在于明确界定项目产出物和项目可交付成果及其各种约束条件等。项目范围定义给出的项目范围界定是下一步开展项目工作分解的依据，也是进行项目成本、项目时间和项目资源管理的基础之一。

项目范围分解实际上是一项对项目范围定义后给出的项目工作范围进一步细化和分解的项目范围管理工作，这一工作最主要的内容是对定义出的项目工作范围进行全面的分解，最终给出项目工作分解结构和项目工作分解结构词典等项目范围分解的文件。

工作分解结构描述了人们所要完成的项目工作范围，可以使人们能够清楚地知道整个项目要干什么工作和项目的可交付物是通过开展哪些工作而生成的。所以，项目分解的核心内容是给出项目工作分解结构，尤其是项目工作分解结构中最下层的项目工作包。

3. 项目范围验收

项目范围验收是利益相关者对已完成的项目范围与相应的可交付成果正式验收的过程，即项目利益相关者最终认可和接受项目范围的过程。

在项目范围验收工作中，要对范围定义的工作结果进行审查，确保项目范围包含了所有的工作任务。项目范围验收可以针对一个项目的整体范围进行确认，也可以针对某个项目阶段的范围进行确认。项目范围验收要审核项目范围界定工作的结果，确保所有的、必需的工作都包括在项目工作分解结构中，而一切与实现目标无关的工作均不包括在项目范围中，以保证项目范围的准确。

核实项目范围包括审查可交付成果，确保每一项结果都令人满意。如果项目提前终止，则项目范围核实过程应当查明并记载完成的水平与程度。范围验收不同于质量控制，只表示业主是否接受完成的工作成果，质量控制一般先于范围验收进行，但两者也可以同时进行。

4. 项目范围变更

项目范围变更是项目变更的一个方面，是指在实施合同期间发生的项目工作范围的改变，业主有权在合同范围内对工程进行变更是一种惯例。范围变更的请求可能由不同的来源提出，以不同的形式出现，可能会增加合同工作、删去某些工作，或对某些工作进行修改、变动等。项目范围变更的原因有很多，主要有：

（1）项目的外部环境，如政府颁布新的法令法规、经济通货膨胀等。

（2）新的生产技术、手段或方案等，如果采用，则对项目产生较大影响。例如，在项目开始后发现了可以大幅度降低成本的新的技术。

（3）项目团队本身发生变化，如人事变动、组织结构调整等。

（4）在制订范围计划时存在失误或遗漏。

（5）业主对项目提出了新的要求。

4.1.2　工作分解结构

1. 工作分解结构概念及作用

工作分解结构（Work Breakdown Structure，WBS）是对项目团队为实现项目目标、创建所需可交付成果而需要实施的全部工作范围的层级分解。它是一种在项目全范围内分解和定义各层次工作包的方法，主要应用于项目的范围管理，是项目管理的一种核心方法。

WBS通常是一种面向"成果"的层次化的树状结构，其底层是细化后的"可交付成果"，它是将项目的各项内容按其相关关系逐层进行分解，直到工作内容单一、便于组织管理的工作单元为止，并把各单项工作在整个项目中的地位、构成直观地表示出来，以便更有效地计划、组织、控制项目整体实施的一种方法。进行工作分解是非常重要的工作，它在很大程度上决定了项目能否成功。如果项目工作分解得不好，在实施的过程中难免要进行修改，可能会打乱项目的进程，造成返工、延误时间、增加成本等。工作分解结构主要有如下作用：

（1）保证项目结构的系统性和完整性。分解结果代表被管理的项目范围和组成部分，它包括项目应包含的所有工作，并且不能有遗漏。这样，才能保证项目的设计、计划、控制的完整性。这是项目结构分解最基本的要求。

（2）通过结构分解，使项目的形象更加透明，使人们对项目一目了然，使项目的概况和组成明确、清晰。这使项目管理者，甚至不懂项目管理的业主、投资者也能轻松把握整个项目，从而方便观察、了解和控制整个项目过程，同时可以分析可能存在的项目目标的不明确性。

（3）是项目的工期计划、成本计划，以及进行资源分配的对象。

（4）用于建立项目目标保证体系。工作分解结构能将项目实施过程、项目成果和项目组织有机地结合在一起，是进行项目任务发承包、建立项目组织、落实组织责任、编制进度计划的依据。工作分解结构可以满足各层次项目参与者的需要。工作分解结构可与项目组织结构有机地结合在一起，有助于项目经理根据各个项目单元的要求，赋予项目各部门和各职员相应的职责。

（5）将项目质量、工期、成本（投资）目标分解到各项目单元，这样可以对项目单元进行详细设计，以确定实施方案，做各种计划和风险分析，便于实施控制，并对完成状况进行评价。

（6）作为项目报告系统的对象，是进行各部门、各专业协调的手段。项目分解结构和编码在项目中充当一个共同的信息交换语言。项目中的大量信息，如资源使用、进度报告、成本开支账单、质量报告、变更、会谈纪要，都以项目单元为对象进行收集、分类和沟通。

2. 编制工作分解结构的思路和步骤

项目分解的思路如下：

（1）识别主要的项目要素或项目交付成果。

（2）项目要素的构成分解，以便进行项目绩效度量和责任分配。

（3）检查分解结果的正确性。

① 必要和充分性检查。

② 完整和模糊性检查。

③ 可计划和控制性检查（分配工期、预算、资源和责任人）。

项目分解的步骤如下：

（1）识别项目的主要组成部分。

① 问题：要实现项目目标需要完成哪些主要工作？

② 技巧：可以按照项目生命周期的阶段、项目主要交付成果、产品、系统或者专业划分。

③ 层次：在 WBS 中处于第二层上，并在结构图形上标识出来。

（2）判断。

① 在已经分解的基础上，判断能否快速方便地估算各个组成部分各自所需的成本和时间，以及责任分配的可能性与合理性。

② 如果不可以，则进入第三个步骤；如果可以，则进入第四个步骤。

（3）识别更小的组成部分。

① 要完成当前层次上各个部分的工作，需要做哪些更细的工作？

② 这些工作是否可行？是否可核查？

③ 它们之间的先后顺序是怎样的？

④ 在 WBS 上标识出第三、四层。

⑤ 判断能否快速、方便地估算该层的各个组成部分所需的成本和时间，以及责任分配的可能性与合理性。如果不可以，则继续第三步；如果可以，则进入第四步。

（4）检查工作。

① 如果不进行这一层次的工作，上一层次的各项工作能否完成？

② 完成了该层的所有工作，上一层次的工作就一定能完成吗？

③ 根据检查，对该当前层的工作进行增加、删除或者修改，或者对上一层次的工作进行适当的整理。

④ 本层各项工作的内容、范围和性质是否都已经明确？如果回答肯定，则需要写出相应的范围说明书，该说明书就是工作包的范围说明书；如果否定，则需要进行必要的修改和补充。

3. 编制 WBS 的方法

（1）基于功能（系统）的分解结构，如图 4-1 所示。

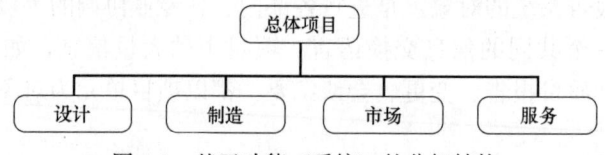

图 4-1　基于功能（系统）的分解结构

（2）基于成果（系统）的分解结构，如图 4-2 所示。

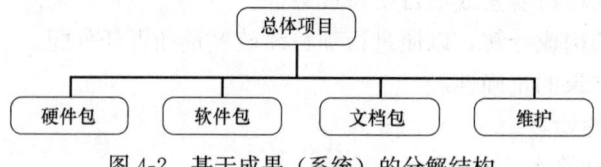

图 4-2　基于成果（系统）的分解结构

（3）基于工作过程的分解结构，如图 4-3 所示。

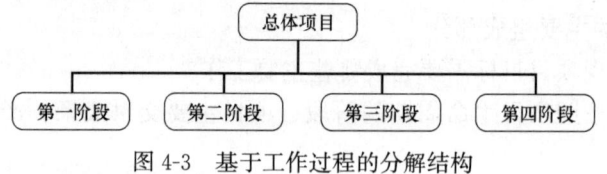

图 4-3　基于工作过程的分解结构

工作分解结构实例如图 4-4 所示。

对于实际的工程项目，特别是相对较大的项目，在进行工作分解时，需要注意如下几点。

（1）确定项目的 WBS 就是将项目的产品或服务、组织和过程三种不同的结构综合为项目 WBS 的过程。项目经理和项目的工作人员要善于将项目按照产品或服务的结构进行划分，以及按照项目组织的责任进行划分等有机结合起来。也就是说，应该将项目的

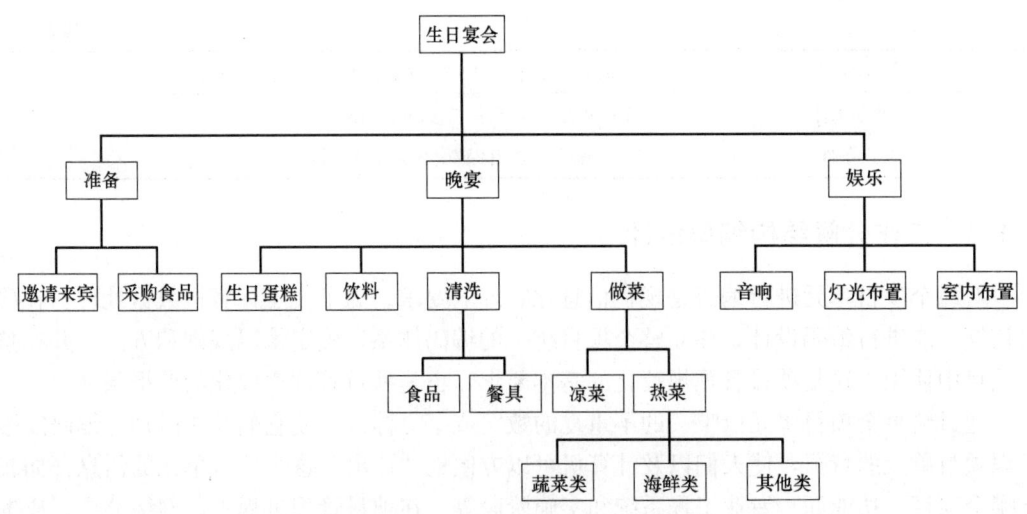

图 4-4　生日宴会工作分解结构示例

WBS、IBS（投资分解结构）和 OBS（组织分解结构）加以综合运用。

（2）对于项目底层的工作要非常具体，而且要完整无缺地分配给项目内外的不同个人或组织，以便于明确各个工作块之间的界面，并促进各工作块的负责人都能明确自己的具体任务、努力的目标和承担的责任。同时，工作如果划分得具体，也便于项目的管理人员对项目的执行情况进行监督和业绩考核。实际上，进行逐层分解项目或其主要的可交付成果的过程，也就是给项目的组织人员分派各自角色和任务的过程。

（3）并不是 WBS 中所有的分支都必须分解到同一水平，各分支中的组织原则可能不同。任何分支底层的细目称为工作包。工作包是工作分解结构最低层的工作，针对这些工作来估算并管理成本和持续时间。任何项目也并不是只有唯一正确的 WBS，如同一个项目按照产品的组成部分或根据生产过程分解就能作出两种不同的 WBS。

4. 工作分解结构词典的建立

由于项目（特别是那些较大的项目）都有许多工作块，而对于这些底层的工作块，要有全面、详细和明确的文字说明。因此，常常把这些所有的工作块文字说明汇集在一起，编成一个项目的工作分解结构词典，以便需要时查阅。WBS 词典通常包括编码、工作包描述（内容）、成本预算、时间安排、质量标准或要求、责任人或部门或外部单位（委托项目）、资源配置情况、其他属性等，表 4-1 是一个 WBS 词典的示例。

工作分解结构词典示例　　　　　　　　　　　　　　　　　　　　表 4-1

作业编号	A1020
责任人/授权人	周某/王某
作业内容	主楼建筑工程第 3～第 4 层
施工条件	第二层施工完毕，图样具备，现场具备施工条件
标准、规范、方法	按设计图样要求，采用钢模板现浇结构混凝土
施工成果	结构混凝土符合设计要求，不包括……
质量控制方法	模板质量检查、面板安装检查、混凝土浇筑质量检查
开工/完工日期	2022 年 6 月 20 日/2022 年 7 月 28 日

资源要求	吊车 1 台、模板工 10 个、混凝土工 3 人、混凝土 84m³
工程量要求	面板架设 150m²，浇筑混凝土 84m³
假设条件	天气晴朗，电源有保障，不发生安全事故

4.1.3　工作分解结构编码设计

对每个项目单元进行编码是现代信息化管理的要求。为了便于计算机数据处理，在项目初期，应进行编码设计，建立整个项目统一的编码体系，确定编码规则和方法，并在整个项目中使用。这是项目管理规范化的基本要求，也是项目管理集成化的前提条件。

通过给每个项目单元以唯一的不重复的数字或字母标识，使它们互相区别。编码能够标识项目单元的特征，使人们以及计算机可以方便地"读出"这个项目单元的信息，如属于哪个项目、功能面、专业工程系统和实施阶段等。在项目管理过程中，网络分析、成本管理以及数据的储存、分析、统计，均依靠编码识别。编码设计对整个项目的计划、控制和管理系统的正常运行都很关键。

项目的编码一般按照项目工作分解结构图，采用"父码＋子码"的方法编制。如项目编码为 1，则属于本项目次层子项目的编码是在项目的编码后加子项目的标识码，即为11、12、13、14 等，而子项目 11 的分解单元分别用 111、112、113 等表示。从一个编码中能"读"出它所代表的信息，如 14223 表示项目"1"的子项目"4"，功能面"2"，专业工程"2"，工作包"3"。工作分解构编码示例如图 4-5 所示。

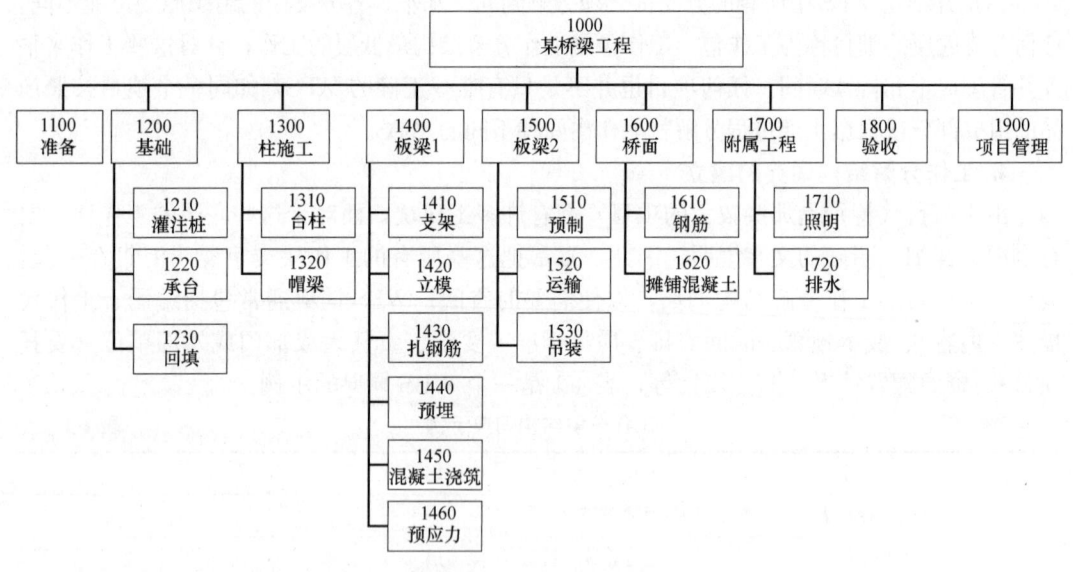

图 4-5　WBS 编码示例

4.1.4　工作责任分配矩阵的建立

1. 责任分配矩阵的概念

责任分配矩阵是一种将所分解的工作任务落实到项目有关部门或个人，并明确表示出他们在组织工作中的关系、责任和地位的一种方法和工具。责任分配矩阵在工作分解结构的基础上建立，以表格形式表示完成工作分解结构中每项活动或工作所需的人员。

责任分配矩阵明确表示出每项工作由谁负责、由谁具体执行，并且明确了每个人在整个项目中的地位。责任分配矩阵还系统阐明了个人与个人之间的相互关系，能使组织或个人就能充分认识到在与他人配合当中应承担的责任，从而能够充分、全面地认识到自己的全部责任。

在项目实施的过程中，如果某项活动出现了错误，就很容易从责任分配矩阵中找出该活动的负责人和具体执行人，并且还可以针对某个子项目或某个活动分别制定不同规模的责任分配矩阵。

2. 责任分配矩阵的制定

责任分配矩阵是一种展示项目资源在各个工作包中的任务分配的表格，目前应用已非常广泛。责任分配矩阵是一种矩阵图，一般以组织单元为行，工作单元为列；矩阵中的符号表示项目工作人员在每个工作单元中的参与角色或责任。它能够较清楚地反映项目各工作部门或个人之间的工作责任和相互关系。因此，责任矩阵可以使用在 WBS 的任何层次。

责任分配矩阵的编制程序如下：

（1）确定工作分解结构中所有层次最低的工作包，将其填在责任分配矩阵列中。

（2）确定所有项目参与者，填在责任矩阵的标题行中。

（3）针对每一个具体的工作包，指派个人或组织对其负全责。

（4）针对每一个具体的工作包，指派其余的职责承担者。

（5）检查责任矩阵，确保所有参与者都有责任分配，同时所有的工作包都已经确定了合适的责任承担人。

用来表示工作任务参与类型的符号有多种形式，如数字、字母或几何图形式。常用字母来代表工作参与角色或责任，例如：▲表示负责，○表示审批，●表示辅助，□表示通知。

以符号表示的责任分配矩阵示例如表 4-2 所示。

以符号表示的责任分配矩阵示例　　　　　　　　　表 4-2

组织责任者 WBS		项目经理	项目工程师	程序员
确定要求		○	▲	
设计		○	▲	
开发	修改外购软件包	□	○	▲
	修改内部程序	□	○	▲
	修改手工操作流程	□	○	▲
测试	测试外购软件包	□	●	▲
	测试内部程序	□	●	▲
	测试手工操作流程	□	●	▲
安装完成	完成安装新软件包	●	▲	
	培训人员	●	▲	□

4.2 项目组织结构

4.2.1 项目组织基本概念

"组织"一般有两层含义。首先，"组织"作为一个名词，是指有意识形成的职务或职位的结构。例如，一般一个企业从上到下、从左到右会确定若干纵向、横向的职务或职位，而这些职务或职位之间并不是孤立的，为了实现组织目标之间存在相互联系，从而形成组织结构。其次，"组织"作为一个动词，是指一个工作过程，如组织一次会议、组织一次活动。

一个项目一旦确立，就要面临两个问题：一是必须确定项目与公司的关系，即项目的组织结构；二是必须确定项目内部的组成。从项目管理的角度来说，项目组织是指由一组个体成员为实现具体的项目目标而组织的协同工作的队伍。一般来说，除了非常小的项目，如编写个人报告、完成小实验等由一个人即可完成外，几乎所有的项目都需要一个团队来完成，因而就必须建立项目组织，以便更加高效地完成项目目标。

项目组织的形式对于项目最终的成败有很大影响，常见的项目组织形式有职能式组织结构、项目式组织结构和矩阵式组织结构。

4.2.2 职能式组织结构

职能式组织形式是按职能以及职能的相似性来划分部门，这种组织形式属于纵向划分组织结构，如图4-6所示。在这种组织形式中，各职能部门在自己职能范围内独立于其他职能部门进行工作，各职能人员接受相应的职能部门经理或主管的领导。

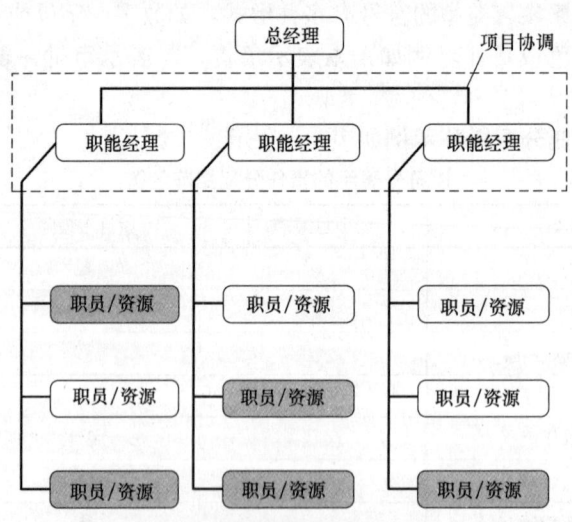

图 4-6 职能式组织结构示例图

采用职能式组织形式的企业在进行项目工作时，各职能部门需要根据项目的情况承担本职能范围内的工作，共同完成。每个职能部门只有唯一的一个上级领导或上级部门，即上下级呈现直线型的领导与被领导的权责关系，一级服从一级，上级工作部门在所管辖的范围内对直接下级具有直接的指挥权。也就是说，企业主管根据项目任务需要从各职能部门抽调人员及其他资源组成项目实施小组。例如，开发新产品可能要从营销、设计及生产部门各抽调一定数量的人员形成开发小组，当项目进行时，设计人员只对设计部门经理（职能经理）负责，生产部门经理无权对设计人员下达命令。

这样的组织界限并不十分明确，由于它们并没有脱离原来的职能部门，项目实施的工作多数属于兼职工作性质，小组成员即要完成项目中需本职能才能完成的任务。这样的项目组织的另一特点是没有明确的项目经理，当涉及职能部门之间的项目事务和问题时，各种职能的协调只能由处于职能部门顶部的主管或经理来协调。例如，一个开发新产品的项目，若营销人员与设计人员发生矛盾，只能由营销部门经理与设计部门经理来协调处理，同样各部门调拨给项目实施组织的人员及资源也只能由各部门经理决定。

1. 职能式组织的优点

（1）有利于企业技术水平的提升。由于职能式组织是以职能的相似性划分部门的，同一部门的人员可以交流经验及共同研究，有利于专业人才专心致志钻研本专业领域理论知识，有利于积累经验、提高业务水平。同时这种结构为项目实施提供了强大的技术支持，当项目遇到困难时，问题所属职能部门可以联合攻关。

（2）资源利用的灵活性与低成本。在职能式组织形式中，项目实施组织中的人员或其他资源仍归职能部门领导，因此职能部门可以根据需要分配所需资源，当某人从某项目退出或闲置时，部门经理可以安排他人到另一个项目去工作，可以降低人员及资源的闲置成本。

（3）有利于从整体协调企业活动。由于每个部门或部门经理只能承担项目中本职能范围的责任，并不承担最终成果的责任，而每个部门经理都直接向企业主管负责，因此，要求企业主管要从全局出发进行协调与控制。有学者认为，该组织形式"提供了在上层加强控制的手段"。这种从整体上对组织的控制，有利于企业的长远发展和稳定。

2. 职能式组织形式的缺点

（1）协调的难度加大。由于职能的差异性及本部门的局部利益，每个职能部门经理容易从本部门的角度去考虑问题，而且项目经理和部门经理之间存在许多交叉，当发生部门间冲突时，部门经理之间很难进行协调。项目不是全部工作，这会影响企业整体目标的实现。

（2）项目组成员责任淡化。由于项目实施组织成员只是临时从职能部门抽调而来，有时工作的重心还在职能部门，因此很难树立积极承担项目责任的意识。尽管说在职能范围内承担相应责任，但是职能部门的工作方式常常是面向本部门的活动，而项目是由各部门组成的有机系统，必须有人对项目总体承担责任，职能式组织不能保证项目责任的完全落实。

（3）环境适应性差。在职能式组织形式中，客户不是项目活动关心的焦点，对客户要求的响应比较迟缓和艰难。如果项目处在多变的环境中，而职能式组织很难快速依据客户的需求来对各种资源进行协调，从而降低了客户的满意度。

职能式组织适合公司内部需要协调工作较少时且规模较小的项目。

4.2.3 项目式组织结构

项目式组织形式是按项目划分所有资源，属于横向划分组织结构，即每个项目有完成

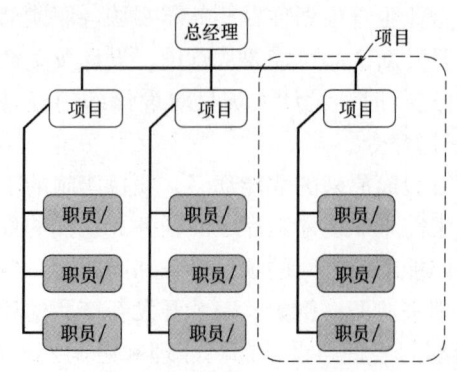

图 4-7 项目式组织形式示例图

项目任务所必需的所有资源，每个项目的实施组织有明确的项目经理，责任明确，对上直接接受企业主管或大项目经理领导，对下负责本项目资源的运用以完成项目任务。每个项目之间相互独立。项目式组织形式如图 4-7 所示。

如某企业有 A、B、C 三个项目，企业主管则按项目 A、B、C 的需要获取并分配人员及其他资源，形成三个独立的项目组 A、项目组 B、项目组 C，项目结束以后项目组织随之解散。这种组织形式适用于规模大、项目多的公司。

1. 项目式组织形式的优点

（1）目标明确及统一指挥。项目式组织是基于某项目而组建的，圆满完成项目任务是项目组织的首要目标，而每个项目成员的责任及目标也是通过对项目总目标的分解而获得的。项目成员只受项目经理领导，不会出现多头领导的现象。

（2）有利于项目控制。由于项目式组织按项目划分资源，项目经理在项目范围内具有绝对的控制权，因此从项目角度讲，项目式组织结构有利于对项目进度、成本、质量等方面的控制与协调，项目经理不需要通过职能部门经理的协调才能达到对项目的控制。

（3）有利于全面型人才的成长。项目实施涉及计划、组织、指挥、协调与控制等多种职能，因此，项目式组织形式提供了全面型管理人才的成长之路，从管理小项目的小项目经理，经过管理大中型项目的项目经理，成长为管理多项目的项目群经理，直至最后成长为企业的主管。另外，一个项目中拥有不同才能的人员，人员之间的相互交流学习也为员工的能力开发提供了良好的场所。

2. 项目式组织的缺点

（1）机构重复及资源闲置。项目式组织形式按项目所需来设置机构及获取相应的资源，会使每个项目有自己的一套机构，一方面是完成项目任务的必需，另一方面是企业从整体上进行项目管理之必要，这就造成了人员、设施、技术、设备等的重复设置。同时，在包括人员在内的资源使用方面，每种资源项目都要拥有，当这些资源闲置时，其他项目也很难利用这些资源，以致闲置成本较大。

（2）不利于企业专业技术水平的提高。项目式组织并没有给专业技术人员提供同行交流与互相学习的机会，往往只注重于项目所需的技术水平，因此不利于形成专业人员钻研本专业业务的氛围。

（3）不稳定性。项目的一次性特点使得项目式组织形式随项目的产生而建立，也随项目的结束而解体。从企业整体角度上看，企业的资源及结构会不断地发生变化。而在项目组织内部，由新成员刚组建的组织会发生碰撞而不稳定，随着项目进程的进展而进入相对的稳定期；但在项目快结束时，所有成员预见到项目的结束，都会为自己的未来而作出相应的考虑，使得"人心惶惶"，而又进入不稳定期。

在这种组织形式下，项目经理具有较大的独立性和对项目的总体目标负责。同职能式相比，在对付不稳定的环境时，项目团队的整体性和各类人才的紧密合作体现出明显的优势。

4.2.4 矩阵式组织结构

职能式组织形式和项目式组织形式各有其优缺点，而且职能式组织形式的优点与缺点正好对应项目式组织形式的缺点与优点。如何建立一种组织形式既有两种组织形式的优点，又能避免两种组织形式的缺点呢？矩阵式组织形式较好地解决了这一问题。矩阵式组织形式的特点是将按照职能划分的纵向部门与按照项目划分的横向部门结合起来，构成类似矩阵的管理系统，在组织资源合理配置与利用方面显示出强大的优越性。

当很多项目对有限资源的竞争引起对职能部门的资源的广泛需求时，矩阵管理就是一个有效的组织形式。传统的职能组织在这种情况下无法适应的主要原因是：职能组织无力对包含大量职能之间相互影响的工作任务提供集中、持续和综合的关注与协调。因为在职能组织中，组织结构的基本设计是按职能专业化和职能分工的，不可能期望职能部门经理会不顾他在自己的职能部门中的利益和责任，或者完全打消职能中心主义的念头，使自己能够把项目作为一个整体，对职能之外的项目各方面也加以专心致志的关注。

在矩阵式组织形式中，项目经理在项目活动的"什么"和"何时"方面，即内容和时间方面对职能部门行使权力，而各职能部门负责人决定"如何"支持。每个项目经理要直接向最高管理层负责，并由最高管理层授权。而职能部门则从另一方面来控制，对各种资源做出合理的分配和有效的控制调度。职能部门负责人既要对他们的直接领导负责，也要对项目经理负责。

1. 矩阵式组织的基本原则

（1）必须有一个人花费全部时间和精力用于项目，且具有明确的责任，这个人通常为项目经理。

（2）必须同时存在纵向和横向两条通信渠道。

（3）要从组织上保证迅速且有效的办法来解决矛盾。

（4）无论项目经理之间，还是项目经理与职能部门负责人之间，要有确切的通信渠道和自由交流的机会。

（5）各个经理都必须服从统一的计划。

（6）无论是纵向或横向的经理（或负责人）都要为合理利用资源进行谈判和磋商。

（7）必须允许项目作为一个独立的实体来运行。

矩阵式组织中的职权以纵向、横向在一个企业里流动，因此在任何一个项目的管理中，都需要项目经理与职能部门负责人共同协作，将两者很好地结合起来。要使矩阵组织能有效地运转，必须考虑和处理好以下四个问题：

（1）如何创造一种能将各种职能综合协调起来的环境？由于具有每个职能部门从其职能出发只考虑项目的某一方面的倾向，考虑和处理好这个问题是很必要的。

（2）一个项目中比其他要素更为重要的是由谁来决定的？考虑这个问题可以使主要矛盾迎刃而解。

（3）纵向的职能系统应该怎样运转才能保证实现项目的目标，而又不与其他项目发生矛盾？

（4）要处理好这些问题，项目经理与职能部门负责人要相互理解对方的立场、权力以及职责，并经常进行磋商。

2. 矩阵式组织的形式

根据横向划分和纵向划分相结合的强弱程度，矩阵式项目组织又可以分为强矩阵组织、弱矩阵组织和平衡矩阵组织。

（1）强矩阵组织。图 4-8 是一种典型的矩阵式组织，常称之为强矩阵组织。这种组织形式是在原有职能式组织形式的基础上，由组织最高领导者任命对项目全权负责的项目经理，项目经理直接对最高领导者负责，或者在组织中增设与职能部门同一层级的项目管理部门，项目管理部门再按照不同的项目委任项目经理，直接对最高领导者负责。在强矩阵组织中，资源均由职能部门所有和控制，每个项目经理根据项目需要向职能部门借用资源。各项目是一个临时性组织，一旦项目任务完成后就解散。各专业人员又回到各职能部门再执行别的任务。项目经理向项目管理部门经理或总经理负责，他领导本项目内的一切人员，通过项目管理职能，协调各职能部门派来的人员，以完成项目任务。强矩阵式组织形式对实施大型、复杂项目比较有利。

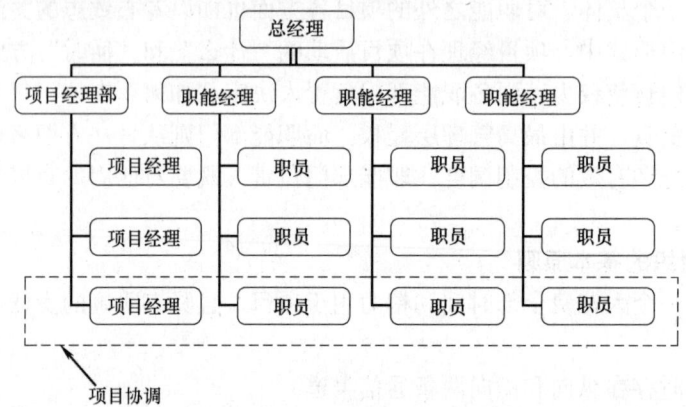

图 4-8　强矩阵组织结构示意图

（2）弱矩阵组织。弱矩阵组织（图 4-9）基本上保留了职能式组织的主要特征，但是为了更好地实施项目，建立了相对明确的项目管理团队。这样的项目管理团队由各职能部门下属的职能人员所组成，且针对某一项目就有对项目总体负责的项目管理人员。但这种组织形式并没有明确对项目目标负责的项目经理，即使有项目负责人，其角色只不过是一个项目协调者或项目监督者，而不是真正意义上的项目管理者，项目人员的唯一直接领导还是各自职能部门的负责人。对项目管理而言，弱矩阵式组织优于项目的职能式组织，但

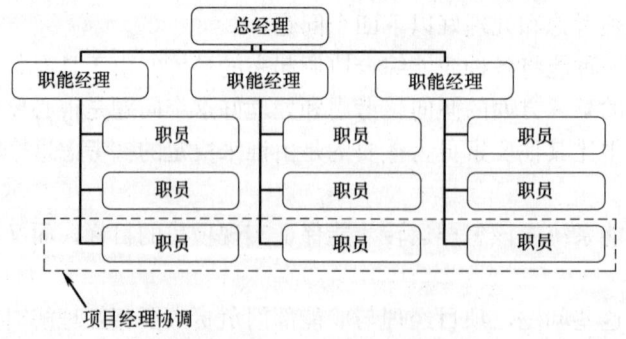

图 4-9　弱矩阵组织结构示意图

是由于项目化特征较弱，当项目涉及各职能部门且产生矛盾时，因为没有强有力的项目经理，各职能部门的项目人员很可能会过多地从本部门的利益出发来处理问题。

（3）平衡矩阵组织。平衡矩阵组织或称中矩阵组织，是为了加强对项目的管理而对弱矩阵组织形式的改进；与弱矩阵组织的区别是从职能管理部门参与本项目的人员中选出一位对项目负责的管理者，即项目经理，对此项目经理赋予一定的权力，使其对项目总体与项目目标负责，如图 4-10 所示。平衡式组织与弱矩阵式组织相比，对项目管理更有利。在平衡式组织中，项目经理可以调动和指挥职能部门中的相关资源来实现项目，在项目上享有一定的权力。

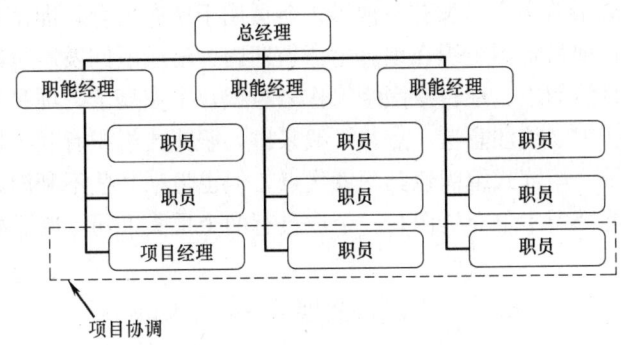

图 4-10　平衡矩阵组织结构示意

该组织形式不仅利于项目的综合管理，也有利于各管理职能部门的横向联系与协调。各种矩阵式组织结构中，项目经理与职能经理的权限变化趋势如下：

（1）强矩阵组织形式：项目经理的权利＞职能部门经理的权利。

（2）弱矩阵组织形式：项目经理的权利＜职能部门经理的权利。

（3）平衡矩阵组织形式：项目经理的权利＝职能部门经理的权利。

3. 矩阵式组织形式的优缺点

（1）矩阵式组织的优点。

① 强调了项目组织是所有有关项目活动的焦点。

② 项目经理拥有对拨给的人力、资金等资源相对独立的控制权，每个项目都可以相对独立地制定自己的策略和方法。

③ 在职能组织中，专家的储备提供了人力利用的灵活性，对所有计划可按需要的相对重要性使用专业人才。

④ 由于交流渠道的建立和决策点的集中，对环境的变化及项目的需要能迅速地做出反应。

⑤ 当指定的项目不再需要时，项目人员有其职能归宿，大都返回原来的职能部门。他们对于项目完成后的奖励与鉴定有较高的敏感，为个人指出了职业的努力方向。

⑥ 由于关键技术人员能够为各个项目所共用，充分利用了人才资源，使项目成本降低，又有利于项目人员的成长和提高。

⑦ 通过内部的检查和平衡，以及项目组织与职能组织间的经常性协商，可以得到时间、成本及运行的较好平衡。

（2）矩阵式组织的缺点。

① 职能式组织与项目式组织间的平衡需要持续地进行监视，以防止双方互相削弱对方。

② 在开始制定政策和方法时，需要花费较多的时间和劳动量。

③ 每个项目都是独立进行的，容易产生重复性劳动。

④ 对时间、成本及运行参数的平衡必须加以监控，以保证不因时间和成本而忽视技术运行。

⑤ 双重领导的存在，容易产生责任不明确，多头指挥的现象。

项目的组织形式对于项目的管理实施具有一定的影响，然而任何一种组织形式都有其优点和缺点，有其适用的场合，没有一种形式能适用于所有场合，即使是在同一个项目的寿命周期内。所以，项目管理组织在项目生命周期内为适应不同发展阶段的不同突出要求而加以改变也是很自然的事。项目应围绕工作来组织，工作变了，项目组织的范围也应跟着改变。在实际工作中必须注意这一点。一般来讲，职能式组织有利于提高效率，项目式结构有利于取得效果。矩阵式组织兼具两者优点，但也带来某些不利因素。例如，各个项目可能在同一个职能部门中争夺资源；一个成员有两个顶头上司，既难处，也难管。

4.3　项目经理与项目团队

4.3.1　项目经理

1. 项目经理的概念

项目经理是由执行组织委派，领导项目团队实现项目目标的个人。项目经理是企业法定代表人在项目上的一次性授权管理者和责任主体，是项目管理的第一负责人，在项目团队中具有核心作用，是项目团队对外的唯一责任点。

项目经理全面负责项目管理工作，履行多种职能，如负责调配资源、合理组织实施、全面履行合同，控制工期、质量、成本等，实现项目目标。项目经理责任制是我国项目管理的创新成果，是项目管理成功的保证。其本质是以制度的方式强调项目经理在项目管理中的核心地位。因此，要大力提高项目经理的素质，明确项目经理和法定代表人及组织管理层的关系，通过项目管理目标责任书赋予项目经理必要的责、权、利。

2. 项目经理的责任

项目经理的责任就是通过一系列的领导及管理活动，使项目的目标成功实现并使项目利益相关者都满意。具体来说，就是在规定的范围、进度、成本和质量等约束条件下完成项目可交付成果，可以粗略地分为对于所属上级组织的责任及对于所领导项目小组的责任。

（1）项目经理对于所属上级组织的责任。对所属上级组织的责任包括资源的合理利用，及时、准确地通信联系，认真负责管理工作。项目经理对所属上级组织的责任主要表现在以下三个方面：

① 保证项目目标符合上级组织的目标。项目往往从属于更大的组织，项目与组织的其他工作一起配合协调完成组织的目标，因此，项目目标的确定、目标的分解以及计划制定、实施的全过程都要有利于总目标的实现。

② 充分利用上级分配给项目的资源。组织的资源是有限的，保证资源的有效利用是任何管理者的目的。项目不仅要充分、有效利用上级分配给项目的资源，使资源的效能得到最大限度地发挥，而且还要从企业总体角度出发优化资源的使用。如企业往往不止一个项目，如何使资源在一个项目内部及项目间有效利用是项目经理的责任。

③ 及时与上级就项目进展情况进行沟通。项目与上级组织目标的实现息息相关，及时将项目的进展信息，如进度、成本、质量等向上级汇报，企业就可以从宏观角度进行项目群管理，同时可以取得上级对本项目各方面的支持。

（2）项目经理对所管项目的责任。项目经理对所管项目应承担的责任具体表现在以下两个方面：

① 对项目的成功与否负有主要责任。

② 保证项目的完整性，使其不受在项目中有合法性的当事人不同要求的影响。

（3）项目经理对项目团队的责任。项目经理对项目团队的责任主要表现在以下三个方面：

① 项目经理有责任为项目组成员提供良好的工作环境与氛围。

② 项目经理有责任对项目团队成员进行绩效考评。

③ 由于项目团队是一个临时的集体，项目经理在激励其成员时还应考虑他们的将来，让他们在项目完成之后有一个好的归属。

（4）项目经理的岗位职责。由于项目所处行业、规模、复杂度各异，很难给出一个统一、详细的职位描述。项目经理的岗位职责取决于项目经理与项目执行组织所签订的服务合同，主要包括以下五个方面：

① 确保项目目标实现，保证委托方满意。这一项基本职责是检查和衡量项目经理管理成败、水平高低的基本标志。

② 制定项目阶段性目标和项目总体控制计划。项目总目标一经确定，项目经理的职责之一就是将总目标分解，划分出主要工作内容和工作量，确定项目阶段性目标的实现标志，如形象进度控制点等。

③ 组织精干的项目管理班子。这是项目经理管好项目的基本条件，也是项目成功的组织保证。

④ 及时决策。项目经理需亲自决策的问题包括实施方案、人事任免奖惩、重大技术措施、设备采购方案、资源调配、进度计划安排、合同及设计变更、索赔等。

⑤ 履行合同义务，监督合同执行，处理合同变更。项目经理以合同当事人的身份，运用合同的法律约束手段，把项目各方统一到项目目标和合同条款上来。

3. 项目经理的权力

要承担完成项目可交付成果的责任，项目经理自然就需要有相应的权力。项目经理权力的大小取决于项目在组织中的地位以及项目组织结构形式。对于企业项目管理来说，主要取决于项目的重要性和项目的规模。

（1）项目经理的权力范围。一般来说，项目经理的权力表现在以下三个方面：

① 项目团队的组建权。项目团队的组建权包括两个方面：一是项目经理班子或者管理班子的组建权，二是项目团队成员的选择权。建立一支高效、协同的项目团队是保证项目成功的另一关键因素。包括项目经理班子人员的选择、考核和聘用，团队队员的选拔、

考核、激励、处分甚至辞退等。

② 财务决策权。实践告诉我们，拥有财务权并使其个人的得失和项目的盈亏联系在一起的人，能够较周详地顾及自己的行为后果。因此，项目经理必须拥有与该角色相符的财务决策权，否则项目难以展开。一般来讲，这一权力包括：a. 分配权，有权决定项目团队成员的利益分配，包括计酬方式、分配方案细则；b. 制定奖惩制度；c. 成本控制权，在财务制度允许的范围内拥有成本支出和报销的权力，如聘请法律顾问、技术顾问、管理顾问的成本支出，索赔等的营业外支出。

③ 项目实施控制权。在项目实施过程中，由于资源的配置可能与项目计划有所出入，有时项目实施的外部环境会发生一定的变化，这使项目实施的进度无法与预期同步，这就要求项目经理根据项目总目标，将项目的进度和阶段性目标与资源和外部环境平衡起来，作出相应的决策以便对整个项目进行有效的控制。

（2）项目经理的权力来源。优秀的项目经理既是好的项目管理者，也是好的领导者。美国社会心理学家约翰·弗伦奇和伯特伦·瑞文关于权力的五种来源，同项目管理结合，可演化归纳项目经理的五种权力来源，如图 4-11 所示。

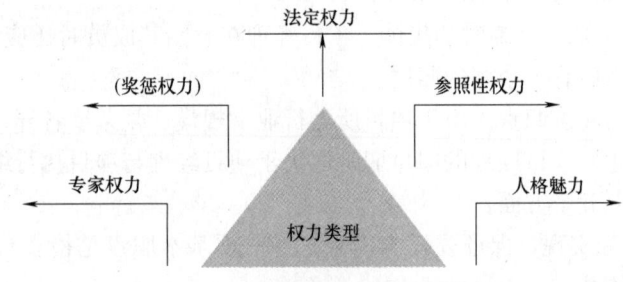

图 4-11　项目经理的五种权力来源

① 法定权力。法定权力来源于组织的任命。项目经理的法定权力来自上层组织授予项目经理动用资源和管理项目团队的权力，项目结束后，项目经理的法定权力也相应被解除。

② 奖惩权力。奖惩权力包括奖赏和处罚两个方面的权力。它基于法定权力，对他人实施物质与精神的奖励与惩罚，以达成领导者或组织的目标，如加薪、晋升、授予荣誉。奖惩权力不仅限于物质上的、有形的奖励，还包括精神上的激励，如表扬与批评。这是所有领导者的一项重要权力，它能体现领导力的艺术。

③ 专家权力。专家指的是一个人是某个行业或专业领域的意见领袖，是技术上的权威，是大咖级的人物。当人们遇到专业问题时，都愿意倾听他的意见。专家权力与法定权力相对应，它不需要依赖任何的职位和外在的任命，它的影响力来自个人的专业可信度。苏格拉底有一句名言：无论什么情况下，人们总是愿意服从那些他们认为最棒的人。那么，什么是最棒的人？当一个人生病的时候，会服从医生的指示；当人们打官司的时候，最愿意听从律师的意见；当我们下棋或运动时，最愿意听从教练或其他高手的建议。这便是专家的影响力。项目经理如何积累自己的项目经验，不断构建自己的专家权力，也是领导力的一个重要方面。

④ 人格魅力。魅力表现在多个方面，可以是外在的，也可以是内在的。内在的魅力

即人格魅力。人格魅力表现出来的最大特质是奉献，是牺牲，是让别人变得伟大，这是人格魅力的内在本质。人格魅力对项目经理的成功而言，也是至关重要的。

⑤ 参照性权力。参照性权力是借用他人的力量，来提升自己的影响力。越是在没有权力的情况下，一个好的领导者，一个优秀的项目经理，越懂得借用他人的力量。例如，项目经理请公司的老板或其他有影响力的重要人物参加项目的启动会，这便是一种参照性权力的运用。

4. 项目经理的素质和能力要求

由于项目管理本质上是跨专业、跨职能的，所以项目经理必须具备多方面的素质与能力。实践证明，并不是任何人都可以成为合格的项目经理，项目及项目管理的特点要求项目经理具备相应的素质与能力才能圆满地完成项目任务。

（1）良好的道德素质。人的道德观决定人行为处事的准则。项目经理必须具备良好的道德品质。这种道德品质大致可以分为对社会的道德品质、个人行为的道德品质。

（2）健康的身体素质。项目管理的工作负荷要求项目经理要有良好的身体素质。一个庞杂的大规模的项目，从项目计划的制订到执行过程中冲突的解决都需要项目经理参与，这么大的工作负荷没有健康的身体素质是不行的。健康的身体素质不仅指生理素质，也指心理素质。

（3）专业知识能力。项目经理需要掌握项目所在领域的相关专业知识和管理方面知识两方面的知识。

（4）积极的创新能力。由于项目具有的一次性特点，使项目不可能有完全相同的以往经验可以参照，加上激烈的市场竞争要求项目经理必须具备一定的创新能力。

（5）综合管理能力。从技术和管理两个角度来说，项目经理更多的是从事管理工作。而管理工作在很大程度上是关于人的工作。

① 决策能力。一个项目从开始到结束会出现各种各样的问题，如项目的确定、方案的选择等。项目中会有各种各样的决策问题要求用不同的决策方法解决，因此项目经理必须具有很强的决策能力。

② 计划能力。项目经理要在一定约束下达到项目目标，必须有细致、周密的计划，对项目从开始到结束有一个系统的安排。而计划的制订是在项目经理的领导与参与下进行的。同时，项目经理应懂得如何运用计划去指导项目工作。

③ 组织能力。项目经理的组织能力是指设计团队的组织结构，配备团队成员以及确定团队工作规范的能力。所以，这要求拥有较高的组织能力的项目经理，一方面能建立科学、高效、精干的组织结构；另一方面能了解团队成员的心理需要，善于做人的工作，使参加项目的成员为实现项目目标而积极、主动地工作。

④ 领导能力。为了能够使整个团队中的每位成员都能最大程度发挥自身能力，每一个项目经理都应该找到最可能获得成功的领导方式、找出最适合项目经理个性的领导和沟通方式。

⑤ 协调能力。项目经理的协调能力是指正确处理项目内外各方面关系，解决各种矛盾的能力。一方面，项目经理要有较强的能力协调团队中各部门、各成员的关系，全面实施目标；另一方面，项目经理要能够协调项目与社会各个方面的关系，尽可能地为项目的运行创造有利的外部环境，减少或避免各种不利因素对项目的影响，争取项目最大范围的

支持。在协调能力中，对项目经理最重要的是沟通能力。

⑥ 信息能力。项目经理必须具备一定的信息能力，即项目经理要掌握企业内部和外部环境所发生的变化，及时调整战略战术；要能够综合分析各种信息，将其传达给内部各部门；要能代表本企业向上级汇报和向有关部门通报情况。

⑦ 系统的思维能力。系统的思维能力要求项目经理具有分析和综合能力，具有从整体上把握问题的系统思维能力。在运用系统的概念与观点分析处理问题时，把研究的对象作为一个整体来分析。既要注意整体中各部分的相互联系和相互制约关系，又要注意各要素间的协调配合，服从整体优化的要求。要综合考察系统的运动和变化，以保证科学地分析和解决问题。

⑧ 激励能力。项目经理的激励能力就是调动团队成员积极性的能力。项目团队成员有其自身的需求，项目经理要进行需求分析，制定并实施系统的激励与约束制度，对员工的需求进行管理，调动团队成员的工作积极性，从而有效地完成团队任务。

（6）丰富的项目管理经验。项目管理是实践性很强的学科，项目管理的理论方法是科学，但是如何把理论方法应用于实践却是一门艺术。通过不断的项目及项目管理实践，项目经理会增加他对项目及项目管理的悟性，而这种悟性是通过运用理论知识与项目实践的反省而得来的。丰富的项目管理经验不能只局限在相同或相似的项目领域中，而要不断地变换所从事的项目类型，这样才能成为卓越的项目管理专家。

（7）人际关系技能。项目经理的人际关系技能就是与团队内外、上下、左右人员打交道的能力。在项目中经常使用的人际关系技能包括情商、决策和冲突管理等。

① 情商。情商是识别我们自己和他人情绪的能力。这些信息用于指导思维和行为。对个人感受的认可、对他人的感受体现同心理以及采取适当行动的能力是有效沟通、协作和领导力的基石。由于项目由人实施，且为人实施，因此在项目团队环境中，情商（了解自己并有效维持与他人工作关系的能力）至关重要。

② 决策。项目经理和项目团队每天都要作出许多决策。有些决策对于项目成果而言可能无关紧要，例如团队去哪里聚餐；而其他决策则会产生非常大的影响，例如使用什么样的开发方法、使用哪种工具或选择哪个供应商。拥有决策权的主体，无论是项目经理还是项目团队，都会根据所提出的分析并在考虑到利益相关者期望的情况下作出决策。项目团队决策通常遵循发散/汇聚模式，通常是让利益相关者分别参与进来，以避免资深的或有魅力的干系人对其他利益相关者产生不当影响，参与制定一套广泛的备选解决方案或方法。然后，项目团队汇聚在一起确定一个首选的解决方案。这样做的目的是快速作出决策，同时以包容和尊重的方式吸收团队多样化的知识。

③ 冲突管理。项目在动态环境中运行，面临着许多相互排斥的制约因素，包括预算、范围、进度和质量，这可能会导致冲突。通常，人们都希望避免冲突，但并非所有冲突都是负面的。处理冲突的方式既可能导致更多的冲突，也可能启发出更好的决策或更出色的解决方案。项目经理应在冲突已超出有益辩论的范畴而升级之前加以解决，这可带来更好的成果。冲突管理的方法有如下四个：

a. 沟通时要开诚布公且对人要表现出尊重。由于冲突可能会引起焦虑，因此必须保持安全的环境来探索冲突的根源。没有安全的环境，人们就会停止沟通。确保言语、语调和肢体语言不具有威胁性。

b. 聚焦于问题，而不是针对人。之所以会发生冲突，是因为人们对情况有不同看法。应做到对事不对人。重点是解决问题，而不是指责。

c. 聚焦于当前和未来，而不是过去。保持聚焦于当前的情况，而不是过去的情况。如果以前发生过类似的事情，那么旧事重提不会解决当前的问题。事实上，它会进一步加剧当前的冲突情况。

d. 一起寻找备选方案。冲突造成的损害可以通过寻找解决办法和替代方案来加以修复。这样还可以建立更具建设性的关系。这种做法会使冲突进入更有利于解决问题的空间，人们可以共同努力，形成创造性的替代方案。

4.3.2 项目团队

1. 项目团队的概念

项目团队是支持项目经理执行项目工作，以实现项目目标的一组人员。或者说团队就是指为了达到某一确定目标，由分工与合作及不同层次的权力和责任构成的人群。团队的概念包含以下含义：

（1）团队必须具有明确的目标。任何团队都是为目标而建立和存在，目标是团队存在的前提。

（2）没有分工与合作就不能称为团队。分工与合作的关系是由团队目标确定的。

（3）团队要有不同层次的权力与责任。这是由于在分工之后，要赋予每个人相应的权力和责任，以便于实现团队目标。

与一般团队比较，项目团队具有四大关键特性，即目标性、临时性、开放性和多样性。目标性是指项目团队的最终目标非常明确，就是要交出所要求的可交付成果。临时性是由于项目是临时的，项目团队也是临时的，有明确的成立时间和解散时间。开放性是指项目团队的边界是开放而非封闭的，主要体现在：强调凡是对项目有用的人，都是项目团队成员，看得见的团队是显性团队，看不见的团队是隐性团队；在项目生命周期的不同阶段，主要项目相关方会发生变化，显性团队的成员也会发生变化。多样性是由于项目往往是跨专业的、跨部门的，项目团队通常具有多样性。

2. 项目团队的组建

项目团队的组建是指获取完成项目工作所需的人力资源。一般按照以下步骤进行：

（1）进行项目工作分析。该项工作可以通过工作分解结构（WBS）及其工作说明得到。

（2）在工作分析的基础上，了解和定义完成项目各项工作都需要何种角色，这些角色都需要具备哪些技能，何时需要这些角色。

（3）从人力资源信息系统中了解企业有哪些人具备担任这些角色所必需的技能，有哪些人有过类似的经验，有哪些人有合适的时间能够担任这些角色。在此基础上，预选项目组成员。

（4）对这些预选出的成员进行人气/性格、团队角色和谐性分析。团队成员之间性格和角色分配上的和谐性能够弥补许多激励方面的不足。

（5）进行角色分工，初步确定项目团队成员。

（6）判断团队与项目客户及其他利益相关者的性格或人气和谐性。因为项目很少能由项目团队单独完成，它的成功一般需要利益相关者之间的配合。如果初步确定的项目团队成员能够与客户及其他利益相关者在性格或人气方面具有较高的和谐性，或他们拥有的技能能够弥补那些性格或人气方面不足，就可以将其确定为项目团队成员。否则，就需要返回第三步重新进行选择。

3. 项目团队的发展与建设

（1）项目团队的发展。项目团队会经历不同的发展阶段，了解团队在发展过程中所处的阶段有助于项目经理为项目团队及其成长提供支持。下文介绍的塔克曼阶梯模型说明了项目团队如何经历不同的阶段成为高绩效项目团队。

塔克曼布鲁斯（Bruce Tuckman）将团队发展的阶段表述为形成阶段、震荡阶段、规范阶段和成熟阶段。后来 Tuckman 又增加了第五个阶段——解散阶段。

① 形成阶段。项目团队成员首先聚到一起。成员可以相互了解对方的姓名、在项目团队中的地位、技能组合以及其他相关背景信息。这可能发生在开工会议上。

② 震荡阶段。项目团队成员会运用各种方法谋取在团队中的地位。在这个阶段，人们的个性、优点和弱点开始显现。当人们试图弄明白如何共事时，可能会出现一些冲突或斗争。震荡可能会持续一段时间，也可能会相对较快地结束。

③ 规范阶段。项目团队开始作为一个集体运行。此时，项目团队成员知道他们在团队中的地位，以及他们与所有其他成员的关系和互动方式，他们开始合作。随着工作的进展，可能会遇到一些挑战，但这些问题会很快得到解决，项目团队也会采取行动。

④ 成熟阶段。项目团队高效运行。这是成熟的项目团队阶段，合作一段时间的项目团队能够产生协同效应。通过合作，项目团队成员可以完成更多工作，并生产出高质量的产品。

⑤ 解散阶段。项目团队完成工作，然后解散，去处理其他事务。如果项目团队建立了良好的关系，一些项目团队成员可能会对离开项目团队感到难过。

此模型中的项目团队文化开始于形成阶段，并会在其余的发展阶段不断演进。虽然此模型显示了一个线性进展的过程，但项目团队可能会在这些阶段之间来回反复。此外，并非所有项目团队都能达到成熟阶段，有些甚至无法达到规范阶段。

（2）项目团队的建设。建设项目团队的目标包括（但不限于）以下三个：

① 提高团队成员的知识和技能，以提高他们完成项目可交付成果的能力，并降低成本、缩短工期和提高质量；

② 提高团队成员之间的信任和认同感，以提高士气、减少冲突和增进团队协作；

③ 创建富有生气、凝聚力和协作性的团队文化，从而提高个人和团队生产率，振奋团队精神，促进团队合作；促进团队成员之间的交叉培训和辅导，以分享知识和经验；提高团队参与决策的能力，使他们承担起对解决方案的责任，从而提高团队的生产效率，获得更有效和高效的成果。

4. 项目团队的学习与激励

（1）项目团队的学习。项目团队可能会定期开会，以确定他们未来在哪些方面可以做得更好（经验教训），以及他们如何在即将到来的迭代中对过程作出改进和提出质疑（回顾）。工作方式会不断演变，以产生更好的成果。由于项目是临时性的，一旦项目完成，大部分知识就会丢失。关注知识转移对组织而言非常有用，因为它不仅能提供项目所要实现的价值，而且能使组织从运行项目的经验中获得知识。

① 知识管理。在项目期间会有大量的学习。有些学习是针对具体项目的，例如完成特定工作的更快方式。有些学习可以与其他项目团队分享以改进项目成果，例如可以减少缺陷的质量保证方法。还有其他学习可以在整个组织中分享，例如培训用户如何使用新的软件应用程序。

② 显性知识和隐性知识。在整个项目期间，项目团队会开发并分享显性知识。显性知识可以使用文字、图片或数字轻松地进行编辑。例如，达成新过程的步骤是可以记录的显性知识。可以使用信息管理工具（如手册、登记册、网络搜索和数据库）将人员与信息连接起来，以便传递显性知识。

另一种知识是隐性知识。隐性知识由经验、见解和实践知识或技能组成。隐性知识难以表达，因为它无法进行编辑。通过将需要相关知识的人与拥有这些知识的人连接起来，可以分享隐性知识。这可以通过人际交往、访谈、工作跟随、论坛讨论、研讨会或其他类似方法来实现。

③ 优胜基准。团队可以从理论上学习，也可以从实践中学习，而 Benchmarking（优胜基准）就是一种学习方法，最早应用于企业的学习。Benchmarking 就是对产生最佳绩效的、行业最优的经营管理实践的探索。也就是以行业中的领先团队为标准或参照，通过资料收集、分析比较、跟踪学习等一系列规范化程序，改进绩效，赶上并超过竞争对手，成为市场中的领先。项目团队采用此法有利于提高项目团队的竞争力，有助于项目的顺利完成。

根据优胜基准对象所处的领域可以将其划分为四种类型，即内部优胜基准、竞争优胜基准、行业优胜基准以及最优优胜基准。内部优胜基准以本项目团队内部某优秀操作为优胜基准的对象；竞争优胜基准以竞争对手为优胜基准伙伴；行业优胜基准是以与本项目团队相关的行业中的优势项目团队为优胜基准对象；最优优胜基准在选择优胜基准伙伴时，不在意伙伴之间在业务、产品等方面的相同或相似，而将优胜基准的注意力聚焦于工作过程，不管优胜基准对象所从事的行业与自己相似度如何，只要其处理业务过程相似且具有优势地位就可以作为学习的对象。

（2）项目团队的激励。

① 激励模型。激励理论是从分析人的动机和需求出发的，人们会受到不同事物的激励，当受到激励时会表现得更好。了解能激励项目团队成员和其他干系人的因素，有助于对向个人提供的奖励进行裁剪，从而促使他们更有效地参与。有大量模型可以说明人们是如何受到激励的。下文描述了四种模型，但它们只是可用模型中的一小部分。

a. 保健因素和激励因素。弗雷德里克·赫茨伯格（Frederick Herzberg）研究了工作中的激励因素。他认为，工作中的满意和没有满意源于被称为激励因素的状况。激励因素包括与工作内容相关的事项，例如成就、成长和进步。激励因素不足会导致不满意。充分的激励因素会促成满意。

赫茨伯格还确定了与工作相关的保健因素，例如公司政策、薪资和物理环境。如果保健因素不足，就会导致不满意。但即使这些措施非常充分，也不会促成满意。

b. 内在动机与外在动机。Daniel Pink（丹尼尔·平克）指出，虽然薪资等外在奖励在某种程度上是激励因素，但一旦某人的工作得到公平报酬，外在奖励的动力就不复存在。对于复杂而富有挑战性的工作，例如项目的大部分工作，内在激励因素的持续时间更长、效果更好。Pink 识别了三种内在动机：自主、专精和目的。

Ⅰ.自主。自主是指引自己生活的愿望。这与确定如何、在何处和何时完成工作的能力是一致的。自主包括灵活的工作时间、在家工作以及自我选择和自我管理的项目团队。

Ⅱ.专精。专精是指能够有所提高和表现出色。出色地开展工作、学习和实现目标是专精的三个主要方面。

Ⅲ.目的。目的是指能产生影响的需要。了解项目愿景以及工作如何有助于实现这一愿景，可使人们感觉自己正在产生影响。

c. 需要理论。大卫·麦克里兰（David McClellan）的模型表明，所有人都是由成就需要、权力需要和归属需要所驱动。每种"需要"的相对优势取决于个人的经验和文化背景。

Ⅰ.成就需要。受成就（例如实现目标）激励的人，能被具有挑战性和合理性的活动和工作所激励。

Ⅱ.权力需要。受权力激励的人，喜欢组织、激励和领导他人。他们被增加的职责所激励。

Ⅲ.归属需要。受归属激励的人，会寻求认可和归属感。他们能被成为团队一员所激励。

d. X 理论、Y 理论和 Z 理论。道格拉斯·麦格雷戈（Douglas McGregor）设计了 X 理论模型和 Y 理论模型，它们代表着一系列员工激励和相应的管理风格。这些理论后来进行了扩展，形成了 Z 理论。

Ⅰ.X 理论。该模型范围的 X 方面假设个人之所以工作，完全是为了获得收入。他们没有什么抱负，也不以目标为导向。这种管理风格通常出现在生产或劳动密集型环境中，或者出现于存在多层级管理的环境中。

Ⅱ.Y 理论。该模型范围的 Y 方面假设个人有将工作做好的内在动机，相应的管理风格具有更加个性化的教练特点，管理者鼓励创造和讨论。这种管理风格经常出现于富有创造性的环境和知识工作者的环境。

Ⅲ.Z 理论。亚伯拉罕·马斯洛（Abraham Maslow）版本的 Z 理论从超验维度看待工作：在工作中，个人的动机是自我实现、价值观和更强的使命感。在这种情境下，最佳的管理风格是一种可培养洞察力、具有意义的管理风格。

威廉·大内（William Ouchi）版本的 Z 理论侧重于通过创造关注员工及其家人福利的终身工作来激励员工。这种管理方式旨在提高生产率、士气和满意度。

② 激励方式和手段。根据上述的常用激励理论，在项目团队中可以采取如下激励方式和手段：

a. 物质激励和荣誉激励。

b. 参与激励和制度激励。例如，可以参与决策或高层次的活动，通过制度提供行为规范和评价标准。

c. 目标激励和环境激励。例如，在项目执行过程中达到某个项目里程碑后的团队成员的聚会庆祝，以及为团队成员提供优雅舒适的工作环境。

d. 榜样激励和感情激励。为员工举办生日庆祝会和节日拜访员工等，增强团队成员的满足感。

4.4 项目沟通

4.4.1 沟通的内涵及分类

1. 沟通的内涵

沟通是指人与人之间进行交换信息和传达思想的过程。交换的信息可以是想法、指示或情绪。信息交换的方法包括以下六种：

（1）书面形式。实物或电子形式。

（2）口头形式。面对面或远程形式。

（3）正式或非正式形式（用正式纸质或社交媒体）。

（4）手势动作。语调和面部表情。

（5）媒体形式。图片、行动，甚至只是遣词造句。

（6）遣词造句。表达一种想法的词语往往不止一个，且各词语的含义会存在细微差异。

马克思指出："人是一切社会关系的总和……一个人的发展取决于和他直接或间接进行交往的其他一切人的发展"。因此，沟通能力是一个人生存与发展的必备能力，也是决定一个人成功的必要条件。项目经理的大多数时间用于与团队成员和其他项目相关方沟通，包括来自组织内部（组织的各个层级）和组织外部的人员。不同相关方可能有不同的文化和组织背景，以及不同的专业水平、观点和兴趣，而有效的沟通能够在他们之间架起一座桥梁。

2. 沟通的分类

沟通活动可按以下维度进行分类：

（1）内部沟通与外部沟通。内部沟通是针对项目内部或组织内部的相关方。外部沟通是针对外部相关方，如客户、供应商、其他项目、组织、政府、公众和环保倡导者。

（2）正式沟通与非正式沟通。正式沟通指通过项目组织明文规定的渠道，进行信息传递和交流的方式。如报告、正式会议（定期及临时）、会议议程和记录、相关方简报和演示、组织与其他组织的公函来往等。它的优点是沟通效果好，有较强的约束力；其缺点是沟通速度慢。非正式沟通指在正式沟通渠道之外进行的信息传递交流。如社交媒体、网站、小道消息，以及非正式临时讨论的一般沟通活动等。这种沟通的优点是沟通方便、沟通速度快，且能提供一些正式沟通中难以获得的信息；其缺点是容易失真。

（3）官方沟通与非官方沟通。官方沟通，如年报、呈交监管机构或政府部门的报告。非官方沟通是采用灵活（往往为非正式）的手段，来建立和维护项目团队及其相关方对项目情况的了解和认可，并在他们之间建立强有力的关系。

（4）书面沟通与口头沟通。书面沟通是指用书面形式所进行的信息传递和交流，如通知、文件、报纸、杂志、备忘录等。其优点是可以作为资料长期保存，反复查阅。口头沟通就是运用口头表达进行信息交流活动，如谈话、讲演等，其优点是比较灵活、速度快，双方可以自由交换意见，传递消息较为准确。

（5）层级沟通。相关方或相关方群体相对于项目团队的位置将会以如下方式影响信息传递的形式和内容。

① 向上沟通。向上沟通是指下级的意见向上级反映，即自下而上的沟通，针对高层相关方。有两种形式：一是层层传递，即依据一定的组织原则和组织程序逐级向上反映；二是越级反映，它是指减少中间层次，让项目最高决策者与一般员工直接沟通。

② 向下沟通。向下沟通是指领导者对员工进行的自上而下的信息沟通，针对承担项目工作的团队和其他人员。如将项目目标、计划方案等传达给基层群众，发布组织新闻消息，对组织面临的一些具体问题提出处理意见等。这种沟通形式是领导者向被领导者发布命令和指示的过程。

③ 横向沟通。横向沟通是指组织中各平行部门或人员之间的信息交流，针对项目经理或团队的同级人员。在项目实施过程中，经常可以看到各部门之间发生矛盾和冲突，除其他因素外，部门之间互不通气是重要原因之一。保证平行部门之间沟通渠道畅通，是减少部门之间冲突的一项重要措施。

4.4.2 沟通过程的要素及沟通渠道

1. 沟通过程的要素

沟通过程包括五个要素，即沟通主体、沟通客体、沟通介体、沟通环境和沟通渠道。其中，沟通主体是指有目的地对沟通客体施加影响的个人和团体。可以选择和决定沟通客体、沟通介体、沟通环境和沟通渠道，在沟通过程中处于主导地位；沟通客体即沟通对象，包括个体沟通对象和团体沟通对象，是沟通过程的出发点和落脚点，因而在沟通过程中具有积极的能动作用；沟通介体即沟通主体用以影响、作用于沟通客体的中介，包括沟通内容和沟通方法，它使沟通主体与沟通客体间建立联系，以保证沟通过程的正常开展；沟通环境既包括与个体间接联系的社会整体环境（政治制度、经济制度、政治观点、道德风尚、群体结构等），也包括与个体直接联系和影响的区域环境（学习、工作、单位或家庭等）；沟通渠道即沟通介体从沟通主体传达给沟通客体的途径。沟通渠道不仅能使正确的思想观念尽可能全面、准确和快捷地传达给沟通客体，而且还能广泛、及时和准确地收集客体的思想动态和反馈的信息，因而沟通渠道是实施沟通过程和提高沟通功效的重要环节。沟通渠道很多，诸如讨论、开会和座谈等。

2. 沟通渠道

当项目成员为解决某个问题和协调某一方面而在明确规定的组织系统内进行沟通协调工作时，就会选择和组建项目组织内部不同的信息沟通渠道，这些沟通渠道可以影响团体成员的工作效率，也可以影响团体成员的心理和组织气氛。沟通渠道可以分为正式沟通渠道和非正式沟通渠道。

（1）正式沟通渠道。在信息传递中，发送者并非直接把信息传给接收者，中间要经过某些人的转承，这就出现了一个沟通渠道和沟通网络的问题。

沟通的结构形式关系着信息交流的效率，它对班子集体行为、对集体活动的效率都有不同的影响。关于不同的沟通网络如何影响个体和团体的行为，以及各种沟通网络结构的优缺点，巴维拉斯（Bavelas）曾对五种结构形式进行了实验比较，如图 4-12 所示。

图 4-12 所示中的每一个圈可看成是一个成员或组织的同等物，每一种网络形式相当于一定的组织结构形式和一定的信息沟通渠道，箭头表示信息传递的方向。

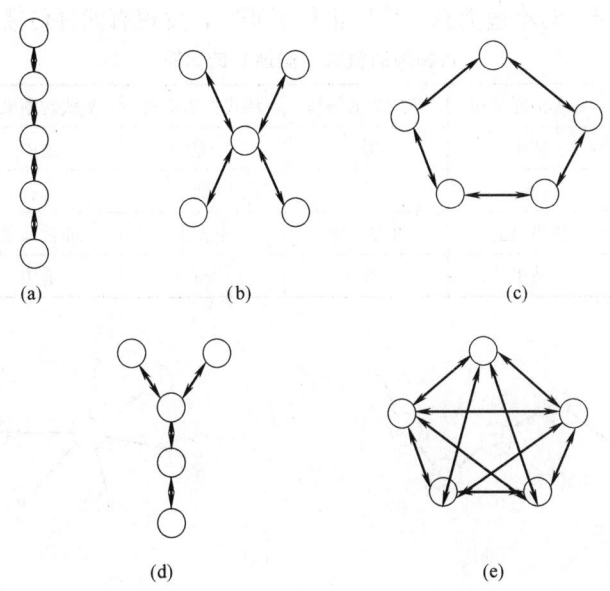

图 4-12　五种沟通渠道

(a) 链式；(b) 轮式；(c) 环式（或圆周式）；(d) Y 式；(e) 全通道式

①链式沟通渠道。在一个组织系统中，它相当于一个纵向沟通渠道，链式网络中的信息按高低层次逐级传递，信息可以自上而下或自下而上的交流。在这个模式中，有五级层次，居于两端的传递者只能与里面的一个传递者相联系，居中的则可以分别与上下互通信息。各个信息传递者所接收的信息差异较大。该模式的最大优点是信息传递速度快，适用于实行分层授权控制的项目信息传递及沟通。

②轮式沟通渠道。在这一模式中，主管人员分别同下属部门发生联系，成为个别信息的汇集点和传递中心。在项目中，这种模式大体类似于一个主管领导直接管理若干部门和权威控制系统。只有处于领导地位的主管人员了解全面情况，并由他向下属发出指令，而下级部门和基层公众之间没有沟通联系，他们只分别掌握本部门的情况。轮式是加强控制、争时间、抢速度的一个有效方法和沟通模式。

③环式（或圆周式）沟通渠道。这种组织内部的信息沟通是指不同成员之间依次联络沟通。这种模式结构可能产生于一个多层次的组织系统之中，第一级主管人员对第二级建立纵向联系，第二级主管人员与底层建立联系，基层工作人员之间与基层主管人员之间建立横向联系。此种沟通模式能提高群体成员的士气，即大家都感到满意。

④Y 式沟通模式。这是一个组织内部的纵向沟通渠道，其中只有一个成员位于沟通活动中心，成为中间媒介与中间环节。

⑤全通道式沟通模式。这种模式（渠道）是一个开放式的信息沟通系统，其中的每一位成员之间都有一定的联系，彼此十分了解。民主气氛浓厚、合作精神很强的组织一般采取这种沟通模式。

巴维拉斯等人根据实验研究，比较了不同沟通模式的优劣。其结果见表 4-3。

（2）非正式沟通渠道。正式沟通渠道只是信息沟通渠道的一部分。在一个组织中，还存在着非正式沟通渠道，有些信息往往是通过非正式渠道传播的，其中包括小道消息。

Keith Davis（戴维斯）对小道消息的传播进行了研究，发现有四种传播方式，见图 4-13。

各种沟通模式（渠道）的比较 表 4-3

沟通模式指标	链式沟通渠道	轮式沟通渠道	环式沟通渠道	Y式沟通渠道	全通道式沟通渠道
解决问题的速度	适中	快	慢	适中	快
正确性	高	高	低	高	适中
领导者的突出性	相当显著	非常显著	不发生	非常显著	不发生
士气	适中	低	高	适中	高

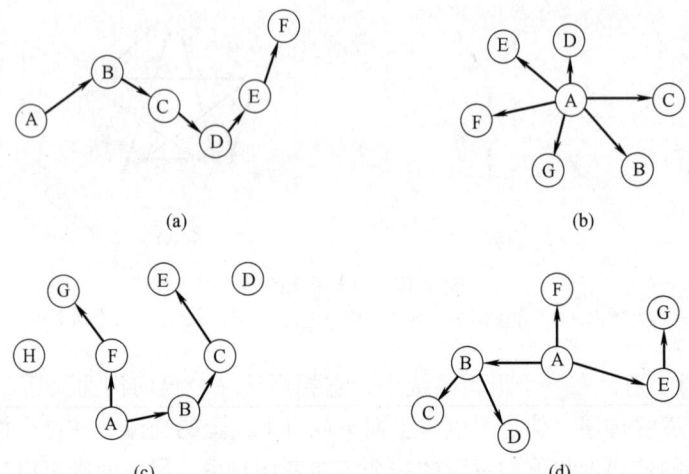

图 4-13　非正式沟通渠道图
(a) 单线式；(b) 流言式；(c) 偶然式；(d) 集束式

① 单线式。消息由 A 通过一连串的人传播给最终的接收者。

② 流言式。流言式又称作闲谈传播式。A 主动把小道消息传播给其他人，如在小组会上传播小道消息。

③ 偶然式。偶然式又称作机遇传播式。消息由 A 在偶然的机会传播给他人，他人又在偶然的机会传播，并无一定的路线。

④ 集束式。集束式又称作群集传播式。它是将消息由 A 有选择地告诉自己的朋友或有关的人，使有关的人也照此办理的信息沟通方式。这种沟通方式最为普遍。

4.4.3　沟通能力、方法与技巧

1. 沟通能力

有效的沟通活动具有沟通目的明确；尽量了解沟通接收方，满足其需求及偏好；监督并衡量沟通的效果等基本属性。

沟通能力包含着表达能力、争辩能力、倾听能力和设计能力（形象设计、动作设计、环境设计）。沟通能力看起来是外在的东西，而实际上是个人素质的重要体现，它关系着一个人的知识、能力和品德。构成沟通能力有两个因素，一是思维是否清晰，能否有效地收集信息，并作出逻辑的分析和判断；二是能否贴切地表达出（无论是口头还是书面）自己的思维过程和结果。前者更重要，没有思维的基础，再好的语言技巧也不可能达到（传

达、说服、影响）预期的效果。

沟通有两个要素：思维与表达；沟通也有两个层面：思维的交流和语言的交流。一般人重视的都是语言的交流，但如果你不了解对方心里此时此刻在想什么，你想得再清楚，讲得再清楚，也达不到沟通的目的。判别沟通能力的强弱有个重要标准，就是能实时把握对方的思维而提前作出反应，使交流从语言层面上升到思维层面。

2. 沟通方法

项目相关方之间用于分享信息的沟通方法有以下三种：

（1）互动沟通。互动沟通就是在两方或多方之间进行的实时多向信息交换。它使用诸如会议、电话、即时信息、社交媒体和视频会议等沟通工具。

（2）推式沟通。推式沟通就是向需要接收信息的特定接收方发送或发布信息。这种方法可以确保信息的发送，但不能确保信息送达目标受众或被目标受众理解。在推式沟通中，可以采用的沟通工件包括信件、备忘录、报告、电子邮件、传真、语音邮件、博客、新闻稿。

（3）拉式沟通。拉式沟通适用于大量复杂信息或大量信息受众的情况。它要求接收方在遵守有关安全规定的前提下自行访问相关内容。这种方法包括门户网站、企业内网、电子在线课程、经验教训数据库或知识库。

项目经理及其团队应该采用不同方法来实现主要沟通需求：

（1）人际沟通。个人之间交换信息，通常以面对面的方式进行。

（2）小组沟通。在三到六名人员的小组内部开展。

（3）公众沟通。单个演讲者面向一群人。

（4）大众传播。信息发送人员或小组与大量目标受众（有时为匿名）之间只有最低程度的联系。

（5）网络和社交工具沟通。借助社交工具和媒体，开展多对多的沟通。

3. 沟通技巧

书面沟通的5C原则（正确、简洁、清晰、连贯、受控）需要用下列沟通技巧来配合：

（1）积极倾听。与说话人保持互动，并总结对话内容，以确保有效的信息交换。

（2）理解文化和个人差异。提升团队对文化及个人差异的认知，以减少误解并提升沟通能力。

（3）识别、设定并管理相关方期望。与相关方磋商，减少相关方社区中的自相矛盾的期望。

（4）强化技能。强化所有团队成员开展以下活动的技能：

① 沟通胜任力。经过裁剪的沟通技能的组合，有助于明确关键信息的目的、建立有效关系、实现信息共享和采取领导行为。

② 反馈。反馈是关于沟通、可交付成果或情况的反应信息。反馈支持项目经理和团队及所有其他项目相关方之间的互动沟通。例如，指导、辅导和磋商。

③ 非口头技能。例如，通过示意、语调和面部表情等适当的肢体语言来表达意思。团队成员应该知道如何通过说什么和不说什么来表达自己的想法。

④ 演示。演示是信息和/或文档的正式交付。向项目相关方明确有效地演示项目信息可包括（但不限于）如下内容：

① 向相关方报告项目进度和信息更新；

② 提供背景信息以支持决策制定；

③ 提供关于项目及其目标的通用信息，以提升项目工作和项目团队的形象；

④ 提供具体信息，以提升对项目工作和目标的理解和支持力度。

为获得演示成功，应该从内容和形式上考虑受众及其期望和需求；项目和项目团队的需求及目标两方面因素。

课程思政案例

一、超级工程——港珠澳大桥成就举世瞩目

（一）案例背景

港珠澳大桥是中国境内一座连接中国香港、广东珠海和澳门特别行政区的桥隧工程，位于中国广东省珠江口伶仃洋海域内，为珠江三角洲地区环线高速公路南环段。港珠澳大桥于2009年12月15日动工建设；于2017年7月7日实现主体工程全线贯通；于2018年2月6日完成主体工程验收；同年10月24日上午9时开通运营。港珠澳大桥全长55km，其中，主体工程包括22.9km的桥梁、6.7km的海底隧道以及连接隧道和桥梁的东西人工岛，工程项目总投资额1269亿元。港珠澳大桥的建设，使珠海、澳门与香港首次实现直接陆路连接，陆路交通时间从3h缩短到40min，为粤港澳大湾区的融合建设奠定坚实的基础。

港珠澳大桥主体工程采用"专责小组——三地联合工作委员会——项目法人（大桥管理局）"三个层面的建设协调与决策管理机制。港珠澳大桥专责小组由国家发展和改革委员会牵头，国家有关部门和粤港澳三方政府组成，负责协调与中央事权有关的事项。三地联合工作委员会由粤港澳三地政府共同组成，广东省人民政府作为召集人，主要协调相关问题并对项目法人进行监管。港珠澳大桥管理局由香港、广东和澳门三地政府共同举办，主要承担大桥主体部分的建设、运营、维护和管理的组织实施等工作。另外由交通运输部牵头组织成立港珠澳大桥技术专家组，为专责小组、三地联合工作委员会和项目法人在重大技术方案、施工方案的论证以及重大施工问题的处理措施等方面提供咨询和技术支持。

（二）案例分析

港珠澳大桥位于伶仃洋海域内，为不破坏海洋生态环境，必须满足阻水率小于10％的目标约束。为此，设计团队创新性地提出了"桥梁＋隧道"的总体设计方案；桥梁和隧道之间需要岛屿进行连接，而该区域内没有天然岛屿，因此必须修建东西人工岛。伶仃洋海域为淤泥地质，在建设人工岛时，如按常规方案即挖掉淤泥，不仅成本高，而且易造成生态污染，为此设计团队提出了圆钢筒围岛方案。海底隧道的建设采用预制沉管隧道，生产沉管隧道需要科学的模板方案。为保障大桥的安全运营，需考虑氯盐锈蚀、地震等多种因素的影响，并提出应对方案和措施。隧岛项目施工由中交联合体中标，圆钢筒的制造由上海振华承担，沉管隧道模板生产由南通振华负责；大连理工大学负责安装沉管隧道试验；中交四航局工程研究院承担抵抗氯盐威胁技术研发；谢红兵工程师团队负责预防地震而研发高阻尼橡胶材料；上海同济大学葛耀军教授团队负责因风引起的共振对大桥安全威胁的影响试验。工程项目的建设就是这样由目标产生任务，由任务决定承担者，由承担者形成组织。不同任务的承担者都需构建自己的项目团队，在满足时间、成本和质量要求下

完成各自任务。高效的项目团队是任务完成的基本保证，项目经理是团队的核心。港珠澳大桥的成功也是一个个团队协作创新的结果。港珠澳大桥建设过程也反映了项目动态实施的过程，项目范围随着项目的进展而发生变化，通过范围计划、范围定义、范围变更控制、范围确认，使整个项目形成一个科学的范围管理控制系统，确保港珠澳大桥建设项目预定目标的实现。在进行范围定义时，核心工作是工作分解结构。港珠澳大桥是一个巨复杂的工程系统，有成千上万个工作包组成。从上层按可交付成果进行分解，港珠澳大桥分解示意图如图 4-14 所示。

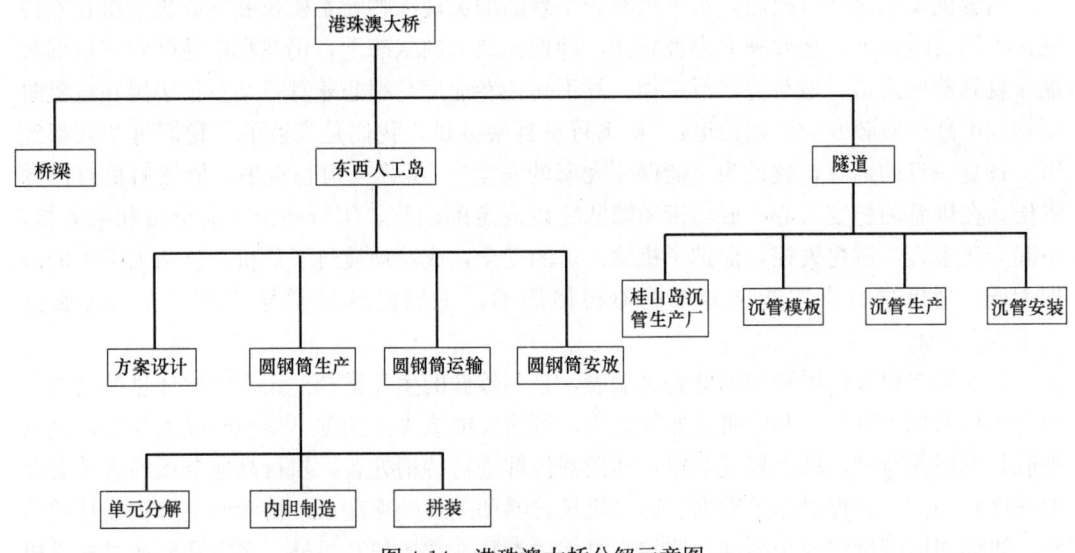

图 4-14 港珠澳大桥分解示意图

港珠澳大桥工程技术要求高，其主体结构物处于深厚软弱地层上，地层分布差异大，抗震设防标准高，全线阻水率要求严格；协调难度大。协调工作包括了粤、港、澳三地之间的合作，以及相关政府部门的协调配合；环境敏感。穿越中华白海豚保护区，需要高度重视对海洋生态和渔业资源的保护。因此，港珠澳大桥在管理机制、建设理念、科研技术等方面进行了一系列的创新，以保障工程建设。

（三）价值思考

在港珠澳大桥建设过程中，面对诸多世界级难题，在中国共产党的坚强领导下，各级政府统筹组织，广大建设者勇于挑战、攻坚克难，自主研发、创新实践，以审慎和专注的态度，经受住无数没有先例的考验，取得了一系列技术突破，获得 1000 多项专利。港珠澳大桥取得的研究成果大范围应用于项目实践，解决了工程推进中的重点难题，对我国大型海通道工程技术进步发挥了重要推动作用。

港珠澳大桥展示了中华民族的智慧，体现出中华民族在改革开放四十多年历程中逢山开路、遇水搭桥的奋斗精神及中华儿女甘于奉献的敬业精神。

二、川航 3U8633 航班紧急迫降事件中的英雄机组

（一）案例背景

2018 年 5 月 14 日，川航 3U8633 航班从重庆至拉萨飞行途中，在 9800m 高空，驾驶

舱右侧风挡玻璃破损脱落，导致座舱失压。随后，机组果断成功处置险情，经过34min的生死搏击后，成功迫降在成都双流机场，119名乘客无一受伤，9名机组人员也只有副驾驶和一名空乘人员受伤。据悉，飞机风挡玻璃脱落，在整个民航历史上此前仅有一次，而且川航这次的危险程度要高得多，称之为"史诗级备降"毫不为过；中国民用航空局和四川省决定，授予川航3U8633航班"中国民航英雄机组"称号，授予机长刘传健"中国民航英雄机长"称号，机组成员均获表彰。

（二）案例分析

当客机发生意外事故后，带领乘客安全着陆的灵魂人物就是机长和乘务长。机长刘传健在极端的险情下，在驾驶室力挽狂澜，即便在缺氧的状态下，仍然牢牢地握着飞机驾驶盘，直到看见跑道。他对待飞行工作一丝不苟，专业度与细心兼具；乘务长毕男在危机时刻临危不乱，坚毅专业，她说道："从飞行员到乘务员，我们是专业的。我们每个人都经历了日复一日的训练，就是为了能保证大家的安全"。尽管也担心害怕，依然肩负自己的责任，在机舱内稳定人心，成功带领团队完成规定的动作，用行动带领安全员和乘务员，一起安抚乘客，避免失控，保护了机舱人员的安全，成功地渡过了危机。这两人强大的心理素质、高超的职业技能素养都是值得佩服的，正如民航局领导所说"你们怎么这么牛啊"。

作为第二机长的梁鹏和副驾驶徐瑞辰，是刘传健的生死搭档。正在客舱休息的梁鹏意识到飞机遇到大麻烦，判定机长非常危险，可能失能或失去知觉。他顶着强大气流冲进驾驶舱，系好安全带，戴上氧气面罩，辅助刘传健进行特情处置，执行高原释压检查等必要的程序和动作，并提供相关数据。第二机长梁鹏和副驾驶徐瑞辰，持续向空管盲发特情信息，协助刘传健确定安全高度，监控飞机相关参数。乘务长和另外4名空乘服务员在飞机突然剧烈抖动和急速坠落，客舱一片混乱的情况下，全都训练有素地开展客舱失压应急处置，保障旅客安全，氧气面罩脱落，通过客舱广播指导旅客使用氧气面罩。安全员持续观察、了解、注视整个客舱旅客的动态，配合客舱机组对全体旅客进行指导、安抚。

（三）价值思考

川航"5·14"事件中，没有任何可供参考的操作，也没有任何有效指示（航班已经和空管失去联系），所面临的几乎每一个条件都是致命的。这不仅在中国民航史上是壮举，在世界民航史上都堪称奇迹。事后民航局调查组发现，在刘传健机长备降的36个操作里，只要有一个失误，都可能导致飞机失去控制，调查组甚至进行了10次类似的模拟飞行测试，结果都是坠机。但刘传健机长却做到了成功迫降！机组之间高度信任、相互鼓励、默契配合，每个人都像钉子一样，坚守岗位，没有人不在状态，没有人惊慌失措，在此过程中充分展现了项目团队的分工协作能力。该航班紧急迫降的成功，充分体现了项目团队成员尤其是机长的专业能力和协作意识，彰显出中国民航人敬畏生命、敬畏规章、敬畏责任的精神。

复习思考题

一、单项选择题

1. 项目（   ）是指确保项目完成全部规定所要做的工作，而且仅仅完成规定要做的工作，从而成功达到项目目标的管理过程。

A. 组织管理　　　　B. 范围管理　　　　C. 进度管理　　　　D. 质量管理

2. EBS 是指（　　　）。

A. 工作分解结构　　　B. 组织分解结构　　C. 合同分解结构　　D. 工程分解结构

3. 按项目划归所有资源，属于横向划分组织结构的是（　　　）组织。

A. 职能式　　　　　　B. 项目式　　　　　C. 矩阵式　　　　　D. 混合式

4. 有横向和纵向两个指令源的组织结构是（　　　）。

A. 职能式　　　　　　B. 项目式　　　　　C. 矩阵式　　　　　D. 混合式

5. 项目经理的权力不包括（　　　）。

A. 项目团队的组建权　　　　　　　　B. 实现项目目标

C. 财务决策权　　　　　　　　　　　D. 项目实施控制权

6. 项目经理在项目中经常使用的人际关系技能不包括（　　　）。

A. 情商　　　　　　　B. 决策　　　　　　C. 组织　　　　　　D. 冲突解决

二、多项选择题

1. 项目范围管理的内容主要包括（　　　）。

A. 项目范围规划　　　　B. 项目范围定义　　　　C. 项目范围验收

D. 范围变更控制　　　　E. 组织范围变化

2. 编制 WBS 的方法包括（　　　）。

A. 基于组织的分解结构　　B. 基于功能的分解结构　　C. 基于成果的分解结构

D. 基于工作过程的分解结构　　E. 基于合同的分解结构

3. 职能式组织的优点包括（　　　）。

A. 有利于企业技术水平的提升

B. 资源利用的灵活性与低成本

C. 能够关注客户

D. 有利于专业人员晋升

E. 目标明确及统一指挥

4. 根据戴维斯（Keith Davis）的研究，非正式沟通渠道有（　　　）。

A. 单线式　　　　　　B. 全通道式　　　　　C. 流言式

D. 偶然式　　　　　　E. 集束式

三、思考题

1. 工作分解结构的建立应注意哪些问题？

2. 企业中的项目组织结构有哪几种类型？各自的适用条件是什么？

3. 根据塔克曼阶梯模型，项目团队发展分为哪些阶段？

4. 沟通过程包括哪些要素？

5. 结合项目经理的责任和权力，谈谈你对项目经理应具有的素质和能力的认识。

第5章 项目目标管理

5.1 项目进度管理

5.1.1 项目进度管理综述

在全面分析项目的工作内容、工作程序、持续时间和逻辑关系的基础上编制进度计划，力求使拟定的计划具体可行、经济合理，并在计划实施过程中，通过采取有效措施，为确保预定进度目标的实现而进行的组织、指挥、协调和控制（包括必要时对计划进行调整）等活动，称之为项目的进度管理。项目进度管理包括两大部分内容，即项目进度计划的编制和项目进度计划的控制。

进度计划是表达项目中各项工作、工序的开展顺序、开始及完成时间及相互衔接关系的计划。通过进度计划的编制，使项目实施形成一个有机整体。进度计划是进度控制的依据。

项目进度控制是指制订项目进度计划以后，在项目实施过程中，对实施进展情况进行的检查、对比、分析、调整，以确保项目进度计划总目标得以实现的活动。

在项目实施过程中，必须经常检查项目的实际进展情况，并与项目进度计划进行比较。如果实际进度与计划进度相符，则表明项目完成情况良好，进度计划总目标的实现有保证。如果实际进度已偏离了计划进度，则应分析产生偏差的原因和对后续工作及项目进度计划总目标的影响，找出解决问题的办法和避免进度计划总目标受影响的切实可行的措施，并根据这些办法和措施，对原项目进度计划进行修改，使之符合现在的实际情况并保证原项目进度计划总目标得以实现。然后再进行新的检查、对比分析、调整，直至项目最终完成。

项目进度计划系统是由多个相互关联的进度计划组成的系统，它是项目进度控制的依据。由于各种进度计划编制所需要的必要资料是在项目进展过程中逐步形成的，因此项目进度计划系统的建立和完善也有一个过程，它是逐步形成的。

根据项目进度控制不同的需要和不同的用途，业主方和项目各参与方可以构建多个不同的项目进度计划系统。如：由不同深度的进度计划构成的计划系统，包括总进度计划、项目子系统进度计划和项目子系统中的单项工程进度计划等。

由不同功能的进度计划构成的计划系统，包括控制性进度计划、指导性进度计划和实施性进度计划等。由不同项目参与方的进度计划构成的计划系统，包括业主方编制的整个项目实施的进度计划、设计进度计划、施工和设备安装进度计划和采购和供货进度计划等。

在工程项目进度计划系统中，各进度计划或各子系统进度计划编制和调整时必须注意其相互间的联系和协调，如：

（1）总进度计划、项目子系统进度计划与项目子系统中的单项工程进度计划之间的联系和协调；

（2）控制性进度计划、指导性进度计划与实施性进度计划之间的联系和协调；

（3）业主方编制的整个项目实施的进度计划、设计方编制的进度计划、施工和设备安装方编制的进度计划与采购和供货方编制的进度计划之间的联系和协调等。

5.1.2 项目进度管理的工具与方法

项目进度计划编制的工具主要包括横道图、里程碑计划图等。

1. 横道图与里程碑计划图

（1）横道图。横道图也称为甘特图、条线图，是美国人甘特（Gantt）提出，经长期应用与改进，已成为一种被广泛应用的进度计划表示方法。甘特图是一个二维平面图，横维表示进度或活动时间，纵维表示工作包内容，图中的横道线显示了每项工作的开始时间和结束时间，横道线的长度表示了该项工作的持续时间。甘特图的时间维决定着项目计划粗略的程度，根据项目计划的需要，可以以小时、天、周、月等作为度量项目进度的时间单位，如图 5-1 所示。

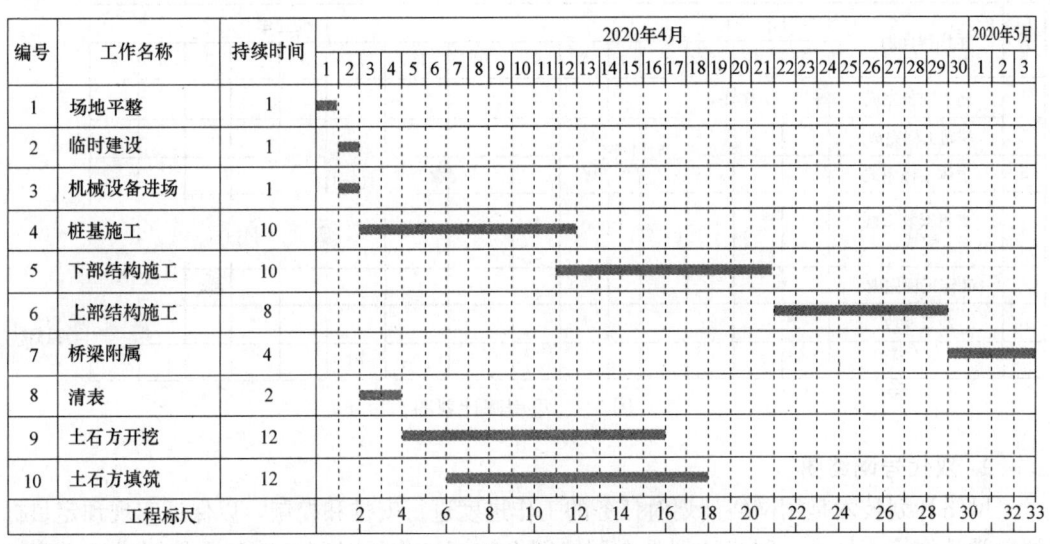

图 5-1 横道图示意

横道图有如下优点：

① 它能够清楚地表示活动的开始时间、结束时间和持续时间，一目了然，易于理解，并能够为各层次的人员（上至战略决策者，下至基层的操作工人）所掌握和运用。

② 使用方便，制作简单。

③ 不仅能够安排工期，而且可以与劳动人力计划、材料计划和资金计划相结合。

横道图存在以下不足：

① 难以清晰表达工程活动之间的关系。如果一个活动提前或推迟，或延长持续时间，很难分析出它会影响哪些后续的活动。

② 不能表示活动的重要性，如哪些活动是关键的，哪些活动有推迟或拖延的余地。

③ 不能用计算机处理，即对一个复杂的工程不能进行工期计算，更不能进行工期方案的优化。

（2）里程碑计划图。里程碑计划是以项目中某些重要事件的完成或开始时间点作为基准所形成的计划，是一个战略计划或项目框架。它显示了项目为达到最终目标而必须经过的条件或状态序列。项目的里程碑事件通常是项目的重要阶段或重要工程活动的开始或结束，是项目生命期中关键的事件。里程碑事件通常与项目的阶段结果相联系，作为项目的控制点、检查点和决策点。里程碑作为完成阶段性工作的标志，在项目管理中具有重要意义。首先，对一些复杂的项目，需要逐步逼近目标，里程碑产出的中间"交付物"是每一步逼近的结果，也是控制的对象。如果没有里程碑，中间想知道"他们做得怎么样了"是很困难的。其次，可以降低项目风险。通过早期评审可以提前发现需求和设计中的问题，降低后期修改和返工的可能性。再次，人在工作时一般有"前松后紧"的习惯，而里程碑则强制规定在某时间做什么，从而能够合理分配工作，细化管理。

对于项目的高层管理者，掌握项目的里程碑事件的安排对进度管理是十分重要的。他们确定进度目标、审查进度计划、进度控制就是以项目的里程碑时间为对象，如图 5-2 所示。

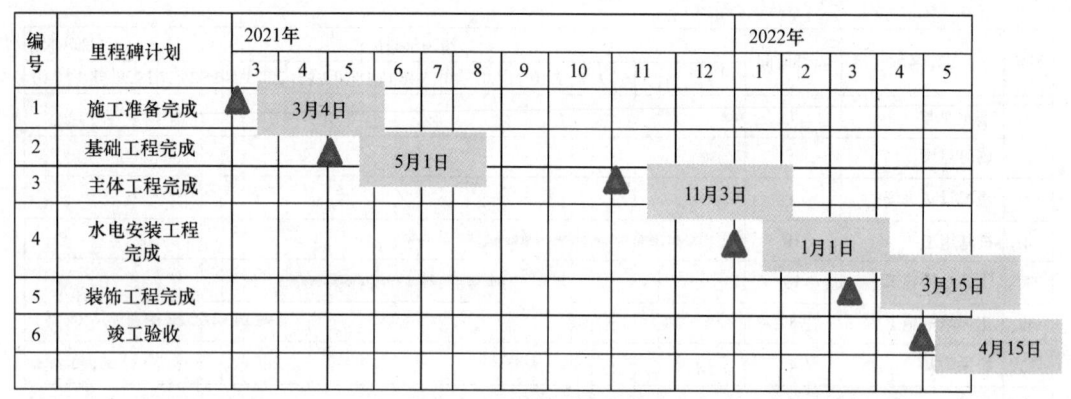

图 5-2　里程碑计划图

2. 双代号网络图

网络计划技术是用网络计划对任务的工作进度进行安排和控制，以保证实现预定目标的科学计划管理技术。网络计划是在网络图上加注工作的时间参数等而编制成的进度计划。网络计划技术既是一种科学的计划方法，又是一种有效的科学管理方法。这种方法不仅能完整地揭示一个项目所包含的全部工作以及它们之间的关系，而且还能根据数学原理，应用最优化技术，揭示整个项目的关键工作并合理地安排计划中的各项工作。

若按网络的结构不同，可以把网络计划分为双代号网络和单代号网络；双代号网络图又可以分为普通双代号网络图和时标网络图，单代号网络图又可以分为普通单代号和单代号搭接网络。

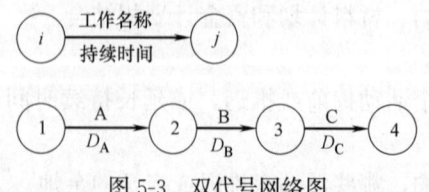

图 5-3　双代号网络图

（1）双代号网络图的概念。双代号网络图由箭线、节点、线路三个基本要素所组成，其中每一项工作都用一根箭线和两个节点来表示，"双代号"即由此而来，如图 5-3 所示。

① 箭线。在双代号网络中，箭线表示工作，箭尾表示工作的开始，箭头表示工作的完成。工作通常可以分为以下两种：

a. 需要消耗时间和资源的工作。这类工作称为实工作，在网络图中用实箭线表示，一般在箭线的上方标出工作的名称，在箭线的下方标出工作的持续时间。

b. 既不消耗时间，也不消耗资源的工作。这类工作称为虚工作，在网络图中用虚箭线表示。虚工作是虚设的，只表示相邻工作之间的逻辑关系。

② 节点。网络图中，在箭线的发出和交会处画上圆圈，用以标志该圆圈前面工作的结束和允许后面工作的开始，该圆圈就称为节点。节点的主要作用是连接箭线。

根据节点所在位置，节点可分为以下三种类型：

a. 起点节点。网络图中的第一个节点称为起点节点，它意味着一个项目或任务的开始。起点节点只有一个。

b. 终点节点。网络图中的最后一个节点叫作终点节点，它意味着项目或任务的完成。

c. 中间节点。网络图中的其他节点称为中间节点。

根据节点所在箭线的位置，节点又可分为以下两种类型：

a. 箭尾节点。位于箭线尾部的节点。

b. 箭头节点。位于箭线头部的节点。

在网络图中，就一个节点来说，可能有许多箭线通向该节点，这些箭线就称为内向箭线或内向工作；若由同一个节点发出许多箭线，这些箭线称为外向箭线或外向工作。

节点的时间内涵：不同类型的节点具有不同的时间内涵。起点节点标志着整个网络计划和相关工作开始的时刻；终点节点标志着整个网络计划和相关工作完成的时刻；箭尾节点标志着相应工作开始的时刻，箭头节点标志着相应工作结束的时刻；中间节点标志着内向工作的完成和外向工作开始的时刻。

③ 线路。从起点节点开始，沿着箭线的方向连续通过一系列箭线与节点，最后到达终点节点的通路称为线路。如图 5-4 所示。每一条线路都有自己确定的完成时间，它等于该线路上各项工作持续时间总和，该工作持续时间总和也可称为路长。

根据路长的大小，线路可分为关键线路、次关键线路和非关键线路。

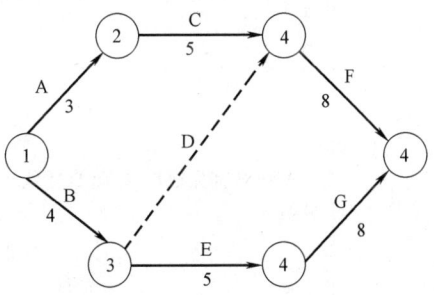

图 5-4　双代号网络线路图

a. 关键线路。路长最长的线路称为关键线路或主要矛盾线。位于关键线路上的所有工作称为关键工作。关键工作完成的快慢直接影响整个项目工期的实现。关键线路往往不止一条，可能同时存在若干条关键线路，即这几条线路的的路长相同；关键线路并不是一成不变的，在一定条件下，由于干扰因素的影响，关键线路可能会发生变化，这种变化可能体现在两个方面：一是关键线路的数量增加了；二是关键线路和非关键线路可能会互相发生转化。

例如，非关键线路上的某些工作的持续时间拖延了，使得相关线路的路长超出了关键线路的路长，则该线路就转化为关键线路，而原来的关键线路就转化为非关键线路。

b. 次关键线路。次关键线路的路长仅次于关键线路。该线路最容易转化为关键线路。

c. 非关键线路。除了关键线路和次关键线路之外的其他所有线路均称为非关键线路。

（2）双代号网络图的绘制。项目中所含工作之间的先后关系称为逻辑关系。逻辑关系又分为两类：一是客观存在的工艺关系，通常不能改变；二是人为确定的组织关系，可以优化。

网络图要正确反映逻辑关系。针对某具体工作，须解决三个问题：第一，该项工作必须在哪些工作之前进行；第二，该项工作必须在哪些工作之后进行；第三，该项工作可以和哪些工作平行进行。

双代号网络中有五种基本的逻辑关系的表达方法，如表 5-1 所示。

双代号网络中的五种基本的逻辑关系及其表示方法　　　　　　　　表 5-1

序号	工作之间的逻辑关系	表示方法
1	A 完成后 B 才能开始，B 完成后 C 才能开始	
2	A 完成后，B 和 C 同时开始	
3	A 和 B 都完成后，C 才能开始	
4	A 和 B 都完成后，C 和 D 才能开始	
5	A 完成后，B 才能开始，A 和 C 都完成后，D 才能开始	

在双代号网络图中，为正确表达逻辑关系，需应用虚箭线。虚箭线在双代号网络图的逻辑表达中主要起连接、断路和区分的作用。

① 连接作用。如表 5-1 所示中的第 5 种逻辑关系，如果有两工作有共同的紧后工作，且只要其中一工作有独立的紧后工作，必须应用虚工作进行连接。

② 断路作用。断路作用是用虚箭线断掉多余连接，如图 5-5（a）所示中，三层楼的装饰装修，分为三个施工段，立门和抹灰两道工序，自上而下流水施工。图中一层的立门窗同三层的墙面抹灰之间本没有联系，但从图 5-5（a）所示中一层的立门是要在三层的抹灰完成后才能开始，因此需要在第二层的立门与第二层的抹灰之间增加一条虚工作将三层的抹灰与一层的立门关系断开，如图 5-5（b）所示。

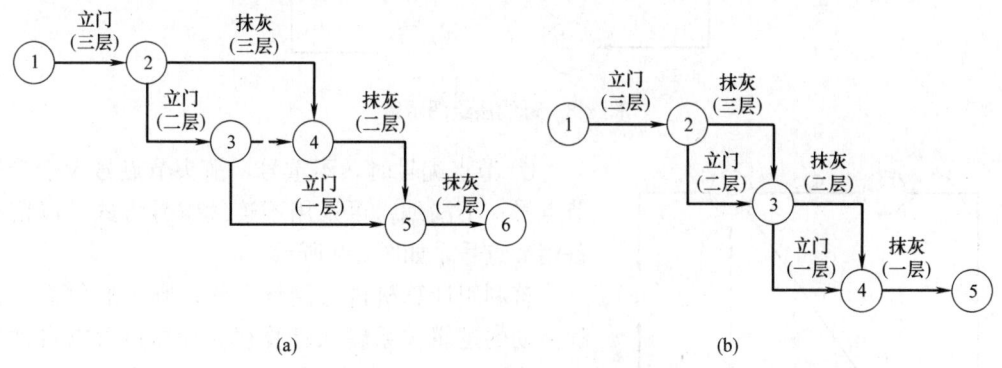

图 5-5　装饰工程双代号计划

③ 区分作用。区分作用是指双代号网络图中每一项工作都必须用一条箭线和两个代号表示，若两项工作的代号相同时，应用虚工作加以区分。

如图 5-6（a）所示中，A 与 B 工作有完全相同的起点节点和终点节点，无法区分，这时需要加虚箭线区分，如图 5-6（b）所示。

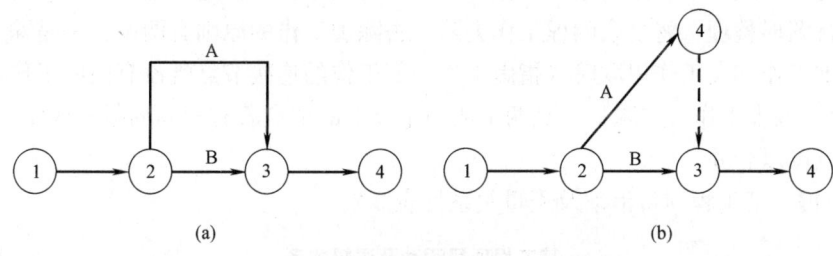

图 5-6　双代号网络图平行工作示意图

双代号网络图绘制需遵守以下规则：
① 禁止出现循环回路。
② 不允许出现双向箭头或无箭头的连线。
③ 不允许出现无箭头节点或无箭尾节点的箭线。
④ 在双代号网络图中，只有一个起点节点和一个终点节点。
⑤ 绘制网络图时，箭线不宜交叉，当交叉不可避免时，可采用过桥法（暗桥法），如图 5-7 所示。
⑥ 网络图中某些工作有多个紧前或紧后工作时，采用母线法绘图，如图 5-8 所示。

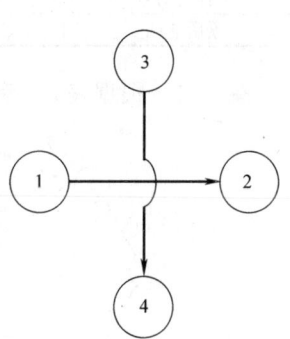

图 5-7　双代号网络图交叉工作表示——过桥法

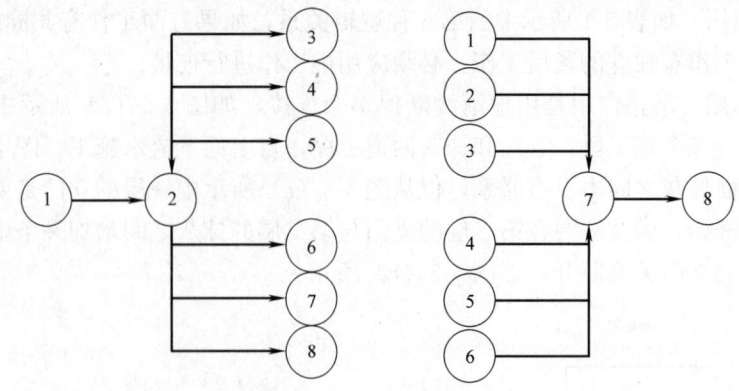

图 5-8　母线法绘图示意

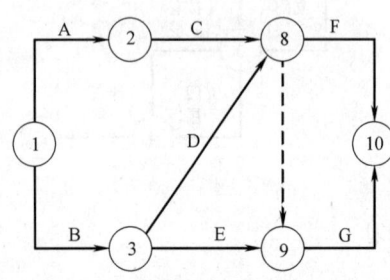

图 5-9　双代号网络计划编号示意

⑦ 节点编号时，不重号，箭头节点号大于箭尾节点号；不漏编；可采用不连续编号方式，以留出备用节点号，如图 5-9 所示。

若利用计算机进行网络分析，则人们仅需将工程活动的逻辑关系输入计算机。计算机可以自动绘制网络图，并进行网络分析。但有些小的项目或一些子网络仍需要人工绘制和分析。

在双代号网络的绘制过程中，有效且灵活地使用虚箭线是十分重要的。双代号网络图的绘制容易出现逻辑关系的错误，防止错误的关键是正确使用虚箭线。一般根据项目工作关系表，当某个工作有两个或两个以上的紧后工作时，可以先利用虚工作进行连接，待所有的活动画完后再进行图形整理，将多余的虚工作去除。去除虚工作的原则有两条：一是除了平行工作外，当虚工作和实工作串联时（指虚工作与实工作的连接节点既没有内向工作，也没有外向工作），该虚工作可去除；二是两个或两个以上的节点若有相同的紧前或紧后工作时，这样的节点可以合并。

【例 5-1】　某工程项目活动及逻辑关系见表 5-2。

某工程项目活动及逻辑关系　　　　　　　　　　　　　　　表 5-2

工程活动号	A	B	C	D	E	F
紧后活动	C、D	E、F	E、F	G、H	G、H	H

解：（1）根据表 5-2 利用虚工作的隔离作用可绘制出如图 5-10 所示的双代号网络图。

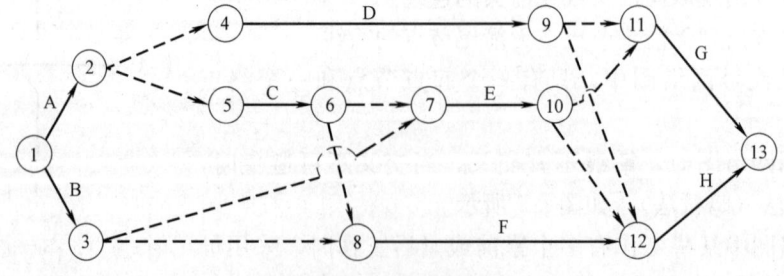

图 5-10　初次布置示意

136

（2）利用上文所述的第一条去除虚工作的原则对图5-10进行简化，将图5-10所示中的2—4与2—5两条虚工作去除后，如图5-11所示。

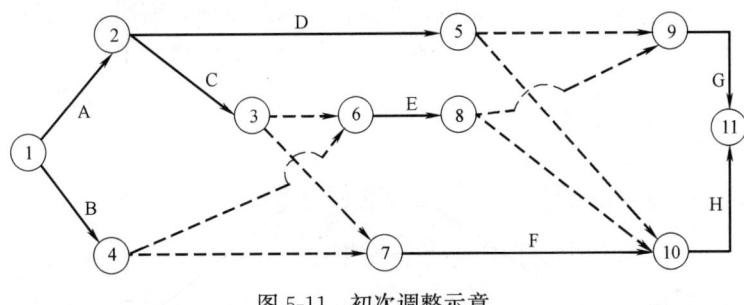

图5-11 初次调整示意

（3）利用去除虚工作的第二条简化原则，将图5-11所示中的3号节点与4号节点合并，5号节点与8号节点合并，简化后的网络图如图5-12所示。

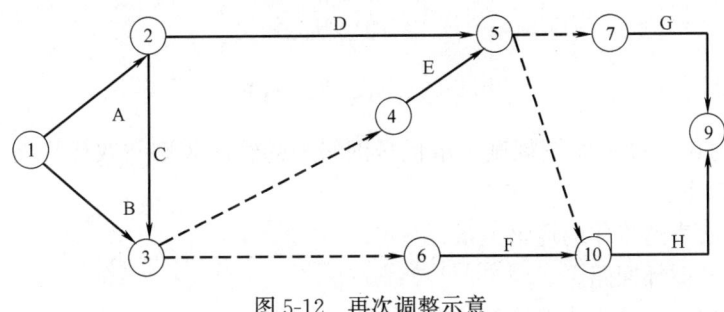

图5-12 再次调整示意

（4）针对图5-12所示中的虚工作，利用第一条简化原则进行简化，结果如图5-13所示。

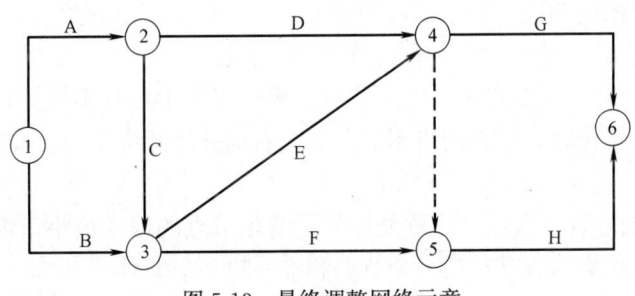

图5-13 最终调整网络示意

3. 单代号网络图

（1）单代号网络图的概念。与双代号网络图一样，单代号网络图也是由节点、箭线、线路组成的，但其含义则与双代号网络不完全相同。

① 节点。节点及其编号用于表达一项工作。该节点宜用圆圈或矩形表示，也可以用不规则形状表示，如图5-14所示。

② 箭线。箭线表示两个相邻工作之间的逻辑关系，即紧前工作和紧后工作之

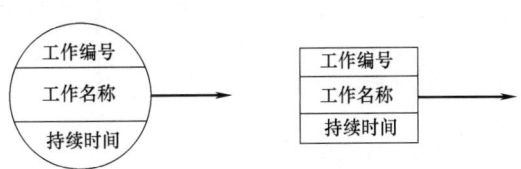

图5-14 单代号网络图中节点的表示方法

137

间的关系。

③ 线路。线路的概念和意义与双代号的相同。

（2）单代号网络图逻辑关系的表达。在单代号网络图中，箭尾节点表示的工作是箭头节点的紧前工作；反之，箭头节点表示的工作是箭尾节点的紧后工作。

例如，若 A 工作是 B 和 C 工作的紧前工作，D 工作是 B 和 C 工作的紧后工作，则其单代号网络图如图 5-15 所示。

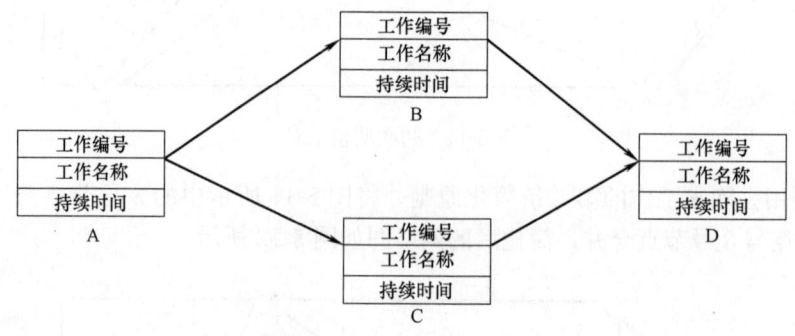

图 5-15　单代号网络示意

（3）单代号网络图的绘图规则。单代号网络图的绘图规则与双代号网络图的基本相同，主要规则如下：

① 必须正确表达工作的逻辑关系。

② 严禁出现循环回路。

③ 不能出现双向箭头或无箭头的连线。

④ 不能出现无箭尾节点的箭线或无箭头节点的箭线。

⑤ 绘制网络图时，箭线不宜交叉；若交叉不可避免时，可采用过桥法或指向法，其画法与双代号网络图的相同。

⑥ 箭线的形状为直线或折线，箭线的方向取正向。

⑦ 只能有一个起点节点和一个终点节点；当网络图中出现多项无内向箭线的工作或多项无外向箭线的工作时，应在网络图的左端或右端分设网络图的起点节点（St）和终点节点（F_{in}）。

⑧ 节点必须编号，并满足严禁重复编号，箭尾节点的编号应小于箭头节点的编号等基本要求。一项工作必须有唯一的一个节点和唯一的一个编号。

【例 5-2】　根据如表 5-3 所示的某项目分析表，绘制其单代号网络图。

现浇混凝土水池项目分析表　　　　　　　　　　　　　表 5-3

序号	工作名称	工作代号	紧后工作	持续时间（天）
1	挖土	A	B	3
2	垫层	B	E 和 F	2
3	材料准备	C	D	4
4	构配件加工	D	F	4
5	仓面准备	E	G	7
6	模板、钢筋安装	F	G	10
7	浇筑混凝土	G	—	3

解： 根据表5-3，按照单代号网络图的绘图规则绘制单代号网络图，如图5-16所示。

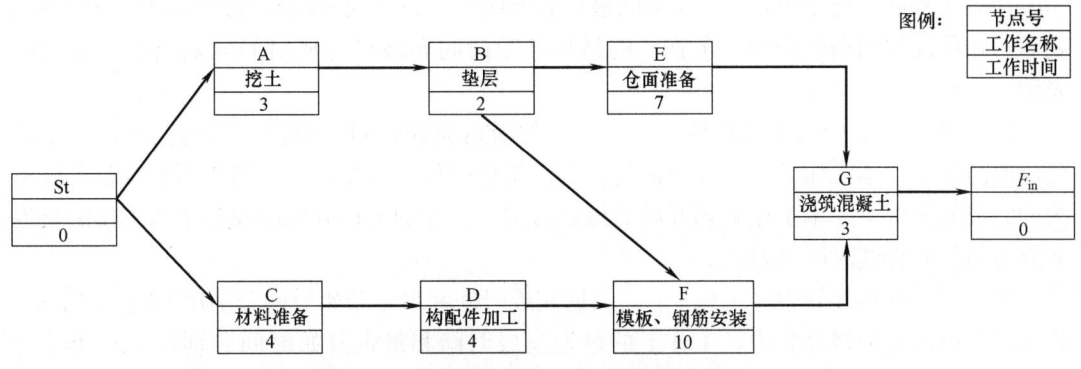

图 5-16　现浇混凝土水池项目单代号网络图

4. 网络计划时间参数计算

（1）网络计划的时间参数。所谓时间参数，是指网络计划、工作及节点所具有的各种时间值。

① 工作持续时间和工期。

a. 工作持续时间。工作持续时间是指一项工作从开始到完成的时间。在双代号网络计划中，工作 i-j 持续时间用 D_{ij} 表示；在单代号网络计划中，工作 i 的持续时间用 D_i 表示。在网络计划中，各项工作的持续时间是计算网络计划时间参数的基础，所以应首先确定各项工作的持续时间。对于一般肯定型网络计划，工作持续时间的确定方法有参照以往实践经验估算、经过试验估算和通过定额进行计算。

b. 工期。工期泛指完成一项任务所需要的时间。在网络计划中，工期一般有以下三种：

- 计算工期：根据网络计划时间参数计算而得到的工期，用 T_c 表示。
- 要求工期：任务委托人所提出的指令性工期，用 T_r 表示。
- 计划工期：根据要求工期和计算工期所确定的作为实施目标的工期，用 T_p 表示。

当已规定了要求工期时，计划工期不应超过要求工期，即

$$T_p \leqslant T_r$$

当未规定要求工期时，可令计划工期等于计算工期，即

$$T_p = T_r$$

② 节点的时间参数。

a. 节点最早时间。节点最早时间是指在双代号网络计划中，以该节点为开始节点的各项工作的最早开始时间。节点 i 的最早时间用 ET_i 表示。

b. 节点最迟时间。节点最迟时间是指在双代号网络计划中，以该节点为完成节点的各项工作的最迟完成时间。节点 i 的最迟时间用 LT_i 表示。

③ 工作时间参数。除工作持续时间外，网络计划中工作的六个时间参数如下：

a. 最早开始时间和最早完成时间。工作的最早开始时间是指在其所有紧前工作全部完成后，本工作有可能开始的最早时刻。工作的最早完成时间是指在其所有紧前工作全部完成后，本工作有可能完成的最早时刻。工作的最早完成时间等于本工作的最早开始时间

与其持续时间之和。

在双代号网络计划中，工作 $i\text{-}j$ 的最早开始时间和最早完成时间分别用 $ES_{i\text{-}j}$ 和 $EF_{i\text{-}j}$ 表示；在单代号网络计划中，工作 i 的最早开始时间和最早完成时间分别用 ES_i 和 EF_i 表示。

b. 最迟完成时间和最迟开始时间。工作的最迟完成时间是指在不影响整个任务按期完成的前提下，本工作必须完成的最迟时刻。工作的最迟开始时间是指在不影响整个任务按期完成的前提下，本工作必须开始的最迟时刻。工作的最迟开始时间等于本工作的最迟完成时间与其持续时间之差。

在双代号网络计划中，工作 $i\text{-}j$ 的最迟完成时间和最迟开始时间分别用 $LF_{i\text{-}j}$ 和 $LS_{i\text{-}j}$ 表示；在单代号网络计划中，工作 i 的最迟完成时间和最迟开始时间分别用 LF_i 和 LS_i 表示。

c. 总时差和自由时差。工作的总时差是指在不影响总工期的前提下，本工作可以利用的机动时间。

工作的自由时差是指在不影响其紧后工作最早开始时间的前提下，本工作可以利用的机动时间。

在双代号网络计划中，工作 $i\text{-}j$ 的总时差和自由时差分别用 $TF_{i\text{-}j}$ 和 $FF_{i\text{-}j}$ 表示；在单代号网络计划中，工作 i 的总时差和自由时差分别用 TF_i 和 FF_i 表示。

④ 相邻两项工作之间的时间间隔。相邻两项工作之间的时间间隔是指本工作的最早完成时间与其紧后工作最早开始时间之间可能存在的差值。工作 i 与工作 j 之间的时间间隔用 $LAG_{i,j}$ 表示。

（2）双代号网络计划时间参数计算。网络计划时间参数的计算有分析计算法、图上计算法、表上计算法、节点标注法，各种方法计算的原理基本相同。这里主要介绍图上计算法以及图上计算法的标注与计算公式。图上计算法一般采用"六时标注法"，如图 5-17 所示。

【例 5-3】 下面以图 5-18 所示双代号网络计划为例，说明按图上计算法计算时间参数的过程。其计算结果如图 5-19 所示。

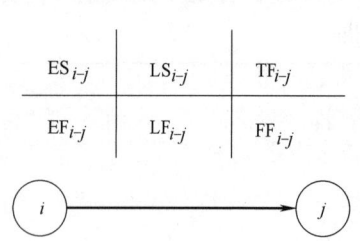

图 5-17 图上计算六时标注法示例

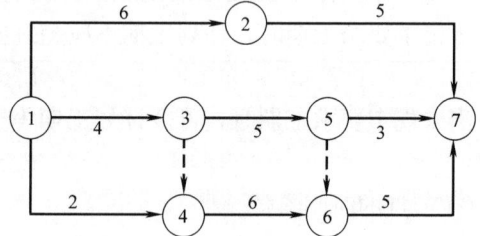

图 5-18 双代号网络计划示例

解：（1）计算工作的最早开始时间和最早完成时间

工作最早开始时间和最早完成时间的计算应从网络计划的起点节点开始，顺着箭线方向依次进行。其计算步骤如下：

① 以网络计划起点节点为开始节点的工作，当未规定其最早开始时间时，其最早开始时间为零。在图 5-18 所示中，工作 1-2、工作 1-3 和工作 1-4 的最早开始时间都为零，即

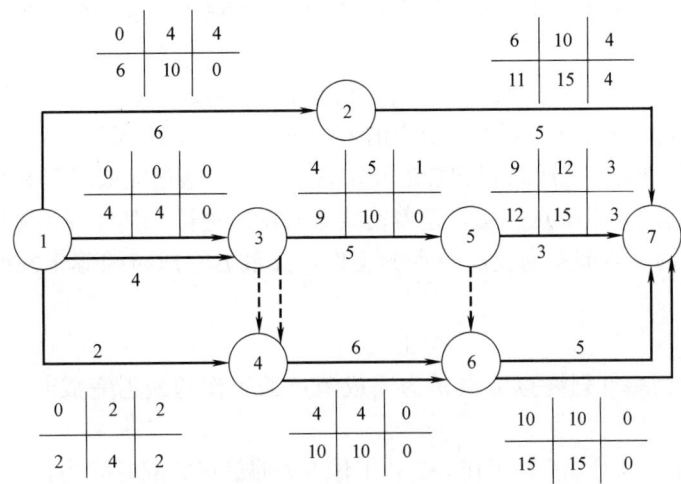

图 5-19 双代号网络计划（六时标注法）

$$\mathrm{ES}_{1\text{-}2}=\mathrm{ES}_{1\text{-}3}=\mathrm{ES}_{1\text{-}4}=0$$

② 工作的最早完成时间可利用式（5-1-1）进行计算：

$$\mathrm{EF}_{i\text{-}j}=\mathrm{ES}_{i\text{-}j}+D_{i\text{-}j} \tag{5-1-1}$$

式中，$\mathrm{EF}_{i\text{-}j}$ 为工作 $i\text{-}j$ 的最早完成时间；$\mathrm{ES}_{i\text{-}j}$ 为工作 $i\text{-}j$ 的最早开始时间；$D_{i\text{-}j}$ 为工作 $i\text{-}j$ 的持续时间。

在图 5-18 所示中，工作 1-2、工作 1-3 和工作 1-4 的最早完成时间分别为：

工作 1-2：$\mathrm{EF}_{1\text{-}2}=\mathrm{ES}_{1\text{-}2}+D_{1\text{-}2}=0+6=6$

工作 1-3：$\mathrm{EF}_{1\text{-}3}=\mathrm{ES}_{1\text{-}3}+D_{1\text{-}3}=0+4=4$

工作 1-4：$\mathrm{EF}_{1\text{-}4}=\mathrm{ES}_{1\text{-}4}+D_{1\text{-}4}=0+2=2$

③ 其他工作的最早开始时间应等于其紧前工作最早完成时间的最大值，即

$$\mathrm{ES}_{i\text{-}j}=\max\{\mathrm{EF}_{h\text{-}i}\}=\max\{\mathrm{ES}_{h\text{-}i}+D_{h\text{-}i}\} \tag{5-1-2}$$

式中，$\mathrm{ES}_{i\text{-}j}$ 为工作 $i\text{-}j$ 的最早开始时间；$\mathrm{EF}_{h\text{-}i}$ 为工作 $i\text{-}j$ 的紧前工作 $h\text{-}i$（非虚工作）的最早完成时间；$\mathrm{ES}_{h\text{-}i}$ 为工作 $i\text{-}j$ 的紧前工作 $h\text{-}i$（非虚工作）的最早开始时间；$D_{h\text{-}i}$ 为工作 $i\text{-}j$ 的紧前工作 $h\text{-}i$（非虚工作）的持续时间。

在图 5-18 所示中，工作 3-5 和工作 4-6 的最早开始时间分别为：

$$\mathrm{ES}_{3\text{-}5}=\mathrm{EF}_{1\text{-}3}=4$$

$$\mathrm{ES}_{2\text{-}6}=\max\{\mathrm{EF}_{1\text{-}3},\mathrm{EF}_{1\text{-}4}\}=\max\{4,2\}=4$$

④ 网络计划的计算工期应等于以网络计划终点节点为完成节点的工作的最早完成时间的最大值，即

$$T_{\mathrm{c}}=\max\{\mathrm{EF}_{i\text{-}n}\}=\max\{\mathrm{ES}_{i\text{-}n}+D_{i\text{-}n}\} \tag{5-1-3}$$

式中，T_{c} 为网络计划的计算工期；$\mathrm{EF}_{i\text{-}n}$ 为以网络计划终点节点 n 为完成节点的工作的最早完成时间；$\mathrm{ES}_{i\text{-}n}$ 为以网络计划终点节点 n 为完成节点的工作的最早开始时间；$D_{i\text{-}n}$ 为以网络计划终点节点 n 为完成节点的工作的持续时间。

在本例中，网络计划的计算工期为：

$$T_{\mathrm{c}}=\max\{\mathrm{EF}_{2\text{-}7},\mathrm{EF}_{5\text{-}7},\mathrm{EF}_{6\text{-}7}\}=\max\{11,12,15\}=15$$

（2）确定网络计划的计划工期。在本例中，假设未规定要求工期，则其计划工期等于计算工期，即

$$T_p = T_c = 15$$

计划工期应标注在网络计划终点节点的右上方，如图 5-17 所示。

（3）计算工作的最迟完成时间和最迟开始时间。工作最迟完成时间和最迟开始时间的计算应从网络计划的终点节点开始，逆着箭线方向依次进行。其计算步骤如下：

① 以网络计划终点节点为完成节点的工作，其最迟完成时间等于网络计划的计划工期，即

$$\mathrm{LF}_{i\text{-}n} = T_p \tag{5-1-4}$$

式中，$\mathrm{LF}_{i\text{-}n}$ 为以网络计划终点节点 n 为完成节点的工作的最迟完成时间；T_p 为网络计划的计划工期。

例如在本例中，工作 2-7、工作 5-7 和工作 6-7 的最迟完成时间为：

$$\mathrm{LF}_{2\text{-}7} = \mathrm{LF}_{5\text{-}7} = \mathrm{LF}_{6\text{-}7} = T_p = 15$$

② 工作的最迟开始时间的计算式为：

$$\mathrm{LS}_{i\text{-}j} = \mathrm{LF}_{i\text{-}j} - D_{i\text{-}j} \tag{5-1-5}$$

式中，$\mathrm{LS}_{i\text{-}j}$ 为工作 $i\text{-}j$ 的最迟开始时间；$\mathrm{LF}_{i\text{-}j}$ 为工作 $i\text{-}j$ 的最迟完成时间；$D_{i\text{-}j}$ 为工作 $i\text{-}j$ 的持续时间。

例如在本例中，工作 2-7、工作 5-7 和工作 6-7 的最迟开始时间分别为：

$$\mathrm{LS}_{2\text{-}7} = \mathrm{LF}_{2\text{-}7} - D_{2\text{-}7} = 15 - 5 = 10$$
$$\mathrm{LS}_{5\text{-}7} = \mathrm{LF}_{5\text{-}7} - D_{5\text{-}7} = 15 - 3 = 12$$

③ 其他工作的最迟完成时间应等于其紧后工作最迟开始时间的最小值，即

$$\mathrm{LF}_{i\text{-}j} = \min\{\mathrm{LS}_{j\text{-}k}\} = \min\{\mathrm{LF}_{j\text{-}k} - D_{j\text{-}k}\}$$

式中，$\mathrm{LF}_{i\text{-}j}$ 为工作 $i\text{-}j$ 的最迟完成时间；$\mathrm{LS}_{j\text{-}k}$ 为工作 $i\text{-}j$ 的紧后工作 $j\text{-}k$（非虚工作）的最迟开始时间；$\mathrm{LF}_{j\text{-}k}$ 为工作 $i\text{-}j$ 的紧后工作 $j\text{-}k$（非虚工作）的最迟完成时间；$D_{j\text{-}k}$ 为工作 $i\text{-}j$ 的紧后工作 $j\text{-}k$（非虚工作）的持续时间。

例如在本例中，工作 3-5 和工作 4-6 的最迟完成时间分别为：

$$\mathrm{LF}_{3\text{-}5} = \min\{\mathrm{LS}_{5\text{-}7}, \mathrm{LS}_{6\text{-}7}\} = 10$$
$$\mathrm{LF}_{4\text{-}6} = \mathrm{LS}_{5\text{-}7} = 10$$

④ 计算工作的总时差。工作的总时差等于该工作最迟完成时间与最早完成时间之差，或该工作最迟开始时间与最早开始时间之差，即

$$\mathrm{TF}_{i\text{-}j} = \mathrm{LS}_{i\text{-}j} - \mathrm{ES}_{i\text{-}j} = \mathrm{LF}_{i\text{-}j} - \mathrm{EF}_{i\text{-}j} \tag{5-1-6}$$

式中，$\mathrm{TF}_{i\text{-}j}$ 为工作 $i\text{-}j$ 的总时差；其他符号同前。

例如在本例中，工作 3-5 的总时差为：

$$\mathrm{TF}_{3\text{-}5} = \mathrm{LS}_{3\text{-}5} - \mathrm{ES}_{3\text{-}5} = 10 - 9 = 1$$
或
$$\mathrm{TF}_{3\text{-}5} = \mathrm{LF}_{3\text{-}5} - \mathrm{EF}_{3\text{-}5} = 5 - 4 = 1$$

⑤ 计算工作的自由时差。工作的自由时差的计算应按以下两种情况分别考虑。

a. 对于有紧后工作的工作，其自由时差等于本工作之紧后工作最早开始时间减本工作最早完成时间所得之差的最小值，即

$$\mathrm{FF}_{i\text{-}j} = \min\{\mathrm{ES}_{j\text{-}k} - \mathrm{EF}_{i\text{-}j}\} = \min\{\mathrm{ES}_{j\text{-}k} - \mathrm{ES}_{i\text{-}j} - D_{i\text{-}j}\} \tag{5-1-7}$$

式中，$\mathrm{FF}_{i\text{-}j}$ 为工作 $i\text{-}j$ 的自由时差；$\mathrm{ES}_{j\text{-}k}$ 为工作 $i\text{-}j$ 的紧后工作 $j\text{-}k$（非虚工作）的最早开始时间；$\mathrm{ES}_{i\text{-}j}$ 为工作 $i\text{-}j$ 的最早开始时间；$D_{i\text{-}j}$ 为工作 $i\text{-}j$ 的持续时间。

例如在本例中，工作 1-4 和工作 3-5 的自由时差分别为：

$$\mathrm{FF}_{1\text{-}4} = \mathrm{ES}_{4\text{-}6} - \mathrm{EF}_{1\text{-}4} = 4 - 2 = 2$$

$$\mathrm{FF}_{3\text{-}5} = \min\{\mathrm{ES}_{5\text{-}7} - \mathrm{EF}_{3\text{-}5}, \mathrm{ES}_{6\text{-}7} - \mathrm{EF}_{3\text{-}5}\} = \min\{9-9, 10-9\} = 0$$

b. 对于无紧后工作的工作，也就是以网络计划终点节点为完成节点的工作，其自由时差等于计划工期与本工作最早完成时间之差，即

$$\mathrm{FF}_{i\text{-}n} = T_\mathrm{p} - \mathrm{EF}_{i\text{-}n} = T_\mathrm{p} - \mathrm{ES}_{i\text{-}n} - D_{i\text{-}n} \tag{5-1-8}$$

式中，$\mathrm{FF}_{i\text{-}n}$ 为以网络计划终点节点 n 为完成节点的工作 $i\text{-}n$ 的自由时差；T_p 为网络计划的计划工期；$\mathrm{EF}_{i\text{-}n}$ 为以网络计划终点节点 n 为完成节点的工作 $i\text{-}n$ 的最早完成时间；$\mathrm{ES}_{i\text{-}n}$ 为以网络计划终点节点 n 为完成节点的工作 $i\text{-}n$ 的最早开始时间；$D_{i\text{-}n}$ 为以网络计划终点节点 n 为完成节点的工作 $i\text{-}n$ 的持续时间。

例如本例中，工作 2-7、工作 5-7 和工作 6-7 的自由时差分别为：

$$\mathrm{FF}_{2\text{-}7} = T_\mathrm{p} - \mathrm{EF}_{2\text{-}7} = 15 - 11 = 4$$

$$\mathrm{FF}_{5\text{-}7} = T_\mathrm{p} - \mathrm{EF}_{5\text{-}7} = 15 - 12 = 3$$

$$\mathrm{FF}_{6\text{-}7} = T_\mathrm{p} - \mathrm{EF}_{6\text{-}7} = 15 - 15 = 0$$

⑥ 确定关键工作和关键线路。在网络计划中，总时差最小的工作为关键工作。特别是当网络计划的计划工期等于计算工期时，总时差为零的工作就是关键工作。例如在本例中，工作 1-3、工作 2-6 和工作 6-7 的总时差均为零，故它们都是关键工作。

找出关键工作之后，将这些关键工作首尾相连，便至少构成一条从起点节点到终点节点的通路，就是关键线路。在关键线路上可能有虚工作存在。

关键线路一般用粗箭线或双线箭线标出，也可以用彩色箭线标出。例如在本例中，线路①-③-④-⑥-⑦即为关键线路。

（3）单代号网络图时间参数的计算。单代号网络图的各个时间参数的计算方法与双代号网络图方法基本相同。单代号网络图计算示例如图 5-20 所示。其中，$\mathrm{LAG}_{i,j}$ 的计算式为：

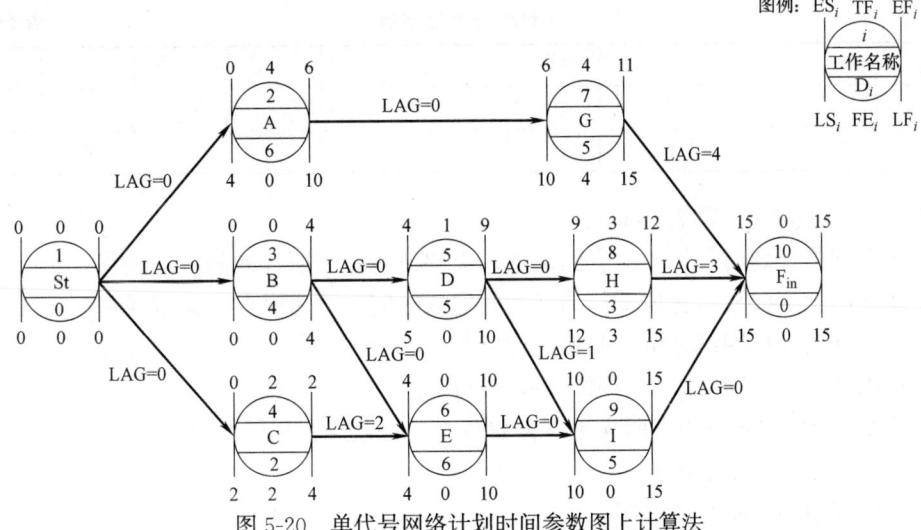

图 5-20　单代号网络计划时间参数图上计算法

$$LAG_{i,j} = ES_j - EF_i \qquad (5\text{-}1\text{-}9)$$

式中，$LAG_{i,j}$ 为工作 i 与其紧后工作 j 之间的时间间隔；ES_j 为工作 i 的紧后工作 j 的最早开始时间；EF_i 为工作 i 的最早完成时间。

5. 双代号时标网络

(1) 时间坐标网络计划的概念。时间坐标网络计划简称时标网络计划，是以时间坐标为尺度编制的网络计划，如图 5-21 所示。

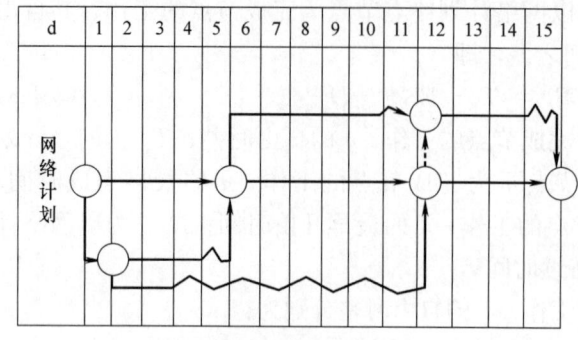

图 5-21　双代号时标网络计划示意

时标网络计划绘制在时标计划表上，时标的时间单位可根据需要，在编制时标网络计划之前确定，可以是小时、天、周、旬、月或季等。时间可标注在计划表的顶部，也可标注在底部，必要时可同时标注在顶部和底部。时标的长度单位必须注明，必要时，可在顶部时标之上或底部时标之下加注日历的对应时间。时标计划表中部的刻度线宜为细线，为使图面清晰，刻度线可以少画或不画。时标计划表的表达形式如表 5-4 和表 5-5 所示。

时标网络计划的工作以实箭线表示，自由时差以波形线表示，虚工作用虚箭线表示。当实箭线之后有波形线且其末端有垂直部分时，其垂直部分用实线绘制；当虚箭线有时差且其末端有垂直部分时，其垂直部分用虚线绘制。

有日历时标计划表　　　　　　　　　　　　　　　　　　　　表 5-4

日历															
时间	1	2	3	4	5	6	7	8	9	10	11	12	13	14	15
网络计划															
时间	1	2	3	4	5	6	7	8	9	10	11	12	13	14	15

无日历时标计划表　　　　　　　　　　　　　　　　　　　　表 5-5

时间	1	2	3	4	5	6	7	8	9	10
网络计划										
时间	1	2	3	4	5	6	7	8	9	10

时标网络计划的主要特点如下：

① 兼有网络计划与甘特图两者的优点，能够清楚地表明计划的时间进程。

② 能在图上直接显示各项工作的开始与完成时间、自由时差与关键线路。

③ 可以利用时标网络分析、监控进度偏差。

④ 可以利用时标网络编制资源计划，进行资源优化和调整。

时标网络计划主要适用于所含工作数量较少、工艺过程比较简单的项目。

(2) 时标网络计划的编制。

① 时标网络图绘制的基本要求。

a. 时间长度是以箭线在时标计划表上的水平投影长度表示的，与其所代表的时间值相对应。

b. 节点的中心必须对准时标的刻度线。

c. 虚工作必须用垂直虚箭线表示，有时差时用波形线表示。

时标网络的编制方法一般有以下两种：

一是间接绘制，即先计算非时标网络计划的时间参数，再按时间参数在时间计划表上进行绘制。可以按最早开始和最早完成时间绘制时标网络；也可以按最迟开始和最迟完成绘制时标网络；或通过优化后按照合理的开始和完成时间绘制时标网络。具体可以根据需要加以确定，一般按照最早时间编制。

二是直接绘制，即不计算网络时间参数，直接根据非时标网络图和每项工作所需要的时间在时间计划表上绘制。

② 时标网络计划的编制步骤。

A. 间接绘制法的编制步骤。

a. 根据项目分析表绘制双代号网络图。

b. 计算工作时间参数。

c. 绘制时标计划表。

d. 根据网络参数确定每项工作的开始时间，并将每项工作的箭尾节点定位于时标计划表上。

e. 按各工作的时间长度绘制相应工作的实线部分，使其在时间坐标上的水平投影长度等于工作的持续时间，用虚线绘制无时差的虚工作（垂直方向）。

f. 用波形线将实线部分与其紧后工作的开始节点连接起来，以表示工作的时差。

g. 进行节点编号。

B. 直接绘制法的编制步骤。

a. 根据项目分析表绘制双代号无时标网络图。

b. 绘制时标计划表。

c. 将网络的起点节点定位在时标计划表的起始刻度线上。

d. 根据工作的持续时间在时标计划表上绘制起点节点的外向箭线。

e. 工作的箭头节点，定位于所有内向箭线完成时间最大值所在时间点。

f. 某些内向箭线长度不足以到达该箭头节点时，用波形线补足，若虚箭线的开始节点和结束节点之间有水平距离，亦以波形线补足，若无水平距离，则绘制垂直虚箭线。

g. 按上述方法自左至右依次确定其他节点的位置，直至终点节点定位，绘制完成。

h. 进行节点编号，完成编制工作。

（3）时标网络计划时间参数和关键线路的确定。

① 网络时间参数的确定。

a. 计算工期的确定。网络的起点节点定位在时标表的起始刻度线上，终点节点表示网络的所有工作都已完成，其所在位置所对应的时标值表达了项目的完成时间。所以，时标网络计划的计算工期应是其终点节点与起点节点所在位置的时标值之差。

b. 最早时间的确定。直接绘制法编制而成的时标网络计划中，每条箭线箭尾节点中心所对应的时标值，表达了该工作的最早开始时间；箭线的实线部分右端（有自由时差）

或箭头节点中心（无自由时差）所对应的时标值代表了该工作的最早完成时间。

c. 时差的判定与计算。按工作的最早开始时间绘制时标网络或采用直接绘制法所得到的时标网络，工作的自由时差在图中可以直观地反映出来。若用波形线表示自由时差，则波形线在坐标轴上的水平投影长度就表达了其自由时差的大小。

总时差不能从图中识别，需要进行计算。总时差是某线路上各项工作共有的时差，其值大于或等于其中任一项工作的自由时差。因此，某工作的总时差除了本工作独用的自由时差必然是其中的一部分之外，还必然包括其紧后工作的总时差。如果本工作有多项紧后工作，只有取诸紧后工作总时差的最小值才不会影响总工期。所以，工作总时差等于其各项紧后工作的总时差值的最小值与本工作自由时差之和。

以终点节点（$j=n$）为箭头节点的工作的总时差应根据网络计划的计算工期或计划工期确定，即自右向左进行计算，其总时差为：

$$\text{TF}_{i\text{-}n} = T_c（或 T_p）- \text{EF}_{i\text{-}n}$$

其他工作的总时差应为：

$$\text{TF}_{i\text{-}j} = \text{FF}_{i\text{-}j} + \min\text{TF}_{j\text{-}k}$$

式中，$\text{TF}_{j\text{-}k}$ 表示工作 $i\text{-}j$ 的紧后工作 $j\text{-}k$ 的总时差。

根据工作参数之间的关系也可以推导出工作的总时差与其自由时差和紧后工作总时差之间的上述关系，推导过程如下：

$$
\begin{aligned}
\text{TF}_{i\text{-}j} &= \text{LF}_{i\text{-}j} - \text{EF}_{i\text{-}j} \\
&= \min\{\text{LS}_{j\text{-}k}\} - \text{EF}_{i\text{-}j} \\
&= \min\{\text{ES}_{j\text{-}k} + \text{TF}_{j\text{-}k}\} - \text{EF}_{i\text{-}j} \\
&= \min\text{ES}_{j\text{-}k} - \text{EF}_{i\text{-}j} + \min\text{TF}_{j\text{-}k} \\
&= \text{FF}_{i\text{-}j} + \min\text{TF}_{j\text{-}k}
\end{aligned}
$$

d. 工作最迟时间的计算。工作的最早时间、总时差都已确定，工作的最迟时间即可根据参数之间的关系计算出来，即

$$\text{LS}_{i\text{-}j} = \text{ES}_{i\text{-}j} + \text{TF}_{i\text{-}j}$$
$$\text{LF}_{i\text{-}j} = \text{EF}_{i\text{-}j} + \text{TF}_{i\text{-}j}$$

② 关键线路的确定。在时标网络中，自终点节点向起点节点观察，凡自始至终不出现自由时差（波形线）的通路，即为关键线路。这说明在这条线路上，各项工作均无自由时差，也就不存在总时差，所以就是关键线路。

某项目非时标网络图已绘制，图 5-22 所示的是采用直接绘制法绘制时标网络。

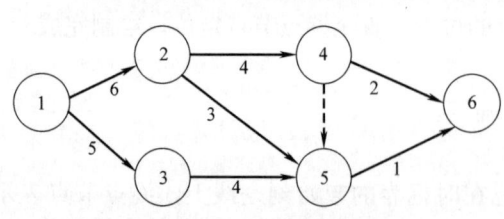

图 5-22　非时标网络示意

关键线路的确定步骤如下：

a. 建立时标计划表。

b. 确定 1 号节点所在位置。该节点是网络的起点节点，所以应定位于 0 点。

c. 确定 2 号节点所在位置。因为该节点是 1-2 工作的箭头节点，且工作时间为 6，所以该节点位置应定位于 6 点。

d. 依次确定 3、4、5 和 6 号节点所在位置。

该时标网络如图 5-23 所示。

146

图 5-23 所示直观地表达出了每项工作的持续时间、最早开始时间、最早完成时间、自由时差、计算工期和关键线路。

根据该时标网络推算出每项工作的总时差。

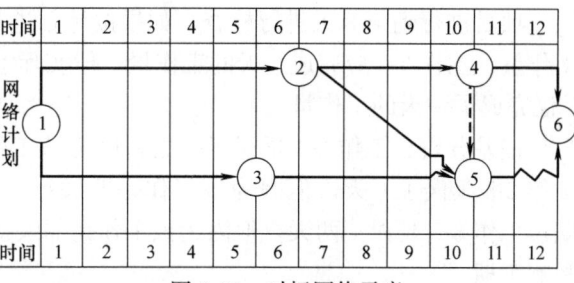

图 5-23　时标网络示意

例如，工作 5-6 的总时差：$TF_{5-6} = T_c - EF_{5-6} = 12 - 11 = 1$

工作 3-5 的总时差：$TF_{3-5} = FF_{3-5} + TF_{5-6} = 1 + 1 = 2$

工作 4-5 的总时差：$TF_{4-5} = FF_{4-5} + TF_{5-6} = 0 + 1 = 1$

工作 4-6 的总时差：$TF_{4-6} = T_c - EF_{4-6} = 12 - 12 = 0$

工作 2-4 的总时差：$TF_{2-4} = FF_{2-4} + \min\{TF_{4-6}, TF_{4-5}\} = 0 + \min\{0, 1\} = 0$

工作 2-5 的总时差：$TF_{2-5} = FF_{2-5} + TF_{5-6} = 1 + 1 = 2$

根据工作的总时差，可推算出每项工作的最迟完成时间和最迟开始时间。

例如，工作 3-5 的最迟完成时间：$LF_{3-5} = EF_{3-5} + TF_{3-5} = 9 + 2 = 11$

工作 2-5 的最迟开始时间：$LS_{2-5} = ES_{2-5} + TF_{2-5} = 6 + 2 = 8$

6. 进度控制

项目的进度控制就是在既定工期内，编制出最优的进度计划，在执行计划的过程中，经常检查项目的实际进度情况，并将其与进度计划相比较，若出现偏差，则应分析产生的原因及对工期的影响程度，以确定必要的调整措施，更新原计划。这一过程不断循环，直至项目完成。项目进度控制的目的就是确保项目按既定工期目标实现，或是在保证项目质量但不增加项目实际成本的条件下，适当缩短项目工期。有效进行项目进度控制的关键是监控实际进度，及时、定期地将实际进度与进度计划进行比较，并及时采取纠正措施。进度控制主要包括进度偏差分析和进度控制措施。

（1）进度偏差分析。

① 实际进度前锋线分析方法。实际进度前锋线分析方法是进行进度偏差分析的一种有效方法。该方法是利用时标网络计划或横道图进行分析，如图 5-24 所示。

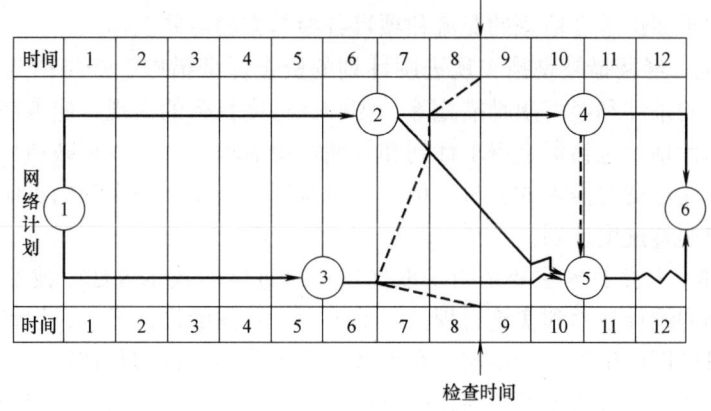

检查时间

图 5-24　实际进度前锋线

项目进行到第 8 天进行检查，如果按计划进行，则工作 2-4 和工作 2-5 应完成两天的工作量；工作 3-5 应完成 3 天的工作量。但实际上到第 8 天，工作 2-4、工作 2-5 和工作 3-5 仅完成了一天的工作量。

偏差分析：工作 2-4 延误了一天，因为该工作是关键工作，所以将会影响工期一天；工作 2-5 延误了一天，但因为该工作是非关键工作，且总时差是两天，所以不会影响工期；工作 3-5 延误了两天，但因为该工作是非关键工作，且有两天的总时差，所以也不会影响工期。

② 切割线分析方法。切割线分析方法是利用非时标网络计划进行进度偏差分析的一种方法，如图 5-25 所示。

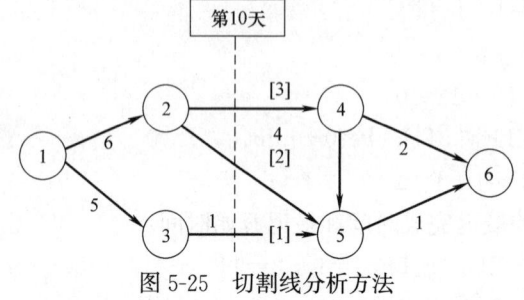

图 5-25 切割线分析方法

图 5-25 表示的状态：项目进行到第 10 天进行检查，工作 2-4 尚需要 3 天才能完成；工作 2-5 需要两天才能完成；工作 3-5 需要一天才能完成。

偏差分析：根据网络参数计算结果可得出 $LF_{2-4}=10$ 天；$LF_{2-5}=11$ 天；$LF_{3-5}=11$ 天。

判断方法：如果 $n+t \leqslant LF_{i-j}$，则不会影响工期；如果 $n+t > LF_{i-j}$，则会影响工期，且造成工期延误 $\Delta T=(n+t)-LF_{i-j}$。

（2）进度控制措施。工程项目进度控制措施主要包括组织措施、管理措施、经济措施和技术措施。

① 组织措施。组织措施是指落实各层次的进度控制人员、具体任务和工作责任；建立进度控制的组织系统；按照项目的结构、工作流程或合同结构等进行项目的分解，确定其进度目标，建立控制目标体系；确定进度控制工作制度，如检查时间、方法、协调会议时间、参加人员等。

② 管理措施。管理措施是指加强信息管理，不断地收集项目实际进度的有关信息资料，进行整理统计，与进度计划相比较，并定期提出项目进展报告，以此作为决策依据之一。尤其需要强调的是，应重视信息技术在进度控制中的应用，虽然信息技术对进度控制而言只是一种管理手段，但其应用有利于提高进度信息处理的效率、有利于提高进度信息的透明度、有利于促进进度信息的交流和项目各参与方的协同工作。

③ 经济措施。经济措施是指实现进度计划的资金保证措施。经济措施涉及资金需求计划、资金供应的条件和经济激励措施等。为确保进度目标的实现，应编制与进度计划相适应的资源需求计划，包括资金需求计划和其他资源需求计划，以反映项目实施的各时段所需要的资源。通过资源需求的分析，可发现所编制的进度计划实现的可能性，若资源条件不具备，则应调整进度计划。

④ 技术措施。技术措施主要是指采取加快项目进度的技术方法。技术措施涉及对实现进度目标有利的设计技术和实施过程技术的选用。不同的设计理念、设计技术路线、设计方案会对项目进度产生不同的影响。在设计工作的前期，特别是在设计方案评审和选用时，应对设计技术与工程进度的关系作分析比较。在工程进度受阻时，应分析是否存在设计技术的影响因素，为实现进度目标有无设计变更的可能性。

5.2 项目成本管理

5.2.1 项目成本管理综述

项目成本管理包括为使项目在批准的预算内完成而对成本进行规划、估算、预算、融资、筹资、管理和控制的各个过程，从而确保项目在批准的预算内完工。项目成本管理重点关注完成项目活动所需资源的成本，但同时也应考虑项目决策对项目产品、服务或成果的使用成本、维护成本和支持成本的影响。例如，限制设计审查的次数可降低项目成本，但可能增加由此带来的产品运营成本。

项目成本管理主要解决以下四个问题：

（1）预测需要什么资源？

（2）项目将花费多少资金？

（3）何时需要这些资金？

（4）如何使用项目资金？

这四个问题对应项目成本管理的四个过程：项目资源计划、项目成本估算、项目成本预算和项目成本控制。

1. 项目资源计划

项目资源包括项目实施中需要的人力、设备、材料、能源及各种设施等。项目资源计划通过分析和识别项目的资源需求，从而确定出项目所需投入的资源的种类、资源数量和投入时间，并制订出项目资源计划安排的项目成本管理的活动，是与成本估计、时间估计相对应起来的，是项目成本估计、项目时间估计的基础。

2. 项目成本估算

项目成本估算是指根据项目资源计划以及各种项目资源的市场价格信息（包括预计的价格发展变化信息），估算确定项目各种活动的成本和整个项目全部成本的项目成本管理工作。项目成本估算中最主要的任务是确定整个项目所有活动的人、机、料、费成本要素所形成的项目成本的数额。

3. 项目成本预算

项目成本预算是汇总所有单个活动或工作包的估算成本，建立一个经批准的成本基准的过程。这项工作包括根据项目成本估算和项目成本的风险大小确定出项目各项活动的预算水平，以及确定整个项目总预算水平两项工作。项目成本预算的关键是合理、科学地确定出项目成本的控制基线。

4. 项目成本控制

项目成本控制是指在项目实施过程中依据项目成本预算，努力将项目实际成本控制在项目预算范围之内，并根据项目工作的发展变化而做好项目成本变更等方面的项目成本管理工作。这包括：不断度量项目实际发生的成本，分析和度量项目实际成本与项目预算之间的差异，采取纠偏措施或修订项目预算的方法实现对项目成本的控制。另外，项目成本预测和评估也是项目成本控制的一个组成部分，它是依据项目成本和各种相关因素的发展与变化情况，评估并预测项目成本发展和变化趋势及结果的项目成本管理工作。

事实上，项目成本管理各项工作之间并没有严格而清晰的界限，它们多数是经常相互重叠和相互影响的。

5.2.2 项目成本管理的方法与工具

1. 项目资源计划的方法与工具

（1）专家判断法：由项目成本管理专家根据经验和判断去确定和编制项目资源计划的方法。它包括专家小组法和德尔菲法等方法。

（2）资料统计法：使用历史项目的统计数据资料，计算和确定项目资源计划的方法。这种方法包括两类：一是使用企业自己的历史项目统计资料进行项目资源计划的方法；二是使用市场上存在的商业数据库的统计资料进行项目资源计划的方法。这两种方法都必须给出具有统计意义的各种资源消耗或占用量的平均水平和先进水平，同时还应该给出各种项目活动资源消耗和占用的平均水平、最高水平等数据，从而人们可以使用它们去编制项目资源计划。

（3）标准计算法：使用国家或企业统一的标准定额和工程量计算规则去制订项目资源计划的方法。

（4）项目资源计划的工具包括资源负荷图、资源需求曲线和资源累计需求曲线等。

2. 项目成本估算方法

（1）类比估算法：在项目成本估算精度要求不高的情况下，通过比照已完成的类似项目实际成本，估算给出新项目成本的方法。类比估算法比其他方法简便易行、成本低，但其精确度也低。有两种情况可以使用这种方法：一是以前完成过类似的项目；二是项目成本估算专家具有类比的技能。这种方法的局限性是人们很难找到类似项目的成本数据，因为项目的独特性和一次性使得多数项目不具备可比性。但这种方法是基于实际经验和数据估算的，所以具有较好的可信度。

（2）参数估计法：利用历史数据和项目特性参数建立一定的数学模型来估算项目成本的方法。例如，工业项目可以使用项目生产能力作参数，民用住宅项目可以使用每平方米单价等作参数去估算项目的成本。参数估计法需要使用项目成本的参数估算关系式进行估算，所以参数估计法的关键在于参数的确定上。这种方法不考虑项目成本的细节，只是针对不同项目成本的参数和元素进行估算。

（3）自上向下估计法：此方法多在有类似项目已完成的情况下应用。自上而下估计的基础是收集上层和中层管理人员的经验和判断，以及可以获得的关于以往类似活动的历史数据。上层和中层管理人员估计对项目整体的成本和构成项目的子项目的成本，这些估计结果给予低层的管理人员，在此基础上他们对组成项目和子项目的任务和子任务的成本进行估计。然后继续向下一层传递他们的估计，直到底层。该方法的主要特点在于：上中层管理人员的丰富经验往往使他们能够比较准确地把握项目整体的资源需要，从而使项目的成本能够控制在有效的水平上，可以在很短的时间内获得大致的成本数据；下层人士很难对上层人士的不合理判断提出意见，而往往只是沉默地等待上层人士自行发现其中的问题而进行纠正。

（4）自下而上估计法：此方法通常先估计各个独立工作的成本，然后再从下往上估计出整个项目成本。具体可根据 WBS 体系，构造出基本的任务以及它们的日程和个体成本。该方法的主要特点在于，比起高层管理人员来说，直接参与项目建设的人员更为清楚项目涉及活动所需要的资源量，结果比较精确；由于成本出自日后要参与项目实际工作的人员之手，因而可以避免引起争执和不满；耗用时间长，削弱了高层对预算的控制。

3. 项目成本预算方法

项目成本预算是给每一项独立工作分配全部成本，以获得度量项目执行的成本基线。预算是一种控制机制，可以作为一种标准而使用。预算分配的结果可能并不能满足所涉及的管理人员的利益要求，而表现为一种约束，所涉及人员只能在这种约束的范围内行动。

主要的技术和方法类同于项目成本估算中所用的方法。

项目预算过程包括两个步骤。首先，将项目成本估算分摊到项目工作分解结构中的各个工作包；然后，在整个工作包执行期间，进行每个工作包的预算分配，这才可能在任何时点及时地确定预算支出是多少。

具体来说，项目预算过程又分为如下四个步骤：

（1）分摊总预算成本。

（2）制定累计预算成本。

（3）确定实际成本，并与累计预算成本相比较。

（4）项目成本预算结果。

① 项目各项活动的成本预算。

② 成本基准计划。用来度量和监测项目实施过程中成本支出的依据。成本预算的表示方式有两种：一种是在时标网络图上按月编制的成本计划，称为成本负荷图，如图 5-26 所示；另一种是利用时间—成本曲线（S 形曲线）表示的成本累积曲线，如图 5-27 所示。

绘制时间—成本累计曲线的步骤如下：

a. 建立工作分解结构，计算每一个

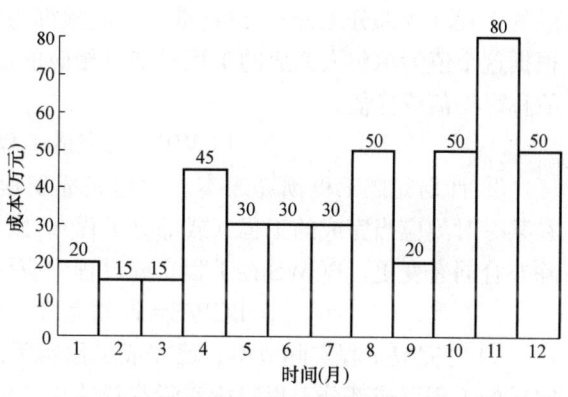

图 5-26　成本负荷示意

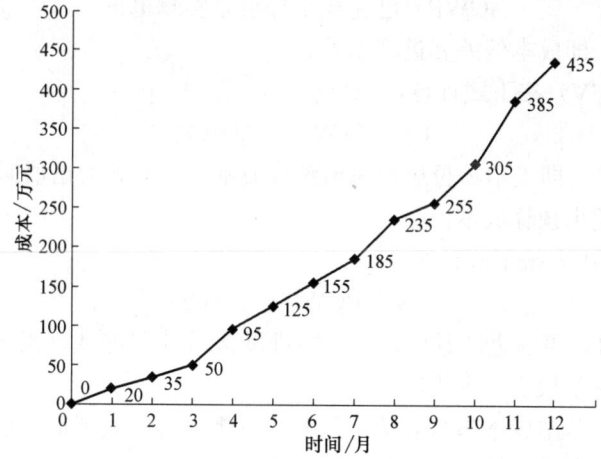

图 5-27　时间—成本累计曲线（S 形曲线）

工作包的实际成本，并将其分配到各个工作包的整个工期中去；

　　b. 根据项目实际情况，计算每单位时间内完成工作所花费的成本；

　　c. 计算规定时间内的完成工作量的累计成本；

　　d. 按各规定时间的值，绘制 S 形曲线。

4. 项目成本控制方法

　　赢得值法（Earned Value Management，EVM）作为一项先进的项目管理技术，最初是美国国防部于 1967 年首次确立的。赢得值分析法是对工程项目成本/进度进行综合控制的一种分析方法。通过比较已完成工程预算成本（Budget Cost of the Work Performed，BCWP）与已完成工程实际成本（Actual Cost of the Work Performed，ACWP）之间的差值，可以分析由于实际价格的变化而引起的累计成本偏差，通过比较已完成工程预算成本（BCWP）与计划完成工程预算成本（Budget Cost of the Work Scheduled，BCWS）之间的差值，可以分析由于进度偏差而引起的累计成本偏差，并通过计算后续未完工程的计划成本余额，预测其尚需的成本数额，从而为后续项目实施的成本、进度控制及寻求降低成本挖潜途径指明方向。

　　赢得值法通过"三个成本""两个偏差"和"两个绩效"的比较对成本实施控制。

　　（1）三个成本。

　　① 已完成工程预算成本。已完成工程预算成本简称 BCWP，是指在某一时间已经完成的工程（或部分工程），以批准认可的预算为标准所需要的资金总额，由于发包人正是根据这个值为承包人完成的工程量支付相应的成本，也就是承包人获得（挣得）的金额，故称赢得值或挣值。

$$BCWP＝已完成工程量×预算单价$$

　　② 计划完成工程预算成本。计划完成工程预算成本简称 BCWS，即根据进度计划，在某一时刻应当完成的工程（或部分工程），以预算为标准所需要的资金总额。一般来说，除非合同有变更，BCWS 在工程实施过程中应保持不变。

$$BCWS＝计划完成工程量×预算单价$$

　　③ 已完成工程实际成本。已完成工程实际成本简称 ACWP，即到某一时刻为止，已完成的工程（或部分工程）所实际花费的总金额。

$$ACWP＝已完成工程量×实际单价$$

　　（2）两个偏差，即成本偏差和进度偏差。

　　① 成本偏差（CV）按下式计算：

$$CV＝BCWP－ACWP$$

　　当 CV 为负值时，即表示项目运行超出预算成本；当 CV 为正值时，表示项目运行节支，实际成本没有超出预算成本。

　　② 进度偏差（SV）按下式计算：

$$SV＝BCWP－BCWS$$

　　当 SV 为负值时，表示进度延误，即实际进度落后计划进度；当 SV 为正值时，表示进度提前，即实际进度快于计划进度。

　　赢得值法的三个基本成本参数和两个偏差的分析，可以直观地表示成如图 5-28 所示。

　　（3）两个绩效，即成本绩效指数和进度绩效指数。

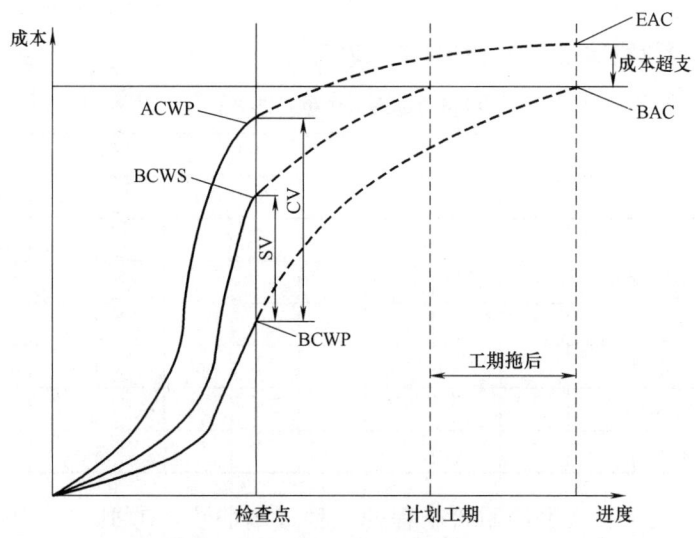

图 5-28　赢得值法基本成本参数和偏差的分析关系

① 成本绩效指数（CPI）的计算公式为：

$$CPI=\frac{BCWP}{ACWP}$$

若 CPI<1，则表示超支，即实际成本高于预算成本；若 CPI>1，则表示节支，即实际成本低于预算成本。

② 进度绩效指数（SPI）的计算公式为：

$$SPI=\frac{BCWP}{BCWS}$$

若 SPI<1，则表示进度延误，即实际进度比计划进度拖后；若 SPI>1，则表示进度提前，即实际进度比计划进度快。

【例 5-4】 某工程计划进度与实际进度如表 5-6 所示。表中粗实线表示计划进度（进度线上方的数据为每周计划成本），粗虚线表示实际进度（进度线上方的数据为每周实际成本），假定各分项工程每周计划进度与实际进度均为匀速进度，而且各分项工程实际完成总工程量与计划完成总工程量相等。

某工程计划进度与实际进度表（单位：万元）　　　　　　表 5-6

分项工程	进度计划(周)											
	1	2	3	4	5	6	7	8	9	10	11	12
A	5	5	5									
	5	5	5									
B		4	4	4	4	4						
		4	4	4	3	3						
C				9	9	9	9					
				9	8	7	7					
D						5	5	5	5			
						4	4	4	5	5		
E								3	3	3		
								3	3	3	3	3

问题：

（1）计算每周投资数据，并将结果填入表5-7。

投资数据表（单位：万元）　　　　　　　　表5-7

项目	投资数据											
	1	2	3	4	5	6	7	8	9	10	11	12
每周拟完工程计划成本												
拟完工程计划成本累计												
每周已完工程实际成本												
已完工程实际成本累计												
每周已完工程计划成本												
已完工程计划成本累计												

（2）试在图5-29所示中绘制该工程的三种成本曲线：①拟完工程计划成本曲线；②已完工程实际成本曲线；③已完工程计划成本曲线。

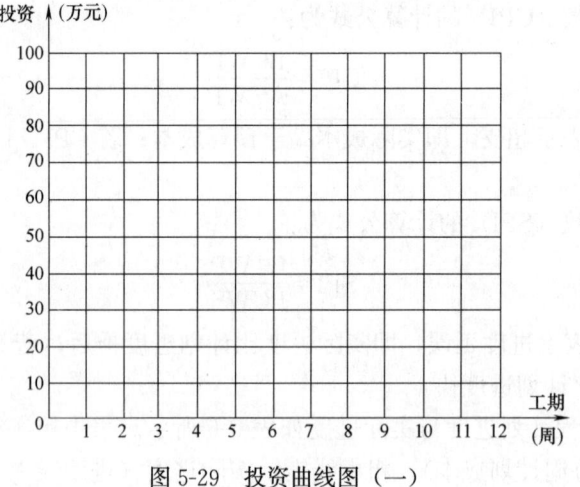

图5-29　投资曲线图（一）

（3）分析第6周周末和第10周周末的成本偏差和进度偏差。

解：（1）计算数据见表5-8。

计算数据表　　　　　　　　　　　　　　表5-8

项目	投资数据											
	1	2	3	4	5	6	7	8	9	10	11	12
每周拟完工程计划成本	5	9	9	13	13	18	14	8	8	3		
拟完工程计划成本累计	5	14	23	36	49	67	81	89	97	100		
每周已完工程实际成本	5	5	9	4	4	12	15	11	11	8	8	3
已完工程实际成本累计	5	10	19	23	27	39	54	65	76	84	92	95
每周已完工程计划成本	5	5	9	4	4	13	17	13	13	7	7	3
已完工程计划成本累计	5	10	19	23	27	40	57	70	83	90	97	100

154

（2）根据表 5-7 所示中的计算数据绘出成本曲线如图 5-30 所示。

（3）第 6 周周末成本偏差与进度偏差：

成本偏差＝已完工程计划成本－已完工程实际成本＝40－39＝1（万元），即成本节约 1 万元。

进度偏差＝已完工程计划成本－拟完工程计划成本＝40－67＝－27（万元），即进度拖后 27 万元。

（4）第 10 周周末成本偏差与进度偏差：

成本偏差＝90－84＝6（万元），即成本节约 6 万元。

进度偏差＝90－100＝－10（万元），即进度拖后 10 万元。

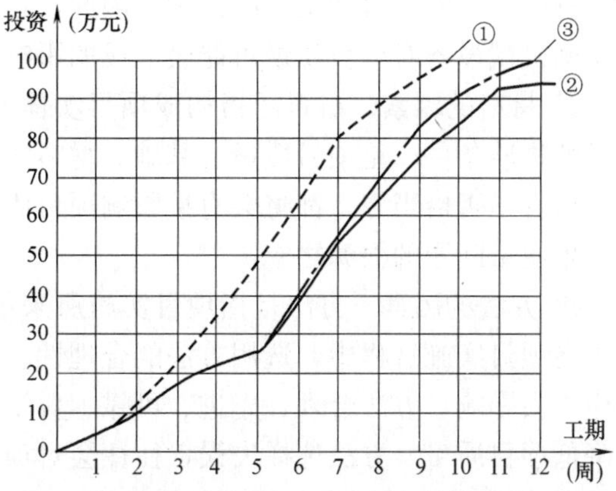

图 5-30　投资曲线图（二）
①—拟完工程计划成本曲线；②—已完工程实际成本曲线；
③—已完工程计划成本曲线

5.3　项目质量管理

5.3.1　项目质量管理综述

1. 项目质量的含义、影响因素及特点

（1）项目质量含义。根据美国项目管理协会（PMI）的《项目管理知识体系（PMBOK$^{®}$指南）（第七版）》，质量是指一系列内在特征满足需求的程度。内在是指在事物本身所固有的；特征是指事物异于其他事物的特点；需求是指明示的、通常隐含的或必须履行的期望。

项目质量就是项目的内在特征满足项目相关方要求的程度。根据项目的一次性特点，项目质量取决于由 WBS 所确定的项目范围内所有的阶段、子项目、各工作单元的质量，即项目的工作质量。

（2）影响项目质量的因素。影响项目质量的因素是多方面的，不同的项目，影响的因素也会有所不同。无论任何项目也无论在任何阶段，影响项目质量的因素可以归纳为人、机、料、法、环五类因素，即人（Man）、机械（Machine）、材料（Material）、方法（Method）和环境（Environment），简称为 4M1E 因素。

① 人的因素。在项目质量管理中，人的因素起最直接、最重要的影响。影响项目质量的人的因素，包括两个方面：一是指直接履行项目质量职能的决策者、管理者和作业者个人的质量意识及质量活动能力；二是指承担项目策划、决策或实施的相关组织的质量管理体系及其管理能力。

② 机械的因素。项目中的机械设备分为两类：一是构成项目本身的机械设备、机具等。例如，建筑工程项目中的电梯、通风设备等机械设备构成了建筑设备安装工程或工业设备安装工程，形成了完整的使用功能；二是项目形成过程中使用的各类机械设备、仪器等。不同类型的项目，其机械设备对项目质量的影响程度并不一样，有些是较为重要的因

素，有些则可能是较为次要的因素。因此，在项目进行过程中，应有针对性地加以分析，以明确机械设备对项目质量可能会造成的影响。

③ 材料的因素。材料泛指构成项目实体的各类原材料、构配件、半成品等，是形成项目的物质条件，是项目质量的基础。材料的选用是否合理、质量是否合格、是否经过检验、保管是否恰当等，都将会直接影响项目质量，甚至会造成质量事故。使用不合格材料是产生质量问题的根源之一。

④ 方法的因素。方法是指项目实施所采用的投资方案和组织方案等，也称为技术因素。在项目实施过程中，选用方法的合理性、先进性、可靠性、科学性都将会对项目质量产生重大影响。方法合理、先进、可靠、科学将会大大促进项目质量的提高；反之，则可能降低项目质量。方法选择失误，往往会对项目质量的保证造成重大障碍。

⑤ 环境条件的因素。环境条件是指对项目质量产生影响的环境因素。不同类型的项目，其环境条件会有很大不同。例如，工程项目的环境条件包括工程技术环境，如工程地质环境、水文、气象等；工程作业环境，如施工环境、防护设施等；工程管理环境，如工程实施的合同结构与管理关系的确定、组织体制及管理制度等；周边环境，如工程项目邻近的地下管线、构筑物等。而产品开发项目的环境条件就比工程项目的环境条件简单。但无论环境条件简单还是复杂，都会对项目质量产生特定的影响，只是影响的程度不同而已。因此，在项目进行的过程中，应对项目的环境条件加以认真分析，有针对性地采取措施，进行环境管理，改善环境条件，创造有利于保证项目质量的环境。

如果根据性质划分，影响项目质量的因素又可分为偶然因素和系统因素。

① 偶然因素。偶然因素是指随机发生的因素。这类因素一般是不可避免的，其对项目质量所造成的影响较小，往往在允许的范围之内。

② 系统因素。系统因素是非随机发生的，是不正常行为所导致的。这类因素对项目质量所造成的影响较大，往往超出允许范围。通过采取有效措施，这类因素是可以避免的。

（3）项目质量的特点。项目质量的特点是由项目的特点所决定的。不同的项目，项目质量的特点可能有所不同。但总的来说，无论何种项目，都具有下述四个特点。

① 影响因素多。项目需要经历若干阶段、一定周期才能完成。在不同的阶段、不同的时期，影响质量的因素是变化的，且有些因素是已知的，有些因素则可能是未知的，所以可以将影响项目质量的因素集看成是一个灰色系统。

② 项目目标的制约性。项目具有多目标属性，而目标之间存在着对立统一的关系。项目的质量与项目的时间、成本等目标之间既相互统一，又相互矛盾。这就需要用系统思想对待项目质量。

③ 项目质量的变异性。质量的变异性是指质量指标的不一致性。项目与一般工业产品的生产不同，无固定的生产流水线，无规范化的生产工艺和完善的检测技术，无成套的生产设备和稳定的生产环境，所以项目质量易产生波动。同时由于影响项目质量的偶然因素和系统因素比较多，其中任意一个因素的变化，都会使项目质量产生波动。

④ 评价方法的特殊性。对项目质量的评价不同于对一般产品质量的评价，且不同类型的项目，其质量评价方法也不相同。

（4）项目形成各阶段对质量形成的作用及影响。项目形成的各阶段对项目质量的形成都会产生影响，但不同的阶段对项目质量影响的程度也不相同。

① 项目概念阶段（Conceive）。项目的概念阶段主要进行项目的可行性研究及项目的决策。在项目的可行性研究阶段，需要确定项目的总体质量要求，并与项目的成本目标相协调。项目的可行性研究直接影响项目的决策质量和项目的开发质量。项目决策阶段对项目质量的影响主要是对项目的方案作出决策，确定项目应达到的质量目标和水平。可见，项目概念阶段对项目质量的形成是至关重要的。

② 项目开发阶段（Develop）。项目开发阶段需要界定项目的范围，明确项目的方案，进行项目规划，设计项目质量。项目开发阶段是决定项目质量的关键环节，因为在这一阶段，项目的质量目标和水平将通过对项目的策划、研究、构思、设计和描绘而得以具体体现。"质量是设计出来的，而不是加工出来的"，这句话准确地反映了项目开发阶段对项目质量形成的重要性。

③ 项目实施阶段（Execute）。项目实施是按照项目开发阶段所提出的要求、规划，将项目意图付诸实现，最终形成项目成果的活动。只有通过实施，项目才能变为现实。所以，项目实施决定了项目意图能否体现，直接关系到项目的最终成果。在一定程度上，项目实施是形成项目质量的决定性环节。

④ 项目收尾阶段（Finish）。项目收尾阶段需要对项目质量进行验收，考核项目质量是否达到预期要求，是否符合决策阶段确定的质量目标和水平，并通过验收确保项目质量。可见，项目收尾阶段对项目质量的影响是对项目质量的确认和项目最终成果质量的保证。

2. 项目质量管理过程

《质量管理体系—基础和术语》ISO 9000—2015 关于质量管理的定义：质量管理可包括制定质量方针和质量目标，以及通过质量策划、质量保证、质量控制和质量改进实现质量目标的过程。

根据美国项目管理协会（PMI）的《项目管理知识体系（PMBOK®指南）（第六版）》，项目质量管理包括把组织的质量政策应用于规划、管理、控制项目和产品质量要求，以满足相关方目标的各个过程。项目质量管理过程包括如下三项：

（1）规划质量管理。该过程识别项目及其可交付成果的质量要求和/或标准，并书面描述项目将如何证明符合质量要求和/或标准的过程。通过规划质量管理，为在整个项目期间如何管理和核实质量提供指南和方向。现代质量管理的一项基本准则是："质量是规划、设计出来的，而不是检查出来的"。

（2）管理质量。管理质量是把组织的质量政策用于项目，并将质量管理计划转化为可执行的质量活动的过程。通过管理质量，提高实现质量目标的可能性，以及识别无效过程和导致质量低劣的原因。

管理质量使用控制质量过程的数据和结果向相关方展示项目的总体质量状态。本过程需要在整个项目期间开展。管理质量有时被称为"质量保证"，但"管理质量"的定义比"质量保证"更广，因其可用于非项目工作。在项目管理中，质量保证着眼于项目使用的过程，旨在高效地执行项目过程，包括遵守和满足标准，向相关方保证最终产品可以满足他们的需求、期望和要求。管理质量包括所有质量保证活动，还与产品设计和过程改进有关。

（3）控制质量。为了评估绩效，确保项目输出完整、正确，并满足客户期望，而监督和记录质量管理活动执行结果的过程。

控制质量过程的目的是在用户验收和最终交付之前测量产品或服务的完整性、合规性和适用性。本过程通过测量所有步骤、属性和变量，来核实与规划阶段所描述规范的一致性和合规性。在整个项目期间应执行质量控制，用可靠的数据来证明项目已经达到发起人和/或客户的验收标准。

总之，规划质量管理过程关注工作需要达到的质量。管理质量则关注管理整个项目期间的质量过程。控制质量关注工作成果与质量要求的比较，确保结果可接受。

3. 项目质量管理的基本原理

项目质量管理的基本原理包括 PDCA 循环原理、全面质量管理原理、质量保证原理、监督原理、系统原理和合格控制原理。本书仅介绍前四种基本原理：

（1）PDCA 循环原理。在项目质量管理过程中，无论是对整个项目的质量管理，还是对项目的某一个质量问题所进行的管理，都需要经过从质量计划的制订到组织实施的完整过程，即首先要提出目标，也就是质量达到的水平和程度，然后需要根据目标制订计划，这个计划不仅包括目标，而且还包括为实现项目质量目标而需要采取的措施。计划制订后，就需要组织实施。在实施的过程中，需要不断检查，并将检查结果与计划进行比较，根据比较的结果对项目质量状况作出判断。针对质量状况分析原因并进行处理。这个过程可归纳为 PDCA 循环。这里的 P 表示计划（Plan）、D 表示实施（Do）、C 表示检查（Check）、A 表示处理（Action）。这是由美国著名管理学家戴明博士首先提出的，所以也称为"戴明环"。

PDCA 循环可分为四个阶段八个步骤，如图 5-31 所示。

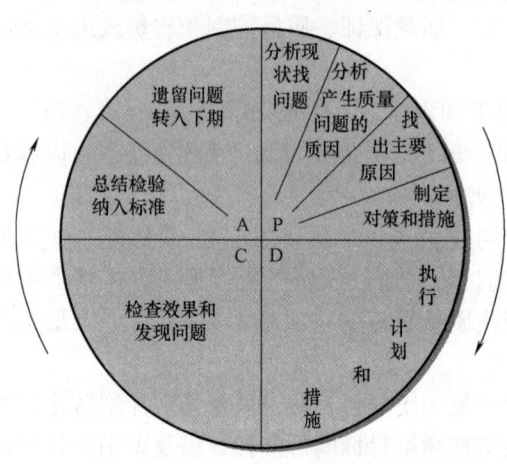

图 5-31　PDCA 循环的四个阶段八个步骤

第一阶段是计划阶段（即 P 阶段）。该阶段的主要工作是制定项目质量管理目标、活动计划和管理项目的具体措施。这一阶段的具体工作步骤分为以下四步：

① 分析质量现状，找出存在的质量问题。这就要有质量问题意识和改善质量的意识，并要用数据说话。

② 分析产生质量问题的各种原因或影响因素。

③ 从各种原因中找出影响质量的主要原因或因素。

④ 针对影响质量的主要原因或因素制定对策，拟订改进质量的管理、技术和组织措施，提出执行计划和预期效果。在进行这一步工作时，需要明确回答 5W1H 问题。

a. 为什么要提出这样的计划，采取这些措施？为什么需要这样改进？回答采取措施的原因（Why）？

b. 改进后要达到什么目的？有何效果（What）？

c. 改进措施在何处（哪道工序、哪个环节、哪个过程）进行（Where）？

158

d. 计划和措施在何时执行和完成（When）?

e. 由谁来执行（Who）?

f. 用何种方法来完成（How）?

第二阶段是实施阶段（即 D 阶段）。该阶段的主要工作任务是按照第一阶段所制订的计划，采取相应措施组织实施。这是管理循环的第五步，即执行计划和措施。在实施阶段，首先应做好计划措施的交底和落实工作，包括组织落实、技术落实和物资落实。有关人员需要经过训练、考核，达到要求后才能参与实施。同时应采取各种措施保证计划得以实施。

第三阶段是检查阶段（即 C 阶段）。这一阶段的主要工作任务是将实施效果与预期目标对比，检查执行的情况，判断是否达到了预期效果，再进一步查找问题。这是管理循环的第六步，即检查效果、发现问题。

第四阶段是处理阶段（即 A 阶段）。这一阶段的主要工作任务是对检查结果进行总结和处理。这一阶段分两步，即管理循环的第七步和第八步。

① 第七步是总结经验，纳入标准。经过第六步检查后，明确有效果的措施，通过制定相应的工作文件、规程、作业标准以及各种质量管理的规章制度，总结好的经验，巩固成绩，防止问题的再次发生。

② 第八步是将遗留问题转入下一个循环。通过检查，找出效果尚不显著的问题所在，转入下一个管理循环，为下一期计划的制订或完善提供数据资料和依据。

上述 PDCA 循环的四个阶段和八个步骤以及所采用的方法或措施见表 5-9。

PDCA 循环四个阶段八个步骤及相应的方法或措施　　　　　表 5-9

阶段	步骤		方法或措施	说明
P	1	分析现状，找出质量问题	排列图	查找影响项目质量的主次因素
			直方图	显示质量分布状态，并与标准对比，判断是否正常
			控制图	观察控制质量特性值的分布状况，判断项目进展过程有无异常因素影响，用于动态控制
	2	分析影响质量的原因	因果分析图	寻找某个质量问题的所有可能的原因，分析主要矛盾
	3	找出主要原因	相关图或排列图	观察分析质量数据之间的相关关系
	4	制订措施计划	对策表	确定问题，制定对策，研究措施和落实有关部门、执行人及实现时间
D	5	执行措施计划	下达落实计划中心措施	
C	6	检查效果 发现问题	与步骤1相同	
A	7	总结经验 纳入标准	修订规程、工作标准，提供规范修订数据	标准化
	8	遗留问题 转入下一循环	反馈到下一循环的计划中	重新开始新的 PDCA 循环问题

PDCA 循环是一个不断循环的过程，每一个过程实际上也是一个 PDCA 的子环，PDCA 循环也是一个阶梯式上升的过程，其特征如图 5-32 所示。每一次 PDCA 循环的最后阶段，

都需要总结经验和教训，研究改进和提高的措施，制定新的实施标准，并按照新的措施和标准组织实施，使下一个 PDCA 循环在新的基础上转动，从而达到更高的水平，使项目质量总是处于上升的趋势。即每经过一次 PDCA 循环，质量就能提高一步，不断循环，质量就能不断提高和上升。

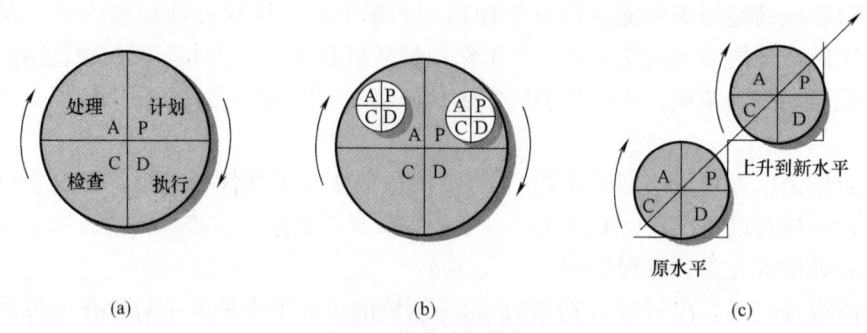

图 5-32　PDCA 特征
（a）PDCA 环；（b）大环套小环；（c）阶梯式上升

　　（2）全面质量管理原理。全面质量管理是世界各国普遍采用的先进质量管理方法。其内涵是指质量管理的范围不仅限于产品质量本身，而是包含质量管理的各个方面，即将质量管理工作从生产扩大到设计、研制、生产准备、材料采购、生产制造、销售和服务等各个环节（全过程维度），即根据工程质量的形成规律，从源头抓起，全过程推进；将产品质量扩大到工序质量、工作质量和管理质量（全面维度）。其中，工序质量、工作质量和管理质量是产品质量的保证，直接影响产品质量的形成。同时，无论组织内部的管理者还是作业者，每个岗位都承担着相应的质量职能，一旦确定了质量方针目标，就应组织和动员全体员工参与到实施质量方针的系统活动中去，发挥自己的角色作用（全员维度）。所以，全面质量管理是一种涵盖全过程、全面、全员的质量管理体系。

　　全面质量管理在项目质量管理中的应用需要强化以下五个重要思想：

　　① 质量效益的思想。质量与效益是相互统一又相互矛盾的。统一的一面体现在，合理的质量可以减少质量事故，降低项目的返工费和维修费，同时又可以降低项目的运营成本；矛盾的一面体现在，质量越高，需要的成本就越高，项目的效益可能就会降低。所以，项目的相关方在讲求质量的同时还需要讲求经济效益。

　　② 以人为本的思想。在影响项目质量的诸因素中，人的因素是首要因素。提高项目质量的根本途径在于不断提高所有项目参与者的素质，充分调动和发挥人的积极性和创造性。

　　③ 预防为主的思想。全面质量管理强调"预防为主"，这是与传统质量管理的重要区别。在项目质量管理中，预防为主就是要预先分析影响项目质量的各种因素，并找出主导性因素，采取措施加以控制，变"事后把关"为主为"事前预防"为主，使质量问题消灭在质量形成过程之中，做到防患于未然。

　　④ 技术与管理并重的思想。项目质量与项目所采用的技术是密切相关的。这里所指的技术包括专业技术、实施方法和管理技术等。合理的投资方案，再加上科学、完善的管理，才能使项目质量得以保证；如果投资方案选择不合理，管理再完善也难以保证项目质

量。因此，技术是保证项目质量的基础，质量管理是实现项目质量目标的重要途径，两者同等重要。

⑤ 注重过程的思想。项目的最终质量是项目交付物的质量，是结果质量，是项目的工序质量、工作质量和管理质量综合影响的结果。工序质量是指人员、机械、材料、方法和环境五个方面的综合质量。工作质量是指项目参与者在完成项目的过程中其工作符合要求的程度。工序质量和工作质量是在项目实施过程中形成的，因此可称为过程质量。过程质量能够得到保证，项目质量就能得到保证。

（3）质量保证原理。项目的质量保证致力于提供质量要求会得到满足的信任。保证满足质量要求是质量控制的任务，就项目而言，用户不提质量保证的要求，项目实施者仍应进行质量控制，以保证项目的质量满足用户的需要。

要使用户能"信任"，项目实施者应加强质量管理，完善质量体系，对项目应有一套完善的质量控制方案、办法，并认真贯彻执行，对实施过程及成果应进行分阶段验证，以确保其有效性。在此基础上，项目实施者应有计划、有步骤地采取各种活动和措施，使用户能了解其实力、业绩、管理水平、技术水平以及对项目在设计、实施各阶段主要质量控制活动和内部质量保证活动的有效性，使对方建立信心，相信完成的项目能达到所规定的质量要求。所以，质量保证的主要工作是促使完善质量控制，以便准备好客观证据，并根据对方的要求有计划、有步骤地开展提供证据的活动。

可见，质量保证的作用是从外部向质量控制系统施加压力，促使其更有效地运行，并向对方提供信息，以便及时采取改进措施。

内部质量保证是为使组织领导"确信"本组织所完成的项目能满足质量要求所开展的一系列活动。组织领导对项目质量负全责，一旦出现质量事故，则要承担法律和经济责任。而项目的一系列质量活动是由项目经理部或项目团队进行的，虽然项目团队明确了职责分工，也有相应的质量控制方法和程序。但是，是否严格按程序进行，这些方法和程序是否确实有效，这就需要组织领导来组织一部分独立的人员（国外称质量保证人员）对直接影响项目质量的主要质量活动实施监督、验证和质量审核活动（即内部质量保证活动），以便及时发现质量控制中的薄弱环节，以提出改进措施，促使质量控制能更有效地实施，从而使领导"放心"。所以，内部质量保证是组织领导的一种管理手段。

（4）监督原理。质量行为始终受到项目实施方实现利润最大化的制约。最大利润是在保证和提高项目质量或服务质量的前提下，通过提高工作效率还是通过降低质量获得，是两种完全不同的利润获得方式，前者是正当的，后者是不正当的。为了减少出现不正当的获利行为，减少质量问题的发生，进行质量监督是必要的。

质量监督包括政府监督、社会监督、第三方监督和自我监督。

① 政府监督，基本上是一种宏观监督，包括质量的法制监督、各种相关法规实施状况的监督、行业部门或职能部门的行政监督等。政府监督一般是属于强制性的。例如，工程质量监督站对工程项目的质量监督就是一种形式的政府监督。

② 社会监督，是通过舆论、社会评价、质量认证等行为对项目质量的监督。这种监督对项目质量的保证起到了一个重要的制约作用。

③ 第三方监督，是由项目管理公司、咨询公司等第三方所实施的监督。例如，工程监理单位对工程项目的监理就属于第三方监督。

④ 自我监督，是指项目管理主体自身所组织的监督。

5.3.2 项目质量管理的方法与工具

1. 质量成本（COQ）模型

质量成本是指为保证和提高项目质量而支出的一切费用，以及因未达到既定质量水平而造成的一切损失之和。质量成本分析就是要研究项目质量成本的构成和项目质量与成本之间的关系，从而进行质量成本的预测与计划。质量成本（Cost of Quality，COQ）模型可用于项目费用效益分析。该模型确定了与质量相关的四类成本：预防、评估、内部失败和外部失败。其中，预防和评估成本是为了规避失败所花费的资金，属于一致性成本；内部失败和外部失败是由于失败所花费的资金，属于不一致性成本，如图 5-33 所示。

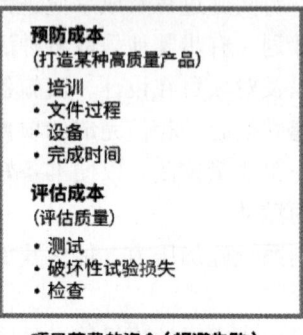

图 5-33　质量成本

预防成本是指预防特定项目的产品、可交付成果或服务质量低劣所带来的相关成本。预防成本的产生是为了防止产品出现缺陷和失败。预防成本可避免质量问题。

评估成本的产生是为了确定对质量要求的符合程度。评估成本与质量有关的测量和监督活动相关。这些成本可能与评估采购材料、流程、产品和服务相关，以确保它们符合规范。

失败成本（内部/外部）是指因产品、可交付成果或服务与相关方需求或期望不一致而导致的相关成本。内部失败成本与在客户收到产品之前查找和纠正缺陷相关。工作结果未达到设计质量标准时就会产生这些成本，包括浪费、报废、返工或校正等。外部失败成本与客户拥有产品后发现的缺陷相关，也与补救工作相关。当未能达到设计质量标准的产品或服务在交给客户后才被发现，就会发生外部失败成本，包括修理和服务、保修索赔、投诉、退货、声誉损失。

从理论上讲，质量成本优化是在保证产品能够正常发挥功能的前提下，通过调整一致性成本的投入量，来控制不一致成本，从而实现质量总成本最低。

2. 流程图

流程图是由若干因素和箭线相连的因素关系图。其主要用于质量管理运行过程策划，包括系统流程图和原因结果图两种主要类型。

（1）系统流程图：该图主要用于说明项目系统各要素之间存在的相关关系。利用系统流程图可以明确质量管理过程中各项活动、各环节之间的关系。图 5-34 所示的就是一个系统流程图，反映了新产品开发项目的开发流程。

（2）原因结果图：主要用于分析和说明各种因素和原因如何导致或产生各种潜在的问题和后果，如图 5-35 所示。

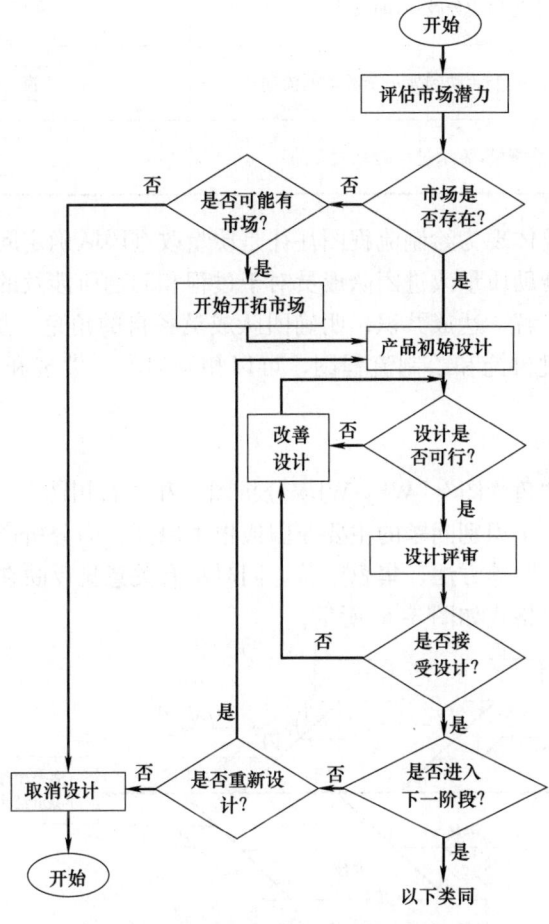

图 5-34　新产品开发项目的开发流程图

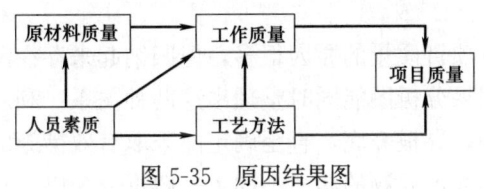

图 5-35　原因结果图

流程图的常用符号、含义及示例如表 5-10 所示。

流程图常用符号　　　　　　　　　　　　　　　　　　　　　　　表 5-10

符号	含义	表示内容示例
⬭	表示过程的开始或结束	基础工程施工开始

符号	含义	表示内容示例
☐	表示一项活动,活动的名称标识其中	立模
◇	表示过程的分歧点,即决策点	◇ 检验?
→	表示一个活动到另一个活动的流向	立模 → 绑扎钢筋
☐	文件符号,表示过程的有关文件	检验报告

　　流程图的作用主要体现为绘制流程图往往是质量改进团队确定问题的范围和讨论解决方案的起始点;可以帮助质量改进团队成员对于过程和问题所涉及的各个方面、各个环节有一个全面的共同的了解,达成共识;明确团队成员各自的角色,加强沟通与相互理解,以便更好地配合;通过讨论和绘制流程图,可以相互启发,发现和改进过程中的冗余和缺陷。

3. 因果分析图法

　　因果分析图又称"鱼骨图""Why-Why 分析图"和"石川图",将问题陈述的原因分解为离散的分支,有助于识别问题的主要原因或根本原因。为分析产生某种质量问题的原因,采用"头脑风暴法"等方法,集思广益,同时将有关意见反映在一张图面上,这种图就是因果分析图。基本格式如图 5-36 所示。

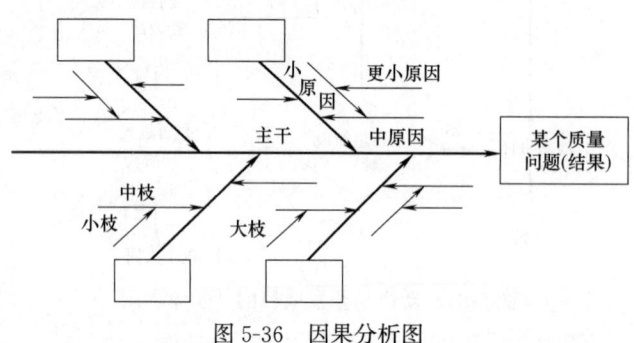

图 5-36　因果分析图

　　(1)绘制原理。影响项目质量的原因很多,但归纳起来存在两种互为依存的关系,即平行关系和因果关系。因果分析图能同时整理出这两种关系。利用因果分析图可以逐级分层,从大到小,从粗到细,寻根究底,直至确定能采取有效措施的原因为止。

　　(2)基本类型。根据表示问题的体系不同,一般可分为以下三种类型:

　　① 结果分解型。这种类型的因果分析图的特点是沿着为什么会产生这种结果进行层层解析,可以系统地掌握纵的关系,但易遗漏或忽视横的关系或某些平行关系。

　　② 工序分类型。按工序的流程,将各工序作为影响项目质量的平行的主干原因,再将各工序中影响工序质量的原因填写在相应的工序中。该类型的因果分析图简单易行,但有可能会造成相同的因素出现在不同的工序中,难以反映因素间的交互作用。

　　③ 原因罗列型。采用"头脑风暴法"等方法,使参与分析的人员无限制地自由发表

意见，并将所有观点和意见都一一罗列起来，然后系统地整理出它们之间的关系，最后绘制出一致同意的因果分析图。这种类型的因果分析图，反映出的因素比较全面，在整理因素间的关系时，客观地促使对各因素的深入分析，有利于问题的深化，但工作量较大。

（3）绘制步骤。不同类型的因果分析图的绘制步骤有所不同。

① 确定需要分析的质量特性（或结果）画出主干线，即从左向右带箭头的线。

② 分析、确定影响质量特性的大枝（大原因）、中枝（中原因）、小枝（小原因）、细枝（更小原因）并顺序地用箭头逐个标注在图上。

③ 逐步分析，找出关键性的原因并作出记号或用文字加以说明。

④ 制定对策，限期改正。

【例 5-5】 采用原因罗列型因果分析图，对混凝土强度不足的质量问题进行分析，并制定对策计划表。

解： 因果分析图如图 5-37 所示。

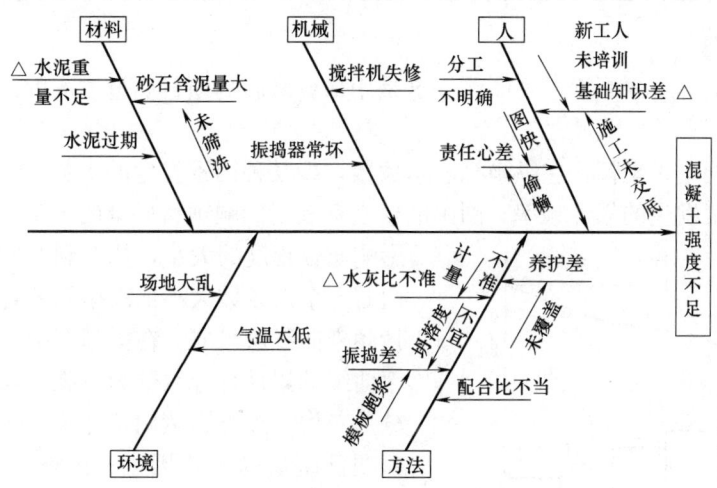

图 5-37 混凝土强度不足因果分析示意

对策计划表如表 5-11 所示。

对策计划表

表 5-11

项目	序号	产生问题原因	采取的对策	执行人	完成时间
人	1	分工不明确	根据个人特长、确定每项作业的负责人及各操作人员职责、挂牌示出		
	2	基础知识差	①组织学习操作规程； ②搞好技术交底		
方法	3	配合比不当	①根据数理统计结果，按施工实际水平进行配合比计算； ②进行试验		
	4	水灰比不准	①制作试块； ②捣制时每半天测砂石含水率一次； ③捣制时控制坍落度偏差在 5cm 以下		
	5	计量不准	校正磅秤		

项目	序号	产生问题原因	采取的对策	执行人	完成时间
材料	6	水泥重量不足	进行水泥重量统计		
	7	原材料不合格	对砂、石、水泥进行各项指标试验		
	8	砂、石含泥量大	冲洗		
机械	9	振捣器常坏	①使用前检修一次； ②施工时配备电工； ③备用振捣器		
	10	搅拌机失修	①使用前检修一次； ②施工时配备检修工人		
环境	11	场地乱	认真清理，搞好平面布置，现场实行分片责任落实		
	12	气温低	准备覆盖材料，养护落实到人		

4. 排列图法

排列图法又称主次因素排列图法。这是用来分辨影响项目质量主次因素的一种常用的统计分析工具。

排列图有两个纵坐标：左纵坐标表示频数，即某种因素发生的次数；右纵坐标表示频率，即某种因素发生的累计频率。图中的横坐标表示影响项目质量的各个因素或项目，按影响质量程度的大小，从左到右依次排列。图中由若干个按频数大小依次排列的直方柱和一条累计频率曲线所组成。在排列图中，通常将累计频率曲线的累计百分数分为三级，与此对应的因素分为三类：A 类因素对应于频率 0～80%，是影响项目质量的主要因素；B 类因素对应于频率80%～90%，是次要因素；C 类因素对应于频率90%～100%，是影响项目质量的一般因素，如图 5-38 所示。运用排列图，有利于确定主次因素，使错综复杂的问题一目了然。

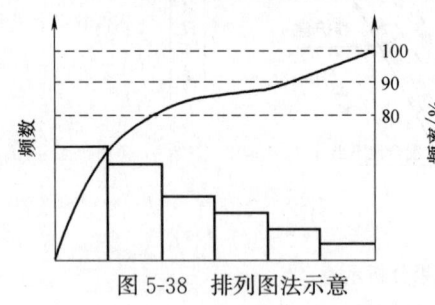

图 5-38 排列图法示意

（1）绘图原理。排列图绘图原理如下：

① 按影响程度的大小将影响质量的各个因素或项目从左至右排列，以直方柱的高度表示各因素出现的频数。

② 将各因素所占的百分比依次累加，以求得各因素的累计频率；将所得的各因素的累计频率逐一标注在图中相应位置，并将其以折线连接，即可得到累计频率曲线。

③ 划分 A、B、C 类区。自频率纵坐标引累计频率为 80%、90%、100%的三条平行于横坐标的虚线。横坐标及三条虚线由上向下将累计频率分为 A、B、C 三个类区。

（2）绘图要点。排列图绘图要点如下：

① 按不同的项目（因素）进行分类，分类项目要具体明确，尽量使各个影响质量的因素之间的数据有明显差别，以便突出主要因素。

② 数据要取足，代表性要强，以确保分析判断的可靠性。

③ 适当合并一般因素。通常情况下，不太重要的因素可以列出很多项。为简化作图，

常将这些因素合并为其他项，放在横坐标的末端。

④ 对影响因素进行层层分析。在合理分层的基础上，分别确定各层的主要因素及其相互关系。分层绘制排列图可以步步深入，最终确定影响质量的根本原因。

【例 5-6】 某工地现浇混凝土构件尺寸质量检查结果是：在全部检查的 8 个项目中不合格点（超偏差限值）有 150 个，为改进并保证质量，应对这些不合格点进行分析，以便找出混凝土构件尺寸质量的薄弱环节。

解：（1）收集整理数据。

首先收集混凝土构件尺寸各项目不合格点的数据资料，见表 5-12，以及各项目不合格点出现的次数即频数。然后对数据资料进行整理，将不合格点较少的轴线位置、预埋设施中心位置、预留孔洞中心位置三项合并为"其他"项。按不合格点的频数由大到小顺序排列各检查项目，"其他"项排在最后。以全部不合格点数为总数，计算各项的频率和累计频率，结果见表 5-13。

不合格点统计表　　　　　　　　　　　　　　　　　表 5-12

序号	检查项目	不合格点数	序号	检查项目	不合格点数
1	轴线位置	1	5	平面水平度	15
2	垂直度	8	6	表面平整度	75
3	标高	4	7	预埋设施中心位置	1
4	截面尺寸	45	8	预留孔洞中心位置	1

不合格点项目频数、频率统计表　　　　　　　　　　表 5-13

序号	项目	频数	频率	累计频率
1	表面平整度	75	50.0%	50.0%
2	截面尺寸	45	30.0%	80.0%
3	平面水平度	15	10.0%	90.0%
4	垂直度	8	5.3%	95.3%
5	标高	4	2.7%	98.0%
6	其他	3	2.0%	100.0%
合计		150	100%	

（2）排列图的绘制。

① 画横坐标。将横坐标按项目数等分，并按项目频数由大到小顺序从左至右排列，该例中横坐标为六等分。

② 画纵坐标。左侧的纵坐标表示项目不合格点数即频数，右侧纵坐标表本累计频率。要求总频数对应累计频率为 100%。该例中，150 应与 100% 在一条水平线上。

③ 画频数直方形。以频数为高画出各项目的直方形。

④ 画累计频率曲线。从横坐标左端点开始，依次连接各项目直方形右边线及所对应的累计频率值的交点，所得的曲线即为累计频率曲线。

⑤ 记录必要的事项。如标题、收集数据的方法和时间等。

图 5-39 为本例混凝土构件尺寸不合格点排列图。

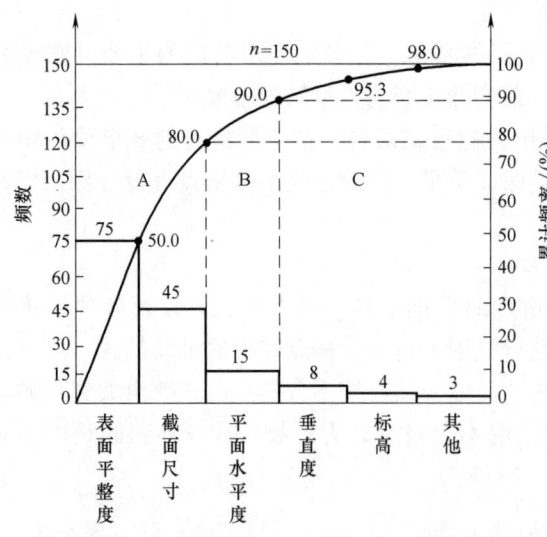

图 5-39 混凝土构件尺寸不合格点排列图

5. 直方图法

直方图又叫频数分布直方图。它以直方图形的高度表示一定范围内数值所发生的频数，据此可掌握产品质量的波动情况，了解质量特征的分布规律，以便对质量状况进行分析判断。

应用直方图法控制工程（产品）质量的程序如下：

（1）收集质量特征数据，绘制直方图。

（2）对直方图分布状态进行分析，以此判断生产过程是否属于正常状态。

直方图形象直观地反映了数据的分布情况，通过对直方图的观察和分析可以判断生产过程是否稳定，及其质量情况。各种类型的直方图如图 5-40 所示。

（1）正常型为左右对称的山峰形状，如图 5-40（a）所示。图的中部有一峰值，两侧的分布大体对称，且越偏离峰值，直方柱的高度越小，符合正态分布。这表明这批数据所代表的工序处于稳定状态。

（2）与正常型分布状态相比，带有某种缺陷的直方图为异常型直方图。表明这批数据所代表的工序处于不稳定状态。常见的异常型直方图有以下六种：

① 偏向型。直方的顶峰偏向一侧。这往往是由只控制一侧界限，或一侧控制严格，另一侧控制宽松所造成的。根据直方的顶峰偏向的位置不同，有左偏峰型和右偏峰型，如图 5-40（b）、（c）所示。仅控制下限或下限控制严、上限控制宽时多呈现左偏峰型，仅控制上限或上限控制严、下限控制宽时多呈现右偏峰型。

② 双峰型。一个直方图出现两个顶峰，如图 5-40（d）所示。这往往是由于两种不同的分布混在一起造成的，即虽然测试统计的是同一项目的数据，但数据来源条件差距较大。例如，两班工人的操作水平相差较大，将其质量数据混在一起所作出的直方图。出现这种直方图时，应将数据进行分层，然后分步作图分析。

③ 平峰型。在整个分布范围内，频数（频率）的大小差距不大，形成平峰型直方图，如图 5-40（e）所示。这往往是由于生产过程中有某种缓慢变化的因素起作用造成的。例如，工具的磨损、操作者的疲劳等都有可能出现这种图形。

④ 高端型（陡壁型）。直方图的一侧出现陡峭绝壁状态，如图 5-40（f）所示。这是由于人为地剔除一些数据，进行不真实的统计所造成的。

⑤ 孤岛型。在远离主分布中心处出现孤立的小直方，如图 5-40（g）所示。表明项目在某一短时间内受到异常因素的影响，使生产条件突然发生较大变化，如短时间原材料发生变化或由不熟练的技术工人替班操作等。

⑥ 锯齿型。直方图出现参差不齐的形状，即频数不是在相邻区间减少，而是隔区间减少，形成了锯齿状，如图 5-40（h）所示。造成这种现象的原因不是质量数据本身的问

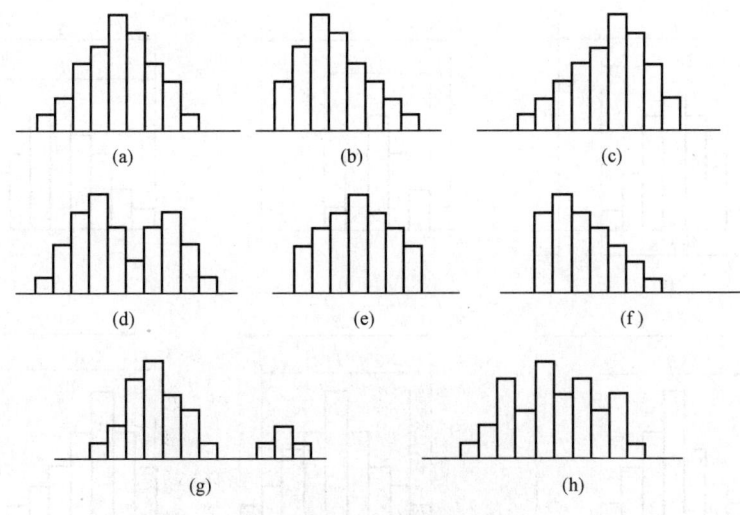

图 5-40　各种形状的直方图
(a) 正常型；(b) 左偏峰型；(c) 右偏峰型；(d) 双峰型；
(e) 平峰型；(f) 高端型；(g) 孤岛型；(h) 锯齿型

题，而主要是绘制直方图时分组过多或测量仪器精度不够而造成的。

观察直方图的形状只能判断生产过程是否稳定正常，并不能判断是否能稳定地生产出合格的产品。而将直方图与公差或标准相比较，即可达到此项目的。对比的方法是：观察直方图是否都落在规格或公差范围内，是否有相当的余地以及偏离程度如何。几种典型的直方图与公差标准的比较情况如图 5-41 所示。

（1）理想型。数据分布范围充分居中，分布在规格上下界限内，且具有一定余地，如图 5-41（a）所示。这种状况表明生产处于正常状态，不会出现不合格品。

（2）偏向型。数据分布虽然在标准范围之内，但分布中心偏向一边，如图 5-41（b）所示。这说明存在系统偏差，必须采取措施。

（3）无富余型。数据分布虽然在规格范围之内，但两侧均无余地，如图 5-41（c）所示。这说明稍有波动就会出现超差，产生不合格品。

（4）能力富余型。数据分布过于集中，分布范围与规格范围相比余量过大，如图 5-41（d）所示。这说明控制偏严，质量有富余，不经济。

（5）能力不足型。数据分布范围已超出规格范围，如图 5-41（e）所示。这说明已产生不合格品。

（6）陡壁型。数据分布过于偏离规格中心，产生了不合格品，如图 5-41（f）所示。造成这种状况的原因是控制不严，应采取措施使数据中心与规格中心重合。

综上所述，通过观察直方图的分布状态以及将其与公差标准相比，可以判断项目是否有异常因素存在、是否产生了不合格品等，以便采取措施，将异常因素消除在生产过程之中，使之处于控制状态。在项目质量控制中，许多质量特性值仅有下限要求，因此在将直方图与公差标准对比的过程中，应主要看直方图的分布是否超出下限及分布偏离下限的程度。正常状况应是分布超越下限并留有适当余地。一般来说，分布超越下限越远，则对质量的保证程度就越高，但质量经济性则越差。

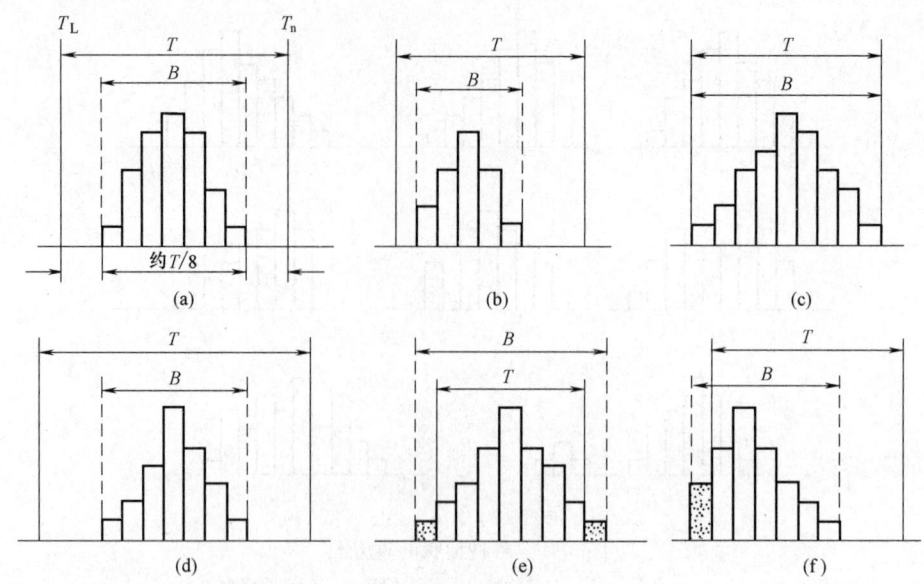

图 5-41 与标准规格比较的直方图

（a）理想型；（b）偏向型；（c）无富余型；（d）能力富余型；（e）能力不足型；（f）陡壁型

T—公差范围；B—分布范围；T_L—规格下限；T_n—规格上限

6. 控制图法

控制图又称管理图，是反映工序随时间变化而发生的质量变动的状态，即反映项目在实施过程中各阶段质量波动状态的图形。前述直方图法、排列图法是质量控制的静态分析方法，反映的是质量在某一段时间里的静止状态。然而，工程（产品）都是在动态的生产过程中形成的，因此，在质量控制中单用静态分析方法是不够的，还必须有动态分析方法。采用动态分析方法可以随时了解生产过程中质量的变化情况，及时采取措施，使生产处于稳定状态，起到预防出现废品的作用。控制图法就是一种典型的动态分析方法。

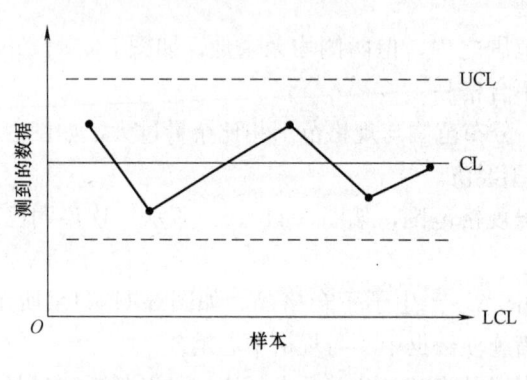

图 5-42 控制图基本格式

控制图的基本格式如图 5-42 所示。在控制图中，一般有三条控制界限：上控制界限，用 UCL（Upper Control Limit）表示；中心线，用 CL（Central Line）表示；下控制界限，用 LCL（Lower Control Limit）表示。将所控制的质量特性值在控制图上打点，若点子全部落在上、下控制界限内，且点子的排列无缺陷（如链、倾向、接近、周期等），则可判断项目实施过程处于控制状态，否则就认为项目实施过程中存在异常因素，必须查明，予以消除。可见，控制界限是判断项目实施过程是否发生异常变化、是否存在异常因素的尺度。因此，确定控制界限是制作控制图的关键。

制作控制图的目的是为了利用控制图控制项目或工序、工作质量，使项目实施过程或工作过程处于"控制状态"。控制状态是指项目实施过程或工作过程仅受到偶然因素的影响，其质量特性统计量的分布基本上不随时间而变化；反之，则称非控制状态或异常状态。对控制图的观察分析，其依据是统计经验所得到的简单规律。

判定项目实施过程或工作过程处于控制状态的标准可归纳为两条：控制图上的点不超过控制界限；控制图上点的排列分布无缺陷。若同时满足这两条标准，则可判断控制图所代表的项目实施或工作过程处于控制状态，其控制界限可作为以后项目实施或工作过程进行控制所遵循的可靠依据。

（1）控制图上的点不超过控制界限。若出现以下情况，则可以认为基本满足要求。

① 连续 25 个点以上处于控制界限内。

② 连续 35 个点中，最多仅有一个点超出控制界限。

③ 连续 100 个点中，不多于两个点超出控制界限。

凡点恰在控制界限上，均作为超出控制界限处理。

上述的②和③情况下，虽然可以判断项目实施过程或工作过程基本满足第（1）条标准，但就控制界限之外的点本身而言，终究是异常点，应密切注意，追查原因并加以处理。

（2）控制图上点的排列分布无缺陷。控制图上点的排列缺陷有以下五种情况：

① 链。点连续出现在中心线的一侧的现象称为链。链的长度用链内所含点数的多少来度量，如图 5-43 所示。

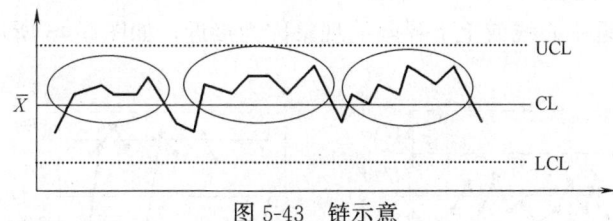

图 5-43　链示意

在正常状态下，点在中心线两侧应是等概率随机分布，概率各为 50%，每一点的分布并不受前一点的影响，且相互独立。根据概率理论，可得到以下判别准则：

a. 出现 5 点链，应引起警惕，注意发展状况。

b. 出现 6 点链，应查找原因。

c. 出现 7 点链，判为异常，应采取措施。

出现链的原因，通常是项目在实施过程中存在着使分布中心偏移的因素。

② 偏离。较多的点间断地出现在中心线一侧时称为偏离，如图 5-44 所示。

出现下列情况之一者判为异常：

a. 连续 11 个点中至少有 10 个点出现在中心线的一侧。

b. 连续 14 个点中至少有 12 个点出现在中心线的一侧。

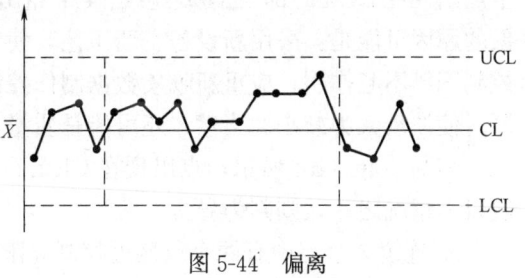

图 5-44　偏离

c. 连续 17 个点中至少有 14 个点出现在中心线的一侧。

d. 连续 20 个点中至少有 16 个点出现在中心线的一侧。

出现偏离的原因可能是项目在实施过程中存在着使分布中心偏移的因素。

③ 倾向。若干点连续上升或下降的现象称为倾向，如图 5-45 所示。

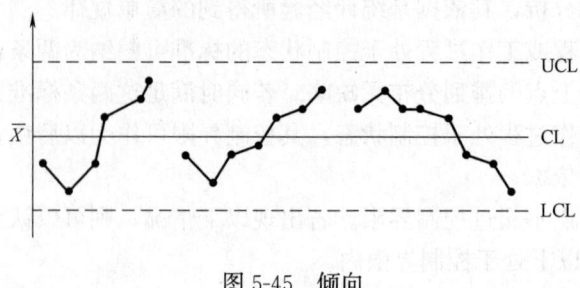

图 5-45　倾向

其判别准则是：

a. 连续 5 个点有不断上升或下降的趋向，应注意操作方法。

b. 连续 6 个点有不断上升或下降的趋向，应调查分析原因。

c. 连续 7 个点有不断上升或下降的趋向，应判为异常，及时采取措施。

④ 周期。点的上升或下降出现明显的一定间隔称为周期。若出现周期性排列，则表明项目在实施过程中可能存在着起周期性作用的因素。这时即使点子都在控制界限内，也应查找是否存在异常因素。

⑤ 接近。点接近中心线或上下界限的现象称为接近，如图 5-46 所示。

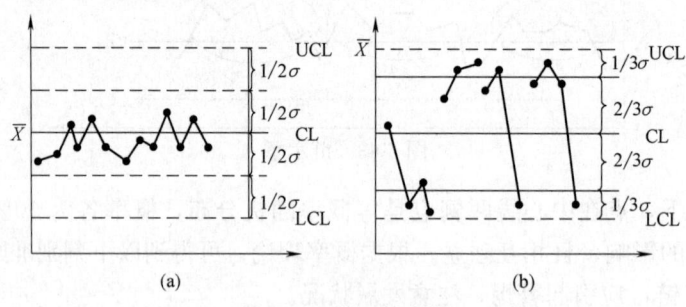

图 5-46　接近控制线
(a) 点接近中心线；(b) 点接近控制界限

如图 5-46（a）所示，点连续出现在 $CL\pm1/2\sigma$ 之间，称为点接近中心线。若连续 6 个点出现在 $CL\pm1/2\sigma$ 之间或连续 14 个点出现在 $CL\pm\sigma$ 之间，则判为异常。产生这种现象的原因可能是：采用新设备、新工艺，使工序质量大大改善，波动大为减小。这时，原控制图已不起作用，应重新收集数据制作控制图；也可能是采用了特别好的材料或控制加严，使波动大为减小。当然，还可能是质量数据存在某种虚假成分。

如图 5-46（b）所示，点出现在 $CL\pm2\sigma\sim CL\pm3\sigma$ 之间，称为点接近控制界限。若出现以下情况之一，则判为异常。

a. 连续 3 个点中有两个点接近控制界限。

b. 连续 7 个点中至少有 3 个点接近控制界限。

c. 连续 10 个点中至少有 4 个点接近控制界限。

点接近控制界限的原因可能是由于控制不严，质量波动太大造成的，应迅速查清原因并加以消除。

7. 相关图法

（1）相关图法的概念。相关图又称散布图，在质量控制中用来显示两种质量数据之间关系的一种图形。质量数据之间的关系多属相关关系。一般有三种类型：一是质量特性和影响因素之间的关系；二是质量特性和质量特性之间的关系；三是影响因素和影响因素之间的关系。可以用 y 和 x 分别表示质量特性值和影响因素，通过绘制散布图，计算相关系数等来分析研究两个变量之间是否存在相关关系，以及这种关系的密切程度如何，进而在相关程度密切的两个变量中，通过对其中一个变量的观察控制，去估计控制另一个变量的数值，以达到保证产品质量的目的。这种统计分析方法，称为相关图法。

（2）相关图的观察与分析。相关图中点的集合反映了两种数据之间的散布状况。根据散布状况，我们可以分析两个变量之间的关系。归纳起来，有以下六种类型，如图 5-47 所示。

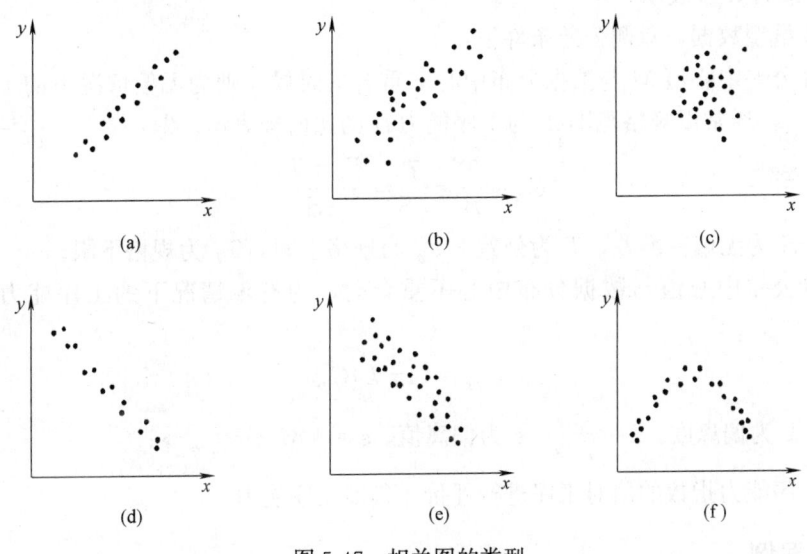

图 5-47　相关图的类型

（a）正相关；（b）弱正相关；（c）不相关；（d）负相关；（e）弱负相关；（f）非线性相关

① 正相关 ［图 5-47（a）］。散布点基本形成由左至右向上变化的一条直线带，即随 x 增加，y 值也相应增加，说明 x 与 y 有较强的制约关系。此时，可通过对 x 控制而有效控制 y 的变化。

② 弱正相关 ［图 5-47（b）］。散布点形成向上较分散的直线带。随 x 值的增加，y 值也有增加趋势，但 x、y 的关系不像正相关那么明确。说明 y 除受 x 影响外，还受其他更重要的因素影响。需要进一步利用因果分析图法分析其他的影响因素。

③ 不相关 ［图 5-47（c）］。散布点形成一团或平行于 x 轴的直线带。说明 x 变化不会引起 y 的变化或其变化无规律，分析质量原因时可排除 x 因素。

④ 负相关 ［图 5-47（d）］。散布点形成由左向右向下的一条直线带。说明 x 对 y 的影响与正相关恰恰相反。

⑤ 弱负相关 ［图 5-47（e）］。散布点形成由左至右向下分布的较分散的直线带。说明 x 与 y 的相关关系较弱，且变化趋势相反，应考虑寻找影响 y 的其他更重要的因素。

⑥ 非线性相关 [图 5-47（f）]。散布点呈一曲线带，即在一定范围内，x 增加，y 也增加；若超过这个范围，则 x 增加，y 有下降趋势，或改变变动的斜率并呈曲线形态。

8. 工序能力分析

工序能力是工序在稳定状态时所具有的保证产品质量的能力。受工序中的操作人员、机器设备、原材料、工艺方法、工作地环境等因素的综合影响和制约。表现在产品质量是否稳定、产品质量精度是否足够两方面。

（1）工序能力调查。工序能力调查首先要从收集数据开始，并从频数分布表、直方图以及工序能力图、控制图等作为依据来判断工序是否处于稳定状态。如果处于稳定状态，则可由其分布的统计量来计算工序能力指数，从而达到工序进行科学调查的目的。

（2）工序能力指数。工序能力指数是某工序的加工成果的精度，满足公差要求的程度。用 C_p 或者 C_{pk} 表示。

对于计量型数据，双侧公差条件下：

当设计公差中心值 M 与数据分布中心 $\bar{x}$ 重合的时候，则为无偏情况下的工序能力指数，记为 C_p，通常以规格范围 T 与工序能力 B 的比值来表示。即：

$$C_p = \frac{T}{B} = \frac{T}{6S} = \frac{T_u - T_l}{6S}$$

式中：S 为无偏标准差，T 为公差，T_u 为规格上限，T_l 为规格下限。

当设计公差中心值与数据分布中心不重合时，为有偏情况下的工序能力指数，记为 C_{pk}。

$$C_{pk} = (1 - k) C_p$$

式中：k 为偏离度。$k = \dfrac{\varepsilon}{T/2}$，$\varepsilon$ 为偏离值，$\varepsilon = |M - \bar{x}|$。

根据工序能力指数的值对工序进行评价，判断工序能力。

课程思政案例

一、火神山、雷神山医院建设创造速度奇迹

（一）案例背景

2020 年春节前夕，新冠肺炎疫情在湖北武汉暴发并波及全国。在党中央的坚强领导下，全国人民齐心协力开展疫情阻击战，经过艰苦卓绝的奋斗，取得了重大阶段性胜利。火神山、雷神山医院（以下简称"两山"医院）建设成为中国抗疫战场的标志性阵地。2020 年 1 月，仿照"非典"时期"小汤山"的医院模式，这两所应急专科医院拔地而起。十多天时间，从设计到交工，"两山"医院建设展现了世界第一的中国速度。在疫情的威胁下，每一个最简单环节都成为最艰巨的挑战。来自天南地北、全国各地的"逆行者们"火速驰援武汉，见山穿山，遇河搭桥，共同创造了"两山"医院建设的速度奇迹。

"两山"医院由中国建筑第三工程局有限公司牵头承建。火神山医院是在一片泥塘和山包上建成的，建设场地地基高差近 10m，施工环境非常不理想。施工人员需要在这样

的场地上平整出 7 个足球场大小的空地，只挖出的土就能堆出一座小山。这种工程量按常理估计需要至少一两个月，而且场地上方还有高压线，地上还有燃气、自来水等管道，迁改任务也是一个大难题。雷神山的建筑面积是火神山面积的两倍，且不说设计上的困难，如此大的建筑面积，光是活动板房就需要 3100 间。当时的整个湖北都没有这么多货源，而解决这个问题的时限是 48h。

面对诸多困难，广大建设者不畏艰难，科学施策，团结一心，昼夜奋战。雷神山医院开工建设时，仅用 24h，现场集结工人 3000 余名，管理人员近 500 名；火神山施工现场最高峰时约有 12000 人同时施工。2020 年 2 月 2 日，火神山医院建成，建筑面积约 3.39 万 m^2，可容纳 1000 张床位；2 月 6 日，雷神山医院建成，建筑面积约 7.99 万 m^2、拥有 1600 张病床。"两山"医院建设工期分别为 10 天、12 天。

（二）案例分析

在"两山"医院建设过程中，对项目进度目标进行整体控制的措施如下：

项目启动之初，由建设方、设计方、施工总承包方等主要参与方共同制定项目目标，并编制了工程进度计划横道图，各参与方严格按照进度计划稳步协同推进。

（1）在对外沟通协调方面：要求建设单位、代建方、施工方、关键分包方、医院使用方及运维人员等项目下游参与方前期介入，通过各方协同、决策机制以及会议制度三方面辅助项目主要参与方共同作出决策，将各方的需求和经验集成在方案设计中，以提高方案的可实施性并确保方案符合院方运营、维护的需要。

（2）在设计组织方面：项目经理根据施工横道图总体进度计划来制订设计进度计划，倒排设计工期，督促检查各项设计进度计划的执行与完成情况，协调设计工作中出现的问题，建立纠偏措施，保证项目设计总体进度；在设计质量控制方面，各专业内部以技术老总把关、校对审核人员方案阶段进入与设计人员综合能力优势互补为基础，在设计阶段随时通过项目评审会、专家咨询会等技术方式及时发现、解决可能存在的疑难问题，为后续工作扫平障碍，同时校审随行，随时解答设计制图中可能出现的问题，有效提高设计质量，缩短设计周期。

（3）在施工配合方面：由于设计施工周期短、图纸量大，施工全面铺开后，现场配备充足且齐全的专业技术人员，随时与施工方沟通，对各版本的施工图纸进行交底、指导和现场临时变更处理，避免盲目施工导致返工，确保按时完成项目总体进度目标。

（4）在响应院方使用需求方面：由于项目的特殊性，对功能分区、医患流线、采光、通风、废气排放、污水处理等设计要求较高，在设计过程中为满足使用要求，对设计环节中遇到的重难点进行研究分析，充分与高校及企业合作，并将分析结果运用到设计中，确保建成后符合医护人员使用需求以及满足医疗工艺流程的要求。

（三）价值思考

"两山"医院是举国上下众志成城抗击疫情，不放弃每一个生命、全力以赴救治每一名患者的见证，诠释着同舟共济、众志成城的"中国力量"。"两山"医院运行期间共收治 5000 余名重症患者，并最终实现了医护人员"零感染"、医院运行"零事故"、医疗废弃物"零污染"。中国建筑集团有限公司全面履行央企责任担当，创造了"两山"医院极速建造的世界奇迹，向全世界展现了中国建造的硬支撑，更彰显了中国制度优势的软实力。

二、天津某项目 18 栋住宅楼全部拆除重建的反思

（一）案例背景

位于天津市河西区的粤翠名邸项目，是天房集团打造的高端社区，占地面积约 80000m²，容积率（地上总建筑面积与用地面积的比率）为 1.75，由 3 栋 24～29 层的高层、3 栋 11 层的小高层及 12 栋 6～7 层的洋房外加 1 栋商业公寓组成。

该项目于 2016 年 8 月首开，当时的洋房均价为 46500 元/m²，高层首开均价约 45000 元/m²，粤翠名邸项目一度成为天津梅江版块最吸引眼球的楼盘。2017 年 3 月 24 日，原天津市建委所属市质安总队在建设项目抽查中发现，粤翠名邸项目 10 号楼混凝土强度未达到设计要求。后天津市建筑设计院和天津大学建筑设计研究院逐栋逐层逐节点对该项目已施工的地上建筑及地下车库进行结构安全验算。根据设计复核及专家组论证意见，依据施工图设计文件、施工合同等相关资料和已完工部位，从技术角度认为多栋地面以上建筑需拆除。据悉，建设楼体的混凝土强度应为 C25，而施工时却使用的是 C15，导致结构强度不够，带来极大的安全隐患，最终造成 18 栋主体完成的住宅楼被迫全部拆除重建，损失达 7 亿元。

（二）案例分析

根据《天津市人民政府关于同意粤翠名邸项目质量事故调查报告的批复》（津政函〔2019〕42 号）认定，该事故是一起重大工程质量事故。

对施工单位而言，2021 年 7 月 2 日，住房和城乡建设部下发《建督罚字〔2021〕40 号》，给予施工总承包单位（天津市房信建筑工程总承包有限公司）建筑工程施工总承包一级资质降为建筑工程施工总承包二级资质的处罚。理由如下：将企业资质出借给自然人，未履行企业质量管理责任；未按照国家有关建筑工程质量施工规范和标准施工，存在混凝土施工期间随意加水、养护不到位及混凝土强度检验造假等问题；工程质量控制资料不真实，与工程进度不同步；不执行建设行政主管部门下达的停工令，导致施工单位的质量管理体系失控。

2021 年 12 月 13 日，住房和城乡建设部下发《建督罚字〔2021〕64 号》，追责项目经理（董某），给予吊销一级建造师注册证书，终身不予注册的行政处罚。理由如下：作为该工程项目的项目经理，履责管理不到位，未履行相关质量管理职责，并涉嫌失职、渎职等违法违规问题。

对建设单位而言，因重建而导致的交房延误，天房集团向业主提供了两种赔偿方案：第一种方案是业主选择退房，公司向业主一次性赔偿总购房款的 6%；第二种是业主接受延期交房，在延误期内，每月向业主支付赔偿金，直至支付完成总购房款的 10%。2018 年 8 月 31 日晚间，天津市人民政府官网发布消息称，天房集团董事长邸达与总经理熊光宇同时被免；2018 年 10 月，天房集团党委书记、董事长邸达涉嫌严重违纪违法，目前正在接受纪律审查和监察调查；2019 年 1 月 7 日，据天津市纪委监委消息称，天房集团原党委常委、副总经理张炳政涉嫌严重违纪违法，目前正在接受纪律审查和监察调查。

（三）价值思考

质量是项目的生命线，质量合格是确保项目成功的底线，不容突破。该起重大工程质

量事故造成了恶劣的社会影响，尤其是天房集团作为天津最大的市属国有房地产企业，没有履行国有企业应有的社会责任，造成社会公信力的下降。导致该起质量事故的直接原因是"料"，即材料质量不合格，但究其根本原因在于"人"的问题，无论是企业还是个人均存在违法违规、不履行管理职责的问题，在影响项目质量的诸多因素中，人的因素应处于核心地位。本项目中相关的质量责任主体无论是企业还是个人，均受到了应有的处罚，承担了相应的法律责任，强烈的质量意识和合格质量能力不仅是对个人、对他人负责，更是对社会、对国家负责。

在经济全球化日益深入、以质量为核心要素的竞争日趋激烈的国际形势下，质量发展摆在前所未有的重要战略地位，加快转变经济发展方式，质量提升是必由之路。通过将质量管理理论与大国工匠事例结合，帮助学生了解工匠精神的内涵，引导学生建立理想坚定、信念执着、不怕困难、勇于开拓、精益求精的"工匠精神""质量强则国家强，质量兴则民族兴"。面对自己的学业与事业时，做到"执事敬""事思敬""修己敬"，提升自我修养，执着于自己的学业与事业，专注所选择的专业与职业，心无旁骛，最终成为所在行业的有用人才。

复习思考题

一、单项选择题

1. 横道图进度计划的优点是（　　）。
   A. 便于确定关键工作
   B. 工作之间的逻辑关系表达清楚
   C. 表达方式直观
   D. 工作时差易于分析

2. 关于虚工作的说法，正确的是（　　）。
   A. 虚工作只在双代号网络计划中存在
   B. 虚工作一般不消耗资源但占用时间
   C. 虚工作可以正确表达工作间逻辑关系
   D. 双代号时标网络计划中虚工作用波形表示

3. 某工程网络计划中，工作 M 的总时差为 5 天，自由时差为 3 天。在计划执行情况的检查中，发现只有工作 M 的实际进度拖后了 4 天，则关于工作 M 实际进度的说法，正确的是（　　）。
   A. 使总工期拖后一天，使后续工作最早开始时间拖后一天
   B. 不影响总工期，也不影响后续工作的正常进行
   C. 使总工期拖后一天，但不影响后续工作的正常进行
   D. 不影响总工期，但使后续工作最早开始时间拖后一天

4. 某双代号网络计划中（以天为时间单位），工作 K 的最早开始时间为 6，工作持续时间为 4；工作 M 的最迟完成时间为 22，工作持续时间为 10；工作 N 的最迟完成时间为 20，工作持续时间为 5。已知工作 K 只有 M、N 两项紧后工作，工作 K 的总时差为（　　）天。
   A. 2　　　　　　B. 3　　　　　　C. 5　　　　　　D. 6

5. 在工程网络计划中，关键线路是指（　　）。

A. 单代号网络计划中总的工作持续时间最长的线路

B. 双代号网络计划中由关键节点组成的线路

C. 单代号网络计划中包括单个工作持续时间最长的线路

D. 双代号时标网络计划中无虚箭线的线路

6. 双代号时标网络计划的特点之一是（　　）。

A. 可以在图上直接显示工作最早开始与结束时间和自由时差，但不能显示关键线路

B. 不能在图上直接显示工作最早开始与结束时间，但可以直接显示自由时差和关键线路

C. 可以在图上直接显示工作最早开始和结束时间，但不能显示自由时差和关键线路

D. 可以在图上直接显示工作最早开始和结束时间、自由时差和关键线路

7. 已知工作 A 的紧后工作是 B 和 C，工作 B 的最迟开始时间为 14，最早开始时间为 10，工作 C 的最迟完成时间为 16，最早完成时间为 14，工作 A 的自由时差为 5 天，则工作 A 的总时差为（　　）天。

A. 5　　　　　　B. 7　　　　　　C. 9　　　　　　D. 11

8. 在项目管理机构中，应有专门的工作部门和符合进度控制岗位资格的专人负责进度控制工作，这是进度控制中重要的（　　）。

A. 组织措施

B. 合同措施

C. 经济措施

D. 技术措施

9. 某工程 10 月份计划工作预算成本 50 万元，已完工作预算成本 45 万元，已完工作实际成本 48 万元，该工程 10 月底施工成本偏差和进度偏差分别是（　　）。

A. 成本超支 3 万元，进度拖延 5 万元

B. 成本超支 3 万元，进度拖延 3 万元

C. 成本节约 2 万元，进度提前 5 万元

D. 成本节约 2 万元，进度提前 3 万元

10. 全面质量管理的内涵中，不包括（　　）。

A. 全过程　　　　　B. 全面　　　　　C. 全员　　　　　D. 全要素

二、多项选择题

1. 在工程网络计划中，当计划工期等于计算工期时，关键工作的判定条件是（　　）。

A. 该工作的总时差为零

B. 该工作与其紧后工作之间的时间间隔为零

C. 该工作的最早开始时间与最迟开始时间相等

D. 该工作的自由时差最小

E. 该工作的持续时间最长

2. 关于工作总时差、自由时差及相邻两工作间间隔时间关系的说法，正确的有（　　）。

A. 工作的自由时差一定不超过其紧后工作的总时差

B. 工作的自由时差一定不超过其相应的总时差

C. 工作的总时差一定不超过其紧后工作的自由时差

D. 工作的自由时差一定不超过其紧后工作之间的间隔时间

E. 工作的总时差一定不超过其紧后工作之间的间隔时间

3. 某土方工程月计划工程量 2800m³，预算单价 25 元/m³；到月末时已完工程量 3000m³，实际单价 26 元/m³。对该项工作采用赢得值法进行偏差分析的说法，正确的是（   ）。

A. 计划工作实际成本为 72800 元

B. 已完成工作实际成本为 75000 元

C. 成本绩效指标＜1，表明项目运行超出预算成本

D. 进度绩效指标＜1，表明实际进度比计划进度拖后

E. 成本偏差为－3000 元，表明项目运行超出预算成本

4. 影响项目质量的因素包括（   ）。

    A. 时间　　　　　B. 机械　　　　　C. 材料　　　　　D. 方法　　　　　E. 环境

5. PDCA 循环原理中，属于 P 阶段的步骤包括（   ）。

A. 分析现状，找出质量问题

B. 分析影响质量的原因

C. 找出主要原因

D. 制订措施计划

E. 检查效果，发现问题

三、绘图、计算题

1. 根据下表绘制出双代号网络图。

紧前工作	A	B	C	D	E、F
紧后工作	D	G、E	F	G	H

2. 根据下图标注节点编号并计算网络时间参数，确定总工期和关键路线。

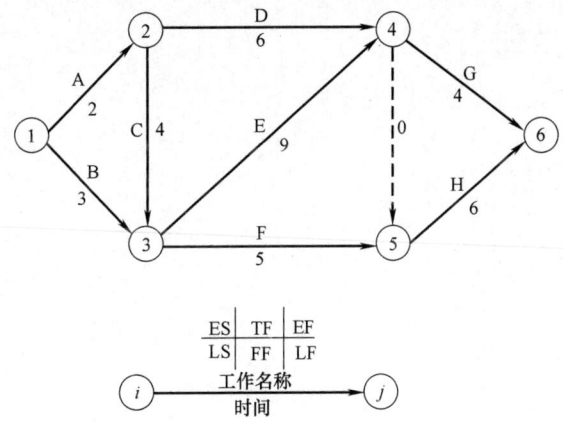

3. 某项目进行到 17 周后，对前 17 周的工作进行了统计检查，有关情况列于下表。

工作代号	计划完成工作预算成本 BCWS/万元	已完成工作量	实际发生成本 ACWP/万元	挣得值 BCWP/万元
A	200	100%	210	
B	220	100%	220	
C	400	100%	430	
D	250	80%	220	
E	300	100%	310	
F	540	50%	400	
G	840	70%	700	
H	600	60%	500	
合计				

（1）计算 17 周末的合计 ACWP、BCWS；

（2）求出前 17 周每项工作的 BCWP 及 17 周周末的 BCWP；

（3）计算 17 周的 CV 与 SV，并分析成本和进度状况。

4. 采用因果分析图，选择一个自己专业领域中存在的典型质量问题进行分析，并制订对策计划表。

第6章 项目风险管理

6.1 项目风险管理概述

6.1.1 项目风险的定义、特征及分类

1. 项目风险的定义

美国项目管理协会（PMI）的《项目管理知识体系（PMBOK®指南）（第七版）》对风险的定义为："一旦发生即会对一个或多个项目目标产生积极或消极影响的不确定事件或条件"。消极风险称为威胁，积极风险称为机会。这是因为，威胁是指一旦发生，会对一个或多个目标产生消极影响的事件或条件；机会是指一旦发生，会对一个或多个项目目标产生积极影响的事件或条件。

我国《项目风险管理 应用指南》GB/T 20032—2005 对项目风险的定义是："事件发生的可能性及其对项目目标影响的组合"。也就是说，项目风险是指在项目生命周期内，由于某些不确定性而可能导致项目偏离目标的事件或条件。

从上述对风险的定义中可以看出，风险应包括以下三个构成要素：事件、事件发生的可能性和事件发生后产生的后果。例如，对一架将要执行飞行任务的飞机来说，在万米高空突遇驾驶舱风窗玻璃爆裂脱落、座舱释压，可能会导致机毁人亡的事故发生，这就是飞机执行任务的一种风险。

由于项目是不确定性程度各异的独特性工作，所有项目都有风险。每个项目都有会影响项目达成目标的单个风险，以及由单个项目风险和不确定性的其他来源联合导致的整体项目风险，项目风险管理过程同时兼顾这两个层面的风险。其中，单个项目风险是一旦发生，会对一个或多个项目目标产生正面或负面影响的不确定事件或条件；整体项目风险是不确定性对项目整体的影响，是相关方面临的项目结果正面和负面变异区间，它源于包括单个风险在内的所有不确定性。

2. 项目风险的特征

项目风险具有以下特征：

（1）客观性。在项目的全生命周期内，项目风险是无处不在、无时没有的，风险的存在取决于风险的各种因素的存在，只要决定风险的各种因素达到风险发生的条件，风险就会发生。虽然人们希望能认识和控制风险，但只能在一定的条件下适当改变项目风险存在和发生的条件、降低其发生的概率、减少损失程度，消除所有风险是不可能的。

（2）偶然性和规律性。风险具有不确定性，任何一种风险的发生都是由许多条件和不确定因素相互作用的结果，是一种随机现象。个别风险事件的发生是偶然的、杂乱无章的，但通过对大量风险事件资料的统计分析可发现其概率规律，即可通过概率统计的方法

来描述具有随机不确定性的风险的发生规律，在此基础上可开展风险管理。

（3）多样性。项目实施全生命周期涉及范围广、风险因素数量多，面临的风险多种多样，如社会经济环境、技术、进度、质量等风险。

3. 项目风险的分类

项目风险的分类方法有很多，按照不同的分类标准，可对项目风险进行不同的分类。按风险产生的原因可将项目风险划分为自然风险、社会风险、经济风险、技术风险和管理风险等。

（1）自然风险是指由自然环境的非规则运动所引起的自然现象或物理现象导致的风险。例如，风暴、火灾、洪水等所导致的项目目标不能达到的风险。

（2）社会风险是指由于政局不稳或反常的个人行为或团体行为所造成的项目风险。例如，政权非正常更换、罢工、战争、玩忽职守等事件对项目的影响。

（3）经济风险是指由于经营管理能力降低、市场预测失误、价格变动或成本需求变化等因素导致项目经费超支或经济损失的风险，以及外汇变动和通货膨胀引起的风险。

（4）技术风险是指由于技术的不成熟、技术的复杂性、工作人员掌握技术的程度等因素导致项目投资方案、设计、施工、运行等方面的风险。

（5）管理风险是指项目管理人员的组织管理能力、领导和成员的个人素质不够、计划和资源调度能力不强、组织机构设置不合理等原因导致项目管理水平低，从而影响项目目标完成的风险。

6.1.2　项目风险管理

所有项目及其生命期中的每一过程与决策都存在风险。因此，在项目进行的每一阶段都应当对风险进行管理，并且风险管理过程应当与项目管理过程以及与产品有关的过程相结合。项目风险可以按照系统工程的思想进行管理，将项目作为一个系统，对项目的各个组成部分或工作任务进行分解，找出所有可能存在的风险，然后对这些风险进行定性定量分析，并根据分析的结果作出决策，最后付诸实施并进行控制。项目风险管理是对项目风险进行识别、分析、应对和监控的过程，其目标在于提高正面风险的概率和（或）影响，降低负面风险的概率和（或）影响，从而提高项目成功的可能性。项目风险管理是一个过程，包括风险管理规划、风险识别、风险分析、风险应对和风险监控。

1. 风险管理规划

风险管理规划是定义如何实施项目风险管理活动的过程。通过风险管理规划，确保风险管理的水平、方法和可见度与项目风险程度，以及项目对组织和其他相关方的重要程度相匹配。风险管理规划的结果是项目风险管理计划，描述将如何安排与实施项目风险管理。风险管理规划过程应在项目规划过程的早期完成，它对于能否成功进行项目风险管理、完成项目目标至关重要。

2. 风险识别

风险识别是识别单个项目风险以及整体项目风险的来源，并记录风险特征的过程。风险识别的任务是确定项目风险来源、风险产生的条件、描述风险特征和确定哪些风险条件有可能影响本项目。通过风险识别，记录现有的单个项目风险，以及整体项目风险的来源；同时，汇集相关信息，以便项目团队能够恰当应对已识别的风险。在整个项目生命周期中，单个项目风险可能随项目进展而不断出现，整体项目风险的级别也会发生变化。因此，风险识别是一个迭代的过程。

风险识别过程的成果一般载入风险登记册中，形成风险登记册的最初记录。随着风险分析、风险应对和风险监控等过程的开展，这些过程的结果也要记入风险登记册，进行完善并及时更新。当完成识别风险过程时，风险登记册可能包括（但不限于）以下的内容。

（1）已识别风险的清单。在风险登记册中，每项单个项目风险都被赋予一个独特的标识号。要以所需的详细程度对已识别风险进行描述，确保明确理解。

（2）潜在风险责任人。如果已在识别风险过程中识别出潜在的风险责任人，就要把该责任人记录到风险登记册中。随后将由定性风险分析过程进行确认。

（3）潜在风险应对措施清单。如果已在识别风险过程中识别出某种潜在的风险应对措施，就要把它记录到风险登记册中。随后将由规划风险应对过程进行确认。

3. 风险分析

风险分析分为定性风险分析和定量风险分析两个阶段。

（1）定性风险分析。定性风险分析是通过评估单个项目风险发生的概率、风险发生时对项目目标的相应影响以及其他特征来评估风险的相对优先级，从而为后续分析或行动提供基础的过程。通过风险发生概率等级和风险损失等级，可以确定风险等级，例如，《建设工程项目管理规范》GB/T 50326—2017 将风险事件按照不同风险程度分为四个等级，具体划分如表 6-1 所示的风险等级矩阵表。

风险等级矩阵表 表 6-1

风险等级		损失等级			
		1	2	3	4
概率等级	1	Ⅰ级	Ⅰ级	Ⅱ级	Ⅱ级
	2	Ⅰ级	Ⅱ级	Ⅱ级	Ⅲ级
	3	Ⅱ级	Ⅱ级	Ⅲ级	Ⅲ级
	4	Ⅱ级	Ⅲ级	Ⅲ级	Ⅳ级

该评估基于项目团队和其他相关方对风险的感知程度，从而具有主观性。本过程会为每个风险识别出责任人，以便由他们负责规划风险应对措施，并确保应对措施的实施。如果需要开展定量风险分析过程，那么实施定性风险分析能为其奠定基础。

（2）定量风险分析。定量风险分析是就已识别的单个项目风险和不确定性的其他来源对整体项目目标的影响进行定量分析的过程。通过定量风险分析，量化整体项目风险敞口（Risk Exposure，又称风险暴露值），并提供额外的定量风险信息，以支持风险应对规划。

并非所有项目都需要实施定量风险分析，能否开展稳健的分析取决于是否有关于单个项目风险和其他不确定性来源的高质量数据，以及与范围、进度和成本相关的扎实项目基准。定量分析最可能适用于大型或复杂的项目、具有战略重要性的项目、合同要求或主要相关方要求进行定量分析的项目。定量风险分析通常需要运用专门的风险分析软件，以及编制和解释风险模式的专业知识，还需要额外的时间和成本投入。

（3）项目风险定性和定量分析的成果。风险登记册是在风险识别过程中形成的，在风险分析后根据风险评估的结果对其进行更新，更新的内容包括以下六个方面：

① 项目风险的相对排序或优先级清单。

② 按照类别分类的风险。

③ 需要在近期采取应对措施的风险清单。

④ 需要进一步分析与应对的分析清单。

⑤ 低优先级分析观察清单。

⑥ 风险评估结果趋势。

4. 风险应对

风险应对分为规划风险应对和实施风险应对。

（1）规划风险应对。规划风险应对是为处理整体项目风险敞口，以及应对单个项目风险而制定可选方案、选择应对策略并商定应对行动的过程。通过规划风险应对，制定应对整体项目风险和单个项目风险的适当方法。项目风险应对可以从改变风险后果的性质、风险发生的概率或风险后果大小三个方面提出多种策略。

① 威胁。针对威胁，可以考虑下列五种备选策略。

a. 威胁规避。威胁规避是指项目团队采取行动来消除威胁，或保护项目免受威胁的影响。

b. 上报策略。如果项目团队或项目发起人认为某威胁不在项目范围内，或提议的应对措施超出了项目经理的权限，就应该采取上报策略。

c. 转移策略。转移策略涉及将应对威胁的责任转移给第三方，让第三方管理风险并承担威胁发生的影响。

d. 威胁减轻。威胁减轻是指采取措施来降低威胁发生的概率和/或影响。提前采取减轻措施，通常比威胁出现后尝试进行补救更加有效。

e. 威胁接受。威胁接受是指承认威胁的存在，但不主动规划措施。主动接受风险可以包括制定在事件发生时触发的应急计划；也可以包括被动接受，即什么也不做。

对某个特定威胁的应对措施可能包括多种策略。例如，如果不能避免这种威胁，就可以将其减轻到可以转移或接受的程度。实施威胁应对措施的目标是减少负面风险数量。有时，接受的风险会随着时间的推移或由于风险事件没发生而减少。

② 机会。针对机会，可以考虑下列五种备选策略。

a. 开拓。项目团队采取行动以确保机会出现。

b. 上报。与威胁一样，如果项目团队或项目发起人认为某机会不在项目范围内，或提议的应对措施超出了项目经理的权限，就应该采取机会应对策略。

c. 分享。机会分享涉及将应对机会的责任分配给最能获得该机会收益的第三方。

d. 提高。在机会提高策略中，项目团队采取行动提高机会发生的概率或扩大机会带来的影响。提前采取提高措施通常比机会出现后尝试改善机会更加有效。

e. 接受。与威胁一样，接受机会是指承认机会的存在性，但并不规划主动措施。

一旦制定了一套风险应对措施，就应该对其进行审查，以确定计划的应对措施是否增加了任何次生风险。审查还应对采取应对措施后仍将存在的残余风险作出评估。

（2）实施风险应对。实施风险应对是执行商定的风险应对计划的过程。通过实施风险应对，确保按计划执行商定的风险应对措施，来管理整体项目风险敞口、最小化单个项目威胁，以及最大化单个项目机会。

只有风险责任人关注实施风险应对过程，以必要的努力去实施商定的应对措施，项目的整体风险敞口和单个威胁及机会才能得到主动管理。对每一项风险处理，都应任命专人负责。最适当的人选可以是：

① 对产生风险的活动负责的人员；

② 能够最好地控制风险发生可能性的人员；

③ 所处职位最适于对风险的发生作出反应、补救或降低其影响的人员；

④ 有适当职权处理风险的人员。

5. 风险监控

风险监控是在整个项目期间，监控商定的风险应对计划的实施、跟踪已识别风险、识别和分析新风险，以及评估风险管理有效性的过程。通过风险监控，使项目决策都基于关于整体项目风险敞口和单个项目风险的当前信息。

为了确保项目团队和关键相关方了解当前的风险敞口级别，应该通过监控风险过程对项目工作进行持续监控，来发现新出现、正变化和已过时的单个项目风险。监控风险过程采用项目执行期间生成的绩效信息，以确定：

（1）实施的风险应对是否有效；

（2）整体项目风险级别是否已改变；

（3）已识别单个项目风险的状态是否已改变；

（4）是否出现新的单个项目风险；

（5）风险管理方法是否依然适用；

（6）项目假设条件是否仍然成立；

（7）风险管理政策和程序是否已得到遵守；

（8）成本或进度应急储备是否需要修改；

（9）项目策略是否仍然有效。

6.2　项目风险管理的方法和工具

通过前文所述，项目风险管理是通过主动、系统地对项目风险进行全过程识别、分析、应对及监控，从而实现项目目标的科学管理方法。项目风险管理的工具和方法很多，本书介绍几种常见的风险识别、风险分析技术。当然，其中的一些方法也可能适用于风险管理的其他环节。

6.2.1　风险识别的方法和工具

1. 专家判断

应考虑了解类似项目或业务领域的个人或小组的专业意见。项目经理应该选择相关专家，邀请他们根据以往经验和专业知识来考虑单个项目风险的方方面面，以及整体项目风险的各种来源。需要注意的是，专家的判断可能持有偏见。该方法也可用于风险的定性和定量分析。

2. 访谈

可以通过对资深项目参与者、相关方和主题专家的访谈，来识别单个项目风险以及整体项目风险的来源。应该在信任和保密的环境下开展访谈，以获得真实可信、不带偏见的意见。

3. 核对单

核对单是基于类似项目和其他信息来源积累的历史信息和知识编制的，是包括需要考虑的项目、行动或要点的清单，常被用作提醒。通过编制核对单，列出过去曾出现且可能与当前项目相关的具体单个项目风险，这是吸取已完成的类似项目经验教训的有效方式。虽然核对单简单易用，但不可能穷尽所有风险。所以，不能用核对单来取代所需的风险识别工作；同时，还应该不时地审查核对单，增加新信息，删除或存档过时信息。

4. SWOT 分析

SWOT 分析法是一种环境分析方法，作为一种系统分析工具，其主要目的是对项目的 Strength（优势）与 Weakness（劣势）、Opportunity（机遇）与 Threat（威胁）各方面，从多角度对项目风险进行分析识别。在识别风险时，它会将内部产生的风险包含在内，从而拓宽识别风险的范围。首先，关注项目、组织或一般业务领域，识别出组织的优势和劣势；然后，找出组织优势可能为项目带来的机会，分析组织劣势可能造成的威胁。SWOT 一般分为以下五步进行。

（1）列出项目的优势和劣势、可能的机会与威胁，填入道斯矩阵的Ⅰ、Ⅱ、Ⅲ和Ⅳ区，如表 6-2 所示。

道斯矩阵 表 6-2

机会与威胁 策略选择 优势与劣势	Ⅲ 优势（S） （列出自身优势）	Ⅳ 劣势（W） （具体列出弱点）
Ⅰ 机会（O） （列出现有的机会）	Ⅴ SO 策略 抓住机遇、发挥优势策略	Ⅵ WO 策略 利用机会、克服劣势策略
Ⅱ 威胁（T） （列出正面临的威胁）	Ⅶ ST 策略 利用优势、减少威胁策略	Ⅷ WT 策略 弥补缺点、规避威胁策略

（2）将内部优势与外部优势组合，形成 SO 策略，制定抓住机会、发挥优势的策略，填入道斯矩阵的Ⅴ区。

（3）将内部劣势与外部优势组合，形成 WO 策略，制定利用机会、克服弱点的策略，填入道斯矩阵的Ⅵ区。

（4）将内部优势与外部威胁相结合，形成 ST 策略，制定利用优势、减少威胁的策略，填入道斯矩阵的Ⅶ区。

（5）将内部劣势与外部威胁相结合，形成 WT 策略。制定弥补缺点、规避威胁的策略，填入道斯矩阵的Ⅷ区。

5. 头脑风暴法

头脑风暴的目标是获取一份全面的单个项目风险和整体项目风险来源的清单。通常由项目团队开展头脑风暴，同时邀请团队以外的多学科专家参与，由全体成员自发地提出主张和想法。利用头脑风暴法可以想出许多主意，能激发出热情的、富有创造性的更好的方案。在项目风险管理中可使用头脑风暴法来识别项目可能存在的风险以及集思广益地收集风险应对措施，以得到最优的风险应对方案等。由于头脑风暴生成的创意并不成型，所以应该特别注意对头脑风暴识别的风险进行清晰描述。

6. 德尔菲法

德尔菲法本质上是一种反馈匿名函询法。其做法是：在对所有要预测的问题征得专家的意见之后，进行整理、归纳、统计，再匿名反馈给各专家，再次征求意见，再集中，再反馈，直到得到稳定的意见。与其他专家预测法相比，具有三个明显特点，即匿名性、多次反馈、小组的统计回答。该方法有助于减少数据中的偏倚，并防止任何人对结果产生不适当的影响。

6.2.2 风险分析的方法和工具

风险分析的方法有模拟和决策树分析两种方法。

1. 模拟

在定量风险分析中，使用模型来模拟单个项目风险和其他不确定性来源的综合影响，以评估它们对项目目标的潜在影响。模拟通常采用蒙特卡洛分析。对成本风险进行蒙特卡洛分析时，使用项目成本估算作为模拟的输入；对进度风险进行蒙特卡洛分析时，使用进度网络图和持续时间估算作为模拟的输入。开展综合定量成本—进度风险分析时，同时使用这两种输入。其输出就是定量风险分析模型。

用计算机软件数千次迭代运行定量风险分析模型。每次运行，都要随机选择输入值（如成本估算、持续时间估算或概率分支发生频率）。这些运行的输出构成了项目可能结果（如项目结束日期、项目完工成本）的区间。比如，蒙特卡洛成本风险分析所得到的成本S形曲线。

2. 决策树分析

决策树是以方框和圆圈为节点，并由直线连接而成的一种像树枝形状的结构。其中，方框表示决策点，圆圈表示机会点；从决策点画出的每条直线代表一个方案，称为方案枝；从机会点画出的每条直线代表一种自然状态，叫作概率枝。用决策树在若干备选行动方案中选择一个最佳方案，其评价准则可以是收益期望值、效用期望值或其他指标，期望也叫作数学期望值、平均数。其计算公式为：

$$E(x) = \sum_{i=1}^{n} x_i P(x_i)$$

式中 $E(x)$——随机变量 x 的期望值；

x_i——随机变量 x 的取值，$i=1$，2，3…

$P(x_i)$——x 取 x_i 的概率。

决策树的绘制是自左向右（决策点和机会点的编号左小右大，上小下大），而计算则是自右向左。各机会点的期望值计算结果应标在该机会点上方，最后将决策方案以外的方案枝用两短线排除。

项目风险的评价要能反映项目风险的背景环境，同时又要能描述项目风险发生的概率、后果以及项目风险的发展动态。决策树这种结构模型既简明又符合上述两项要求。采用决策树法来分析项目风险比较直观、清晰。

【例 6-1】 某投资者预投资兴建一工厂，建设方案有两种：①大规模投资 300 万元；②小规模投资 160 万元。两个方案的生产期均为 10 年，其每年的损益值及销售状态的规律见表 6-3。试用决策树法选择最优方案。

各年损益值及销售状态　　　　　　　　　　　　　　　　表 6-3

销售状态	概率	损益值/(万元·年$^{-1}$)	
		大规模投资	小规模投资
销路好	0.7	100	60
销路差	0.3	−20	−20

解： （1）绘制决策树，见图 6-1。

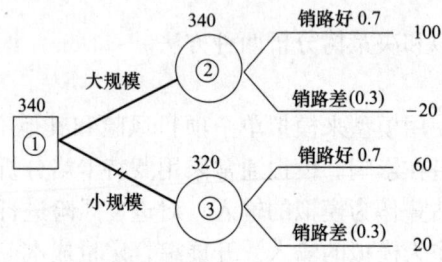

图 6-1　决策树图

（2）计算各状态点的期望收益值

节点②：[100×0.7+（−20）×0.3]×10−300＝340（万元）

节点③：[60×0.7+20×0.3]×10−160＝320（万元）

将各状态点的期望收益值标在圆圈上方。

（3）决策。比较节点②与节点③的期望收益值可知，大规模投资方案优于小规模投资方案，故应选择大规模投资方案，用符号"//"在决策树上"剪去"被淘汰的方案。

课程思政案例

港珠澳大桥项目风险管理

（一）案例背景

港珠澳大桥（英文名称：Hong Kong-Zhuhai-Macao Bridge）是"一国两制"背景下联系中国香港、珠海、澳门三地的大型跨海项目，设计使用年限 120 年，具有极强的政治意义，颇受世界瞩目。其东接香港特别行政区，西接广东省（珠海市）和澳门特别行政区，是国家高速公路网中珠江三角洲地区环线的组成部分和跨越伶仃洋海域的关键性工程，将形成连接珠江东西两岸新的公路运输通道。其中港珠澳大桥岛隧工程包括桥梁、沉管隧道以及海中人工岛，该沉管隧道是我国第一条外海沉管隧道，也是目前为止世界范围内施工环境最复杂、规模最大、技术难度最高的海底公路沉管隧道。

（二）案例分析

港珠澳大桥项目投资额大、工期长、涉及面广、施工难度大，所处地理位置环境恶劣，面临着错综复杂的风险，因此风险管理显得尤为重要。对于港珠澳大桥项目，由于工期时间长，涉及面广，所处地理位置环境复杂等原因，其面临的风险也多种多样。本文主要从项目前期、项目中期、项目后期三个阶段来进行风险因素的识别、分析和应对，如表 6-4 所示。

港珠澳大桥项目风险管理　　　　　　　　　　　　　表 6-4

项目风险管理							
项目阶段	风险种类	风险识别		分析风险			风险应对
		风险类别	风险产生原因	风险发生概率等级	风险损失等级	风险等级	主要应对策略	应对措施计划
项目前期阶段	市场预测风险	社会风险	不了解市场环境和前景；即将建成的虎门二桥及深中通道，会对港珠澳大桥造成分流车流的压力	2	2	Ⅱ级	规避	搜集相关资料，总结经验和教训，大量的观察、分析、归纳，得出市场发展的可能趋势；做好前期市场调研工作，充分了解市场环境和前景，并且做好港珠澳大桥项目客流量变化的风险识别工作
	技术风险	技术风险	采用的新技术，新工艺（如软基深埋高水压条件沉管隧道结构设计、外海沉管浮运沉放气象窗口精确预报等）的创新无法保证其具有可靠性以及耐久性；海上施工作业比较困难	4	3	Ⅲ级	减轻、转移	严格审查投资方案以及相关资料，确保资料的准确性以及施工新型技术的适用性、可行性以及先进性；研究实施大规模快捷安装的跨海工程综合施工技术；构件设计大型化、采用陆上工厂标准化预制，现场大型设备安装的建设工法，降低现场工作量，减少海中作业时间，以适应工程区热带气旋影响频繁、航运安全管理难、环保要求高的特点，提高工程质量及耐久性、降低风险、加快建设进度；购买相应工程保险
	设计方案风险	技术风险	大桥穿越中华白海豚保护区，会对周边环境造成影响；大桥所处的地理环境复杂，需要一套适宜的设计方案	2	3	Ⅱ级	规避	在设计时应空分考虑大桥施工中以及建成后对空气、水质、生态、噪声等方面的影响；确定采用"工厂化、大型化、标准化、装配化"的总体设计、建设思想
	项目资金风险	经济风险	业主迟迟不提供项目资金	1	2	Ⅰ级	减轻	加强合同管理，资金不按时到位时进行责任索赔

项目阶段	风险种类	风险识别		分析风险			风险应对	
		风险类别	风险产生原因	风险发生概率等级	风险损失等级	风险等级	主要应对策略	应对措施计划
项目中期阶段	施工风险	技术风险、管理风险	采用大量的新技术、新材料以及新工艺,工作人员对新的专业知识不了解,并且经验不足,掌握的技术程度不够成熟;组织管理能力强的项目管理人员比较稀缺;庞大的项目体系使得各项目参与方信息不能共享	4	4	IV级	减轻、规避	组织作业人员参与到新技术,新工艺的研究学习中,并对工作人员定期进行专业技能培训;培养选拔企业内部的管理人才;做好风险信息沟通平台,如制定例会交流制度等,做好风险控制工作
	天气等自然风险	自然风险	项目处于台风多发区,极端天气比较多	2	3	II级	规避	与当地气象部门联系,及时掌握未来天气变化情况,合理定制相应的外业作业计划,预防风险事件发生
项目后期阶段	运营成本风险	经济风险	大桥有关部门的管理成本以及大桥的维护修理成本(日常维护与大修检测成本等)不断增多	2	2	II级	减轻	加强政府协商工作。要三地政府加强磋商,降低车辆通行门槛,以此扩大港珠澳大桥的客流量;减少运营阶段不必要成本输出,找到合适的运营管理方案,有效降低运营风险
	运营收益风险	经济风险、管理风险	虎门大桥以及即将建成的深中通道,造成港珠澳大桥客流量减少,部分市场份额会被分割。运营管理不到位造成收益损失	3	3	III级	减轻、接受	
	自然灾害风险	自然风险	项目所处台风多发区,易受台风海啸、地震影响;海底地质情况多变,对大桥相关服务设施(照明、排水等)甚至是大桥本身的安全性和耐久性带来影响	2	2	II级	规避	在识别分析风险的基础上制定好应急方案,如台风、暴雨紧急方案等,以防突发状况,确保对风险的有效管控
	材料耐久性风险	技术风险	工程处于情况多变的海域,材料耐久性无法保证	2	2	II级	规避	应定期对桥梁的稳固性进行检修,包括水上基建工程检修和水下基建工程检修,防止因结构材料和防水材料老化带来的风险发生
	政治环境风险	社会风险	港珠澳大桥连接港珠澳三地,因而在法律体制、行政管理、基建程序、技术标准体系、货币体制等方面均存在差异;区域协作、项目协调问题非常复杂	1	1	I级	接受	企业的风险管理要与三地的政治风险管理有机结合,从自身情况出发找到合适的应对措施;查找可借鉴案例,搜集相同案例解决处理办法,有效应对在合同签订、技术标准及交通政策等方面遇到的风险

项目风险管理

（三）价值思考

虽然项目建设难度极大，建造过程中的诸多风险均得以一一克服，大桥的建成通车充分体现了中国建桥技术的经验积淀和理念认知，开启了中国高端桥梁建造新的历史篇章，彰显了我国的综合国力和重大基础设施建设能力。

大桥建设的初衷是为了拉动沿线经济，促进粤港澳大湾区的发展，但舍弃深圳的"单Y"方案，将会流失相当大一部分市场资源，项目未来经济效益和社会效益的释放更成了港珠澳大桥真正的风险顾虑焦点。故有学者也提出，港珠澳大桥应该选择"双Y"方案（连接深圳、中国香港、珠海、澳门四地），香港接屯门，深圳接蛇口，走内伶仃岛和淇澳岛后连珠海和中山，再修一条陆地快线到澳门，这样才能发挥出最大经济效能。

复习思考题

一、思考题

1. 项目风险的特点有哪些？并举例说明。
2. 简述项目风险管理的过程，并结合具体案例说明。
3. 结合所学专业选择一个具有较大风险的项目，对其进行 SWOT 分析。

二、计算题

某项目有两个备选方案 A 和 B，两个方案的寿命期均为 10 年，生产的产品也完全相同，但投资额及年净收益均不相同。A 方案的投资额为 600 万元，其年净收益在产品销售好时为 150 万元，销售差时为 50 万元；B 方案的投资额为 400 万元，其年净收益在产品销路好时为 100 万元，销路差时为 10 万元，根据市场预测，在项目寿命期内，产品销路好时的可能性为 70%，销路差的可能性为 30%。试根据以上资料对方案 A 和方案 B 进行比选（已知基准折现率 $i_c = 10\%$）。

第 7 章　工程与工程师伦理

7.1　工程与工程师伦理概述

7.1.1　工程价值的多元性

在衡量工程价值的时候，人们很自然地会想到这个工程赚不赚钱，也就是从它的经济利益出发去评价一个项目的成败，这就是工程的经济价值性。在进行工程立项决策的时候就会先对工程的经济性进行评价，但工程的价值具有多元化的特点，需要从多维的角度去分析，包括科学价值、政治价值、社会价值、文化价值和生态价值五方面的工程价值。这便需要工程师除了具备专业知识和技能外，还尤其需要接受伦理学的学习，学会如何进行伦理决策，否则可能会给社会带来非常大的风险。

1. 工程的科学价值

工程是科学技术的载体，在工程实践的过程中，科学探索在不断的深入，比如我国从2003 年开始，正式开展月球探测工程，并命名为"嫦娥工程"。中国人的探月工程，为人类和平使用月球作出了新的贡献。"嫦娥五号"主要科学目标包括对着陆区的现场调查和分析，以及月球样品返回地球以后的分析与研究，具有重大的科学研究价值。

除了航空航天工程外，我们可以看到在生命科学领域，以基因工程、细胞工程、酶工程、发酵工程为代表的四大工程领域，诸如转基因技术、克隆技术、杂交技术在工程探索和应用的过程中取得了重大进展。

2. 工程的政治价值

工程的政治价值是从国家和政府的战略角度出发来进行的工程设计。其中一个极端的表现就是其军事价值，如我国的万里长城的工程价值就在于它的军事防御功能。

我国于 2018 年 10 月开通的港珠澳大桥作为连接粤港澳三地的跨境大通道，港珠澳大桥将在粤港澳大湾区建设中发挥重要作用。它被视为粤港澳大湾区互联互通的"脊梁"，可有效打通湾区内部交通网络的"任督二脉"，中国香港、珠海、澳门三地间的时空距离将大大缩短，从而促进人流、物流、资金流、技术流等创新要素的高效流动和配置。但除了推动粤港澳大湾区区域经济的发展作用之外，港珠澳大桥的战略意义不言而喻。它是一条内地与港澳连接的纽带，港珠澳大桥跨越伶仃洋，东接香港，西接珠海和澳门，是"一国两制"框架下粤港澳三地首次合作建设的大型跨海交通工程，也是世界上最长的跨海大桥工程，被誉为"世纪工程"。在这样一个大时代、大背景下，港珠澳大桥的建成，体现了我国正走向民族复兴强盛的新阶段，是新时代民族复兴的标志。

3. 工程的社会价值

随着科学技术的进步，社会的生产水平得到了巨大提升，更好地满足了我们人类的生产生活的需求，提高了人们生活的质量，人类的健康水平和人均寿命都得到了大幅提高。同时，科技的进步也进一步解放了劳动力，机械化、自动化和智能化的装备减少了劳动者的劳动强度，而信息通信技术增进了人的智力水平和创造力，同时也拉近了世界沟通的距离、降低了成本。

但是，同时我们需要注意到，工程的社会价值并不总是正向的、积极的，熊彼特曾经说：技术创新是一种"创造性的破坏"，创造了新的产业，同时也打破了旧的产业，知识密集型、技术密集型的企业逐步替代了劳动密集型的企业，使得原来产业的工人下岗。而如果这部分工人由于知识水平和年龄已经无法更新认知水平，就容易造成社会的进一步的分化和不稳定。

4. 工程的文化价值

工程作为科技、艺术、管理等多要素集成的结晶，具有其鲜明的文化艺术价值，好的工程会给人以美的享受。正如哲人所说：建筑是凝固的艺术，而标志性的工程还会成为一个地区甚至一个国家的象征，可以增进民族和国家的自豪感和凝聚力。所以近年来也越来越重视工程设计的水平，以及工程遗产的保护和利用，比如北京的故宫建筑群，是世界上现存建筑面积最大、保存最完整的古代宫殿建筑群，这里每年有几百万人前来参观，但它不仅是一个北京旅行的打卡地，更是一个研究中国历史、建筑历史和传统文化的宝库，同时故宫也与时俱进，成为文化创新的新地标。

5. 工程的生态价值

工程的最后一个价值是生态价值，传统的工程以自然界作为作用的对象，为了满足人类生存和发展的需要，无节制的开发和利用，向自然界肆意排放废弃物，造成了环境急剧恶化，生态系统遭到严重的破坏，显然这样的工程的生态价值是负面的。

幸运的是，人们逐渐认识到这些问题，工程也开始向节能、降耗、绿色、环保、低碳以及环境友好型方向发展，大力开发新兴能源，发展循环经济，比如我们国家开展的三北防护林体系建设等重大生态修复工程，以及一大批矿山地质环境的治理、江河湖泊的生态环境保护项目等，如今习近平总书记提出的"绿水青山，就是金山银山"的环保理念已经深入人心。

6. 工程价值的综合性

工程的价值不是单一存在的，一般工程总是包含着多种价值，我们应当避免和防止极端地追求某一方面的价值，比如说为了追求经济价值而牺牲其他方面的价值，甚至以牺牲其他价值为代价，比如威胁人的健康和安全、破坏环境等。同时我们也应该让工程能服务于大多数民众，而不能成为服务于少数人的工具，只有这样才能体现工程伦理的社会公正的理念。

7.1.2　工程中的伦理问题

关于伦理的定义也有很多。比如，美国《韦氏大辞典》对于伦理的定义是："一门探讨什么是好什么是坏，以及讨论道德责任义务的学科"。再如，伦理一般是指一系列指导行为的观念，是从概念角度上对道德现象的哲学思考，它不仅包含着对人与人、人与社会（国家）和人与自然之间关系处理中的行为规范，而且也深刻地蕴涵着依照一定原则来规范行为的深刻道理。任何影响社会的团体行为或专业行为都有其内在特殊的伦理要求。

工程伦理是以工程活动中的伦理问题为对象，进行系统研究和学术建构的理工与人文交叉的融合学科，它是伦理学的分支，属于应用伦理学。工程伦理的研究对象是伦理问题，研究的场景是工程实践，而该学科是一门横跨哲学、伦理学、工程学、社会学的新兴交叉学科。

现代工程已经不仅是技术的应用，而是多种要素的集成。其中，包括了技术、经济、社会、自然和伦理等要素，将伦理的维度运用到其他要素，就形成了工程伦理关注的四个主要问题。

1. 工程的技术伦理问题

技术工具论认为，技术本身无善恶，只是一种手段，而技术是一把"双刃剑"，使用技术结果的好坏取决于技术的应用主体，也就是指人，人拥有如何应用技术的自主性，人是道德的主体，有道德选择的自由，同时也应该有道德评价的标准和干预的机制，防止人将技术应用于不道德的用途。

2. 工程的利益伦理问题

工程建设过程中，涉及各种利益的协调和分配，如何在兼顾效益和公平的前提下，实现经济利益和社会效益的最大化，是衡量工程实践活动好坏的重要标准。

3. 工程的责任伦理问题

工程的责任包括事前决策责任和事后追究责任，行动者网络中的每一个参与方都是工程责任的主体；而工程伦理的准则，从一开始强调工程师的忠诚责任逐渐转变为社会责任，然后进一步延伸到自然责任，也就是对环境所承担的责任。

4. 工程的环境伦理问题

随着技术的快速发展，工程对自然的利用和改造也日益深入，工程从建造到使用过程中对环境的影响，促进经济发展与保护环境之间如何协调关系，成为工程在决策阶段就需要思考的问题。

7.1.3 伦理的立场

伦理规范并不是一成不变的，对于什么是正当行为的思考和争论，形成了不同的伦理立场，主要有以下四种：

1. 功利论

以英国思想家穆勒和边沁为代表，他们认为，一种行为如果有助于增进幸福就是正确的，这种幸福包括了行为的当事人，也包括了行为可能影响的其他人。这种立场关注于行为的后果，两利相较取其大，目标是追求最大的善！在工程中，最大的善就是将公众的安全、健康、福祉放在首位。

2. 义务论

我们中国传统的儒家思想倡导"取义成仁"，而哲学家康德作为这种立场的代表人物，强调要道德自律。在工程中要求工程师在履行职业职责时不得受到利益冲突的影响，要为自己的职业行为承担责任，反映的就是这个立场的观点。

3. 契约论

代表人物是美国学者罗尔斯，他们主张伦理规范应该用一种契约协议进行制度化来维护根本的道德原则，那就是正义。罗尔斯发展出了正义伦理学的两个基本原则，一个是自由原则，也就是个人自由和人人平等；一个是差异原则，要求机会均等和惠顾少数不利者。因此，西方的工程师协会的伦理准则将公众的安全、健康、福祉放在首位，同时，也认同工程师有生活和自由追求自己正当利益的基本权利。

4. 德性论

以古希腊哲学家亚里士多德和当代伦理学家麦金泰尔为代表，主张应该关注人的内心品德的养成，而不是外在行为的规则，而德性只有通过实践才能达到实现。因此工程师需要通过学习来培养伦理意识，在实践中才能自我实现。

7.1.4　工程伦理教育的目标

工程师应具备的三种伦理素质：工程伦理意识，是伦理动机和伦理行为的思想基础；伦理规范准则，是伦理判断和伦理取向的标准；伦理决策方法，是解决工程伦理问题的方法和手段。工程伦理教育的目标是要提高工程科技人员的道德水平，培养工程伦理素养，树立正确的利益价值观。简单地说，就是"培养负责任的工程师"。具体包括以下四个方面。

1. 提高工程师的伦理素养

素养不是与生俱来的，必须通过学习和实践才能不断提升。陷于伦理困境的工程师往往不是人品不好，而是缺乏伦理的基本素养。

2. 培养工程伦理意识和责任感

伦理意识就是工程师对伦理问题的敏感性，提高工程实践中对各种伦理问题的自觉性和能动性，是积极面对有效解决工程伦理问题的前提。

3. 掌握工程伦理的基本规范

规范就是工程师需要遵循的行为准则，为解决相关的问题提供依据。但从历史的发展来看，伦理规范也并非一成不变，在一定的发展阶段，规范就是反映社会主流价值观念和伦理思想的行为准则。

4. 提高工程伦理的决策能力

由于工程的技术和利益关系的复杂性和不可预测性，面临伦理困境的时候，仅仅依靠工程伦理规范很难进行决策，要求工程师在遵守基本规范的前提下，具有更为复杂的决策能力，在关键时刻作出理性的判断。

7.2　工程风险的伦理责任

7.2.1　工程风险的伦理评估

从工程伦理的角度来看，工程风险的核心就是工程风险可接受性在社会范围的公正问题，就有必要从伦理学的角度来对工程风险进行评估和研究。工程风险的伦理评估应遵循以下原则：

1. 以人为本的原则

风险评估中要体现"人不是手段而是目的"的伦理思想，要充分保障人的安全、健康和全面的发展，避免狭隘的功利主义。尤其要重视对弱势群体的关注。同时要重视公众对风险的及时了解，尊重当事人的"知情同意"权，很多技术层面非常合理的工程项目，由于没有让社会公众得到充分的了解，造成了社会问题，那么项目就很难顺利地推进和实施。

2. 预防为主的原则

工程风险的伦理评估，要实现从"事后处理"向"事先预防"的转变，要充分预见工程可能产生的负面影响，工程在立项决策和设计阶段就应该尽到考虑周全的义务。同时，还要加强安全知识的教育，提高社会群体的安全意识，做到防患于未然。

3. 整体主义的原则

伦理评估要从社会整体和生态整体的角度来考虑工程的社会影响，当个人价值与社会价值发生冲突的时候，要将局部的利益放在社会的背景中衡量利益得失。而在处理人与自然的关系上，中国的哲学强调"天人合一"，消除小我，融入天地，要将工程与周围的环境看作一个整体，综合考虑工程短期和长期影响。

4. 制度约束的原则

建立完善的制度是实现工程伦理有效评估的切实保障途径，首先要建立健全安全管理的法律法规，保障日常的风险管控措施有据可依，有章可循。其次建立并落实安全问责机制，建立主要负责人、分管安全负责人和其他负责人在各自职责内的安全生产工作责任体系。最后就是要建立媒体监督的制度，发挥媒体的快速报道、传播迅速、影响广泛、披露深刻等特点。通过媒体的报道，迅速吸引大众的注意，从而起到了群众监督的目的，同时促进相关部门加快解决矛盾。

伦理评估的程序包括三方面：（1）信息公开，工程专业人员有义务将工程风险的信息客观地传达给决策者、媒体和公众，决策者应该认真听取公众的呼声，媒体应该无偏见地传播相关信息，引导公众监督工程共同体的决策，公众也应该做出理性的选择。（2）确定利益相关者，分析其中的利益关系，利益相关者需要主要管理负责人、主要技术负责人、主要工程参与人、社会公众或专家多次参与风险听证后选定。确定后，要分析他们与工程风险的关系，以及工程分别给他们带来的收益及需要承担的责任和可能面临的损失及程度。（3）民主原则，具有多元价值取向的利益相关者有不同的利益诉求，要让具有不同伦理关系的利益相关者充分表达他们的意见和合理诉求，使工程决策在公共理性和专家理性之间进行平衡，并通过多次协商对话充分分析工程潜在的风险，采取逐项评估和跟踪评估的途径，及时调整决策。

7.2.2　工程利益相关方及邻避效应

工程伦理的关注点在于目标人群之外的第三方可能受到工程及其结果影响尤其负面影响的情况。随着工程活动的作用尤其是副作用效应的不断累积和增强，引起了媒体、公益组织、政府部门以及社会公众的反应，在经济学中开始关注经济行为的外部性问题，社会成本或代价的理念得以确立，在企业管理中提出企业社会责任和利益相关者思想。

在工程全寿命周期，都可能对社会造成不利的影响，且发生社会成本。工程的社会成本主要表现如下。

（1）对环境、资源影响所形成的社会成本：比如水污染、空气污染、噪声污染、固体垃圾废弃物等，其中还包括了各种原材料对不可再生能源的消耗。

（2）对社会影响所形成的社会成本：比如空气污染和工程施工过程中产生的噪声、震动，以及对人们的身心健康造成的损害和引发的疾病。另外，由一些工程建设引起的拆迁移民，可能增加社会秩序的不安定因素。

（3）对经济影响所形成的社会成本：比如项目干扰了附近商业活动的正常开展而影响了销售收入；或者由于新的新兴产业对原有产业的替代和冲击。由于工程产出的产品数量巨大，在其生命周期后期，使用及其之后的报废、回收、处理阶段的社会成本都不能忽视。

目前，在我国建设实践中，还存在只偏重资金成本的管理，而对社会成本考虑得较少的情况，一般工程项目以及工程产品的使用，都存在邻避效应。在国外，邻避冲突主要围绕兴建公共基础设施，而在我国还有工业建设项目。

近年来，因建设项目选址而引发的社会群体事件：比如 2007 年厦门 PX（对二甲苯）化工项目；2009 年，政府公布广州番禺区生活垃圾焚烧厂的选址遭到周边市民的强烈反对而搁浅；2011 年，北京海淀西二旗餐厨垃圾相对集中资源化处理站项目遭到附近居民聚会抗议；2012 年，宁波镇海 PX 项目；2016 年 8 月，连云港核废料处理项目。国外一般把这类事件称为"邻避行为"，这类冲突起源于"邻避设施"的兴建。

"邻避设施"是指能使大多数人获益，但对邻近居民的生活环境与生命财产以及资产价值带来负面影响的"危险设施"，如垃圾场、变电站、殡仪馆、炼油厂、精神病院等。对于这类设施的公益性、重要性以及建设的必要性，当地居民一般是认可的，但是由于他们承受其实实在在的或者潜在的危害，所以他们的态度是：这些项目确实应该建设，但"不要建在我家后院"。

"邻避行为"突出反映了工程项目建设的利益——损害承担不公正问题：设计时主观预期的公共效益为广大人群享受，建成后也会达到这样的目的，但项目周围居民蒙受危害或担心受到危害，即大众与周围居民之间出现利益——损失分配上的不平衡。公平性问题，即"大家受益，为什么受损者偏偏是我？"一直是邻避冲突中抗争居民要求的焦点。问题不限于此，更为严重、会引起更大社会问题的是，工程活动、工程产品的使用对直接目标人群之外的无辜的第三方会产生危害或带来风险。随着工业化、城市化进程的进一步发展，居民权利意识、风险意识以及环保意识的增强，邻避冲突的发生数量预计还将呈上升趋势。

7.3　工程的环境伦理

工程在科学技术的推动下，为了满足人的生活生存的需求，工程对自然的利用和改造越来越深入，因此工程引起涉及人与人之间的道德关系的社会伦理问题，但同时涉及人与自然环境的道德关系的环境伦理问题越来越突出，环境伦理的思想也在人类对资源过度开发和对环境破坏问题的反思过程中逐渐形成。

工程建设会引发一系列的环境问题，工程建设对环境产生直接或间接影响，包括占用土地资源、水土流失、生态失衡、气候异常，以及废弃、废水、固体废弃物和噪声、尘埃等。

7.3.1　工程环境伦理的基本思想

环境伦理思想产生于两次工业革命之后，在工业革命获益最多的几个国家，比如英国、美国、德国都出现了例如工业城市的大气污染和森林植被遭到严重破坏的现象，人类不断地索取和挥霍与自然的冲突日渐尖锐，一些有识之士注意到了这些问题，发起了各种主题的环境保护运动，从而逐渐催生出现代的环境伦理思想。

对环境伦理学产生具有直接影响的是产生于 19 世纪的资源保护主义和自然保护主义，虽然两者都强调自然资源保护的重要性，但是他们的出发点和保护的目的却截然相反。资源保护主义主张：科学的管理、明智的利用，保护的目的是为了更好地开发利用。很显然，这种主张的出发点不是为了保护自然资源本身，而是以人类为中心进行资源的管理和利用，保护的目的是人的生活和社会经济体系，而不是自然生态体系，这种观点属于环境伦理中的人类中心主义思想。自然保护主义则恰恰相反，它超越了狭隘的人类中心主义的资源保护思想，他要保护的不是人在资源中的利益，而是自然本身的利益，保护自然的首要目的不是人类的利用，而是为了自然本身，这是非人类中心主义的一种思想。

环境伦理在处理人与自然之间的关系上发展出了两种基本思想：一个是人类中心主义思想，就是把人的利益作为价值和道德判断的标准，这是基于资源保护主义的立场。相反更多的考量自然环境的利益的就是非人类主义思想，是基于自然保护主义立场的思想。下面具体介绍这两种思想。

1. 人类中心主义

在工程活动中通常考虑的是价值论意义上的人类中心主义，就是把人看作城市自然界唯一具有内在价值的事物，必然构成衡量一切价值的尺度，自然界的其他事物不具有内在价值，而只有工具价值，只有人才具有获得道德关怀的物种。

2. 非人类中心主义者

与人类中心主义相对，非人类中心主义者认为，人类不是一切价值的源泉，因而人的利益不能成为衡量一切事物的尺寸。他们把道德关怀的范围从人类扩展到了非人类的生命或自然存在物上，包含了动物及一切有生命的事物，甚至是自然事物。其中以彼得·辛格为代表的动物解放论、以汤姆雷根为代表的动物权利论和以保罗·泰勒为代表的生物中心主义。这些不同的思想贯穿在一起，可以明显地看出道德关怀的范围是从人逐渐扩大到自然的过程。

7.3.2　工程的环境价值观

我们和其他的生物共同生存在这个地球上，所有的生物都具有改变环境并使自己与环境相适应的能力，但人以外的生物改变环境的能力十分有限。

历史上，人在征服自然的过程中，会认为"人定胜天"，在愚公移山的精神鼓舞下，花大力气对自然大规模的改造，结果反而造成了严重的生态环境污染。事实证明，认为人类在总体上已经征服了自然的观点是幼稚和片面的。

英国哲学家培根说过：要征服自然，首先要服从自然。所谓服从，就是认识和理解，认识自然，掌握了自然规律并不等于就可以征服自然。我们现在应该抛弃"人定胜天"这种征服自然的欲望，彻底检讨我们的傲慢和无知，学会理解和尊重，用协同尊重代替征服和改造，实现工程观念的根本改变。

工程观念是工程活动的出发点和归宿，是工程活动的灵魂，历史上像都江堰、郑国渠、灵渠等许多工程都是在正确的工程理念指导下而名垂青史，好的工程会把自然规律和人的目的性有机地结合起来。

绿色工程价值观强调了人与自然的和谐相处，力图把经济效益和环境保护结合起来，用兼顾环境、社会和经济等方面的多价值标准来评价工程，实现各种利益最大程度协调、统筹兼顾，达到各方面利益最大化。它要求在进行工程的规划设计时就要考虑工程对人和环境的关系，并将这种理念贯穿整个工程的所有阶段，谋求在工程质量、成本、工期、安全、环境等方面实现多赢，因此这种价值观更强调绿色管理。

7.3.3 工程师的环境伦理及其责任实现

1. 工程师的环境伦理

工程师是工程活动的主体，他们在与环境打交道的过程中需要承担更多的伦理责任。工程活动对环境的影响，要求工程技术人员在工程的设计、实施中不仅要对工程本身、雇主利益、公众利益负责，还要对自然的环境负责，使工程技术活动向有利于环境保护的方向发展。

工程师在工程活动中的角色多样而复杂，其身份既可以与投资者、管理者相重叠，也可以是纯粹的工程技术人员，我们在建造一个工程的时候需要大量专业人员的技能参与，比如科学家、会计师、律师，但是正是由于工程师实际建造了这个工程，所以工程师对环境负有特殊的责任。因此随着工程对自然的干预和破坏能力越来越大、后果越来越严重，工程师需要发展一种新的责任意识，也就是环境伦理责任。

传统的工程师伦理认为，工程师的职业性质决定了，忠诚于雇主是工程师的首要任务，做好本职工作是评价他是否合格的基本条件。这种评价机制侧重于工程领域内的事务，而忽视了工程师与公众、工程与环境的关系。环境伦理责任作为崭新的责任形式，要求工程师突破传统伦理的局限，对环境有一个全面而长远的认识，并承担环境伦理责任，维护生态健康发展，保护好环境。

因此工程师的环境伦理责任包含了两个方面的内容：首先是维护人类健康，使人免受环境污染和生态破坏带来的痛苦和不便；其次要维护自然生态环境不遭破坏，避免其他物种承受工程破坏带来的影响。鉴于这种责任，如果工程师认识到他们的工作正在或可能对环境产生影响，那么工程师有权拒绝参与这一工作，或终止他们正在进行的工作。

2. 工程师实现环境伦理责任的重要路径

工程师在工程活动中要想避免自然环境的恶化，消除和减缓生态危机，离不开对工程的技术创新，因为"工程是技术的系统，技术是工程的要素，一切技术的研究与实现过程就构成了工程"。所以，技术创新已经成为工程师实现其环境伦理责任的主要手段。"技术创新原则"作为工程师伦理规范中"对环境负责"的一条基本原则，目前已经在世界各种工程师团体内得到了认可。比如在美国土木工程师协会（ASCE）、世界工程组织联盟（WFEO）等许多工程师协会的伦理章程中，要求工程师运用技术创新提高能源使用效率，减少天然资源的浪费，利用技术实现资源的回收和再利用，开发对环境友好的技术。

"尽你最大的能力、勇气、热情和奉献精神，取得出众的技术成就，从而有助于增进人类健康和提供舒适的环境"。工程师开展技术创新活动，对于解决当前严重的环境问题具有重大的现实意义。克服现有技术不利于环境方面的缺陷，也只能采用新的有利于环境的技术。正如德国技术哲学家拉普所说的："自然环境的保护、核废料的处理等新技术的消极作用只有靠更高程度的技术才能遏制"。工程师进行技术创新，尤其是发明和开发节能技术、对环境友好技术、清洁生产技术、绿色技术并广泛应用于工程活动之中，就能在保护环境、改善环境、恢复自然生态系统的原有的演化机制及维护自然的生态平衡方面作出真实有效的贡献，进而实现其对环境的伦理责任。

7.4 工程师的伦理责任和原则

工程师作为技术的发明者、创造者，工程技术产品的制造者和使用者，是物质财富创造的主要力量。我们衣、食、住、行等日常生活时时处处离不开的人工制品都是工程师创造、发明和制造出来的，都是他们智慧的结晶。现代技术引发的社会问题和环境问题以及产生的一系列负效应迫切要求我们人类作出积极的响应。作为技术发明创造和技术应用的主体——工程师应该比普通公众负有更大的道义上的责任，因为责任是与知识的力量成正比的。

7.4.1 工程师伦理责任的体现

工程作为一种复杂的技术应用的活动，对知识技术的应用能力要求很高，因而工程师是第一个责任主体，他具有一般人所不具备的专业的工程知识，他作为工程活动的直接参与者，会更全面、更深刻地了解工程的基本原理和潜在的风险，因此工程师需要主动把握工程的研究方向，当可能有危险产生的工作时，应该主动停止该行为，同时有责任制止管理层作出违背伦理的决策行为，从而主动降低工程的风险概率。

工程伦理责任的另外一个主体就是工程共同体，或者是利益相关者，这里面包括了科技工作者、政府管理部门、投资人、决策者，工程的管理者、主管负责人，设计师、工程师、建设者、操作人员、咨询人员、验收人员、工程的使用者，以及其他利益相关方。由于工程参与方众多，而工程的周期又比较长，所以工程的责任往往具有匿名性和无主体性的特点，在工程风险发生的时候，由谁来承担责任的问题界定起来格外复杂，因此我们对于伦理责任主体的界定需要将个人和共同体的责任结合起来进行分析。个人要站在整体的角度理解和承担共同伦理责任，通过工程共同体让各方相互协调承担共同伦理责任。

工程伦理主体要承担以下伦理责任：

1. 职业伦理责任

这是从事承担某一种社会角色伴随的与之相对应的职业道德要求。职业伦理与个人伦理、公共伦理是不同的概念。个人伦理主要是在生活中行为的一种规范；公共伦理是社会大多数共同认可和遵守的规范；而职业伦理是在所从事的工作范围内所遵守的一套行为准则和标准。职业伦理责任具体可以分为以下三种类型：

（1）义务责任：一种有益于客户和公众，在不损害自身的基础上使用专业知识和技能，被赋予的一种值得信任的责任。这种责任是事前责任，防患于未然。

（2）过失责任：将错误结果归咎于某人，通常是事后追究。

（3）角色责任：这种责任是将责任与某一个职位和工作角色相关联。

2. 社会伦理责任

早期的工程师的职业规范中，强调的是服从雇主的利益和对公司的忠诚，但是20世纪中叶之后，很多工程师社团开始重视社会伦理责任，逐渐将社会公平、公众安全、公众健康和公众福祉放在了首要的位置上。

3. 环境伦理责任

这一类责任就是要降低工程对环境的负面影响，可以从几个方面来承担责任：评估、消除或者减少风险发生的可能性；降低工程对环境的负面影响、通过建立透明公开的文化来让利益相关方进行公平的交流；促进使用技术来正面地解决问题，减少技术的环境风险；促进环境的合理使用，使资源得到高效的利用，进行合理的分配，促进组织、国家、国际的合作而不是争夺和竞争。在工程领域，为了更好地促进环境伦理责任的实现，工程团体和专业协会需要在章程中详细地、科学地制订环境伦理规范。

7.4.2 工程师的伦理原则

工程师在从事技术设计、制造工程产品的过程中受到许多诸如政治、经济、法律、道德和文化等因素的干预和左右。其中，工程师的伦理取向和伦理责任意识是重要的影响因素之一。因为工程师的伦理取向决定着他的行为动机和行为方式，将直接关系到工程的造价、效用、风格、用途、质量、安全性及自然环境，从而间接地影响我们人类的生存和发展。强调工程师伦理，就是要求工程师把伦理的向度作为一个重要的考虑因素融入工程实践当中，从伦理道德的角度来规范其行为向着善的方向发展。就像约翰·拉德说的："伦理规范的潜在目的是仿照法律对行为制定某种形式的控制"。

工程师应当遵循的基本伦理原则包括如下四个方面：

1. 安全原则

当前最大的工程风险就是安全风险。在现代技术社会，随着工程活动规模的不断扩大、工程活动的复杂性和不确定性的不断增加，工程活动造成的安全隐患也在同步增加，一旦发生事故，将直接影响到人的生命安全、财产安全和自然的生态安全。强调工程活动和工程产品的安全性是对工程师伦理责任最重要的一个原则。如何避免工程的安全风险已成为工程师的核心伦理责任。当前，西方的学者和工程师协会提出了技术的"安全设计"理念，它要求技术主体从这样一种伦理价值观出发，在设计产品时必须考虑到安全出口（Safety Exit），也就是可以安全地失效，产品能够被安全地终止，最起码使用者可以安全地脱离产品。

2. 公平（正义）原则

英国著名后现代伦理学家齐格蒙·鲍曼说："没有正义秩序，就不会存在对我的责任的限定，因而，与作为普通公民的他者共同生存也将成为不可能"。提倡公正性原则是现代民主社会对工程师道德行为的一种客观诉求。因为正义是体现伦理的现代性的基本价值。每一项工程都涉及公共（社会）利益、集团（企业）利益和工程师个人利益的冲突。现代工程活动对人、社会和自然带来了巨大而深远的影响，如何公正合理地分配工程活动产生的利益、风险和代价，是评价工程师伦理责任的一个重要指标。因此，工程师在从事"造物"活动中坚持公正性原则，就是要求工程师在公共利益、集团利益和个人利益三者之间发生矛盾和冲突时，要把公众的安全、健康和福祉放在首要位置。另外，正因为工程师是否能采取公正性原则直接关系到社会的稳定秩序和人类的进步，所以，工程师还有责任和义务为保障公正性原则的执行和落实作出应有的贡献。这种保障公正的机制、制度的建立和完善离不开工程师的职业经验、专业知识和具体的工程背景。所以，工程师其实应该是一个"工程—社会学家，他们不仅坐在绘图室中设计机器，而且还从事社会活动—设计社会或社会制度，使之适用于机器"。

3. 节约原则

工程活动就是利用自然界的物质、能源和信息进行人工制品的创造过程。过去的工程师是根据工程和产品的基本属性（功能、质量、寿命、成本）等指标进行设计和制造，很少或根本不考虑资源的再生利用及对环境的负面影响，并由此造成的物质资源和能源的严重浪费，产品回收利用率低，并严重污染生态环境。因此，为了拯救我们人类自己和人类赖以生存的自然环境，并维持可持续发展，节约使用自然资源是达到这一目的的重要手段和途径，因而也是工程师应当担负的伦理责任。

为此，提倡节约原则就是要求工程师改变传统的工程设计和制造理念，在其职业生涯中，开发高效利用物质和能源的、对环境友好的技术；在工程实践中，从工程产品概念的形成、设计到生产制造、使用乃至报废后的回收、再利用等各个阶段不但要想方设法节约资源和减少能源的浪费，而且还要把节约资源，提高资源利用率作为自己道德"为善"的衡量标准。

4. 民主参与原则

任何一项工程给社会带来的不仅是利益和好处，还有代价和风险，而这些代价和风险的分配常常是不平等的，更多的情况是主要由社会公众承担。比如现代工程已经带来了一系列的负面后果：生态危机、人的异化、贫富差距的扩大、文化的单一化等，工程技术的后果波及社会中的每一个成员。

由于现代工程技术的复杂性和不确定性，工程师知识和能力的有限性，使得工程技术对社会的后果在早期不能被预见出来，即使其负面社会影响已经明显起来，但控制却不再容易了，即便是控制仍旧可能，这种控制也是代价昂贵并且进展缓慢。在技术与每一个人息息相关的今天，我们不能把所有的事情都委托给专家，即便是相信他们的能力，却保证不了技术专家能够代表社会公众作出有益于社会发展和环境保护的决策。所以，仅仅依靠技术专家来控制技术已经不切实际，也不符合社会的整体利益。在现代技术社会，倡导公众共享技术决策权利并参与技术决策过程，既是社会发展的需要，也是工程师的伦理责任。正如美国学者指出的那样："对于技术时代的统治而言，市民已成为不可或缺的组成部分，技术的控制权力应该授予公众市民""通过民主规划模式能够减轻技术对社会的负面影响"。对工程师而言，首先，他有教育社会公众、传播工程技术知识的责任；其次，工程师在道义上有责任向用户和社会提供工程的社会后果及风险；最后，工程师应当鼓励公众参与工程技术的设计、使用选择和评估过程，让广大公众在了解工程情况的基础上自主作出是否发展某一工程项目的决定。

7.5 工程师的职业伦理

工程实践活动中，工程师需要履行职业伦理章程所要求的各种责任，这也意味着，工程师的权利必须得到尊重。

7.5.1　工程师的权利与责任

工程师的权利指的是工程师的个人权利。作为一个个体，享有生活和自由并追求自己正当利益的基本权利。作为雇员，享有作为履行其职责回报的接受工资的权利、从事自己选择的非工作的政治活动、不受雇主的报复或胁迫的权利。作为职业人员，享有由他们的职业角色及其相关义务产生的特殊权利。

7.5.2　工程职业伦理规范

工程师应该对什么负责？向谁负责？各工程社团的职业伦理章程对工程师的职业伦理规范进行了比较详细的解释。工程伦理规范在订立之初就将公众的安全、健康、福祉放在首位，作为基本价值准则，沿着这个基本思路，西方国家各工程社团制定并实施的职业伦理章程以外在的、成文的形式强调了工程师在"服务和保护公众、提供指导、给以激励、确立共同的标准、支持负责任的专业人员、促进教育、防止不道德行为以及加强职业形象"八个方面的具体责任，敦促工程师遵守职业标准操作程序和规定的职业义务为基本要求。概括地说，是由职业社团编制的一份公开的行为准则，它为职业人员如何从事执业活动提供伦理指导。

首先，它是一种伦理要旨，它使职业人员了解他们的伦理要旨是什么。

其次，作为一种指导方针，它能够帮助工程师理解其职业工作的伦理内涵。

最后，它是作为一种职业成员的共同承诺而存在的，它可以看作是对个体从业者责任的一种集体认识。

工程伦理章程从制度或规范的角度规约了工程师"应当如何行动"，并明确了工程师在工程行为的各个环节所应承担的各种道德义务。

（1）伦理章程要求工程师以一种强烈的内心信念与执着精神主动承担起职业角色带给自己的不可推卸的使命——"运用自己的知识和技能促进人类的福祉"，并在履行职业责任时"将公众的安全、健康和福祉放在首位"，并把这种自愿向善的道德努力升华为良心，勉励工程师在工作中"对良心负责，率性而为"。

（2）伦理章程表征了一种工程——社会秩序以及"应当"的工程实践制度状况，并将此种工程——社会正义意识孕育生发为当今"技术、工程、社会"多维时代的社会责任精神。

（3）从职业伦理的角度，主动防范工程风险、自觉践行职业责任，增进并可持续发展工程与人、自然、社会的和谐关系，都是工程师认同和诉求的工程伦理意识，是人给自己立法。

可以说，伦理章程所倡导的工程师自律使被动的我成长为自由的我，从而表现为一种向善到行善的自觉、自愿和自然的职业精神。

7.5.3　工程师应对职业行为中的伦理冲突

工程师职业伦理章程为工程师提供了被公认的价值观和职业责任选择，但是，在实际的工程实践情境中，工程师面临的问题不仅局限于伦理准则，还面临着具体实践境域下的角色冲突、利益冲突和责任冲突。

1. 回归工程实践以应对角色冲突

工程师会遭遇到角色冲突的原因：首先是运气的存在使得工程师很难兼顾自己的职业角色和个人生活中的其他多种角色。其次，职业伦理章程中对职业责任和雇员责任不偏不倚的强调，也常会导致角色冲突。

工程师角色冲突的解决有赖于宏观与微观方面建立一套机制。宏观层面的工程职业建设为问题的解决提供制度保证和理论基础；微观层面对工程师个体的道德心理进行关怀，培育工程师的道德自主性，为制度内在的道德基础。首先，职业建设为解决冲突提供宏观制度背景。其次，增强工程师个体道德自主性的实践。最后，回归工程实践。角色冲突的出现和解决构成了工程实践的一部分，伴随着工程实践的始终，而工程实践也就是角色冲突的不断产生和不断解决。

2. 保持多方信任以应对利益冲突

当工程师对于雇主、客户或社会公众的忠诚和正当的职业服务受到某些其他"利益"的威胁，并有可能导致带有偏见的判断或蓄意违背原本正确的行为时，就会产生利益冲突。

工程中利益冲突的种类包括了个体利益（工程师）与群体利益（公司）之间的冲突，也包括个体利益（工程师）与整体利益（社会公众）之间的冲突，同时也包括群体利益（公司）与整体利益（社会公众）的冲突。

具体到工程实践情境中，工程师可以采取以下五种"回避"利益冲突的方法。

（1）拒绝，比如拒收卖主的礼物；

（2）放弃，比如出售在供应商那里所持有的股份；

（3）离职，比如辞去公共委员会中的职务；

（4）不参与其中，比如不参加对自己有潜在关系的承包商的评估；

（5）披露，即向所有当事方披露可能存在的利益冲突的情形。

3. 权益与变通以应对责任冲突

责任冲突是指工程师在工程行为及活动中进行职责选择或伦理抉择的矛盾状态，即工程师在特定情况下表现出的左右为难而又必须作出某种非此即彼选择的境况。在具体工程实践场景中，相互冲突的责任往往表现在：个人利益的正当性、群体利益的正当性、原则的正当性。工程师可以通过四类提问（或反思），至少可以寻找到一个满意的方案：该行动对"我"有益吗？该行动对社会有益还是有害？该行动公平或正义吗？"我"有没有承诺？

通过上述问题的反思，工程师至少可以寻找到一个满意的方案。工程社团的职业伦理章程常常提供解决困境的直截了当的答案，但也有矛盾的地方。公认的准则是把公众的安全、健康和福祉放在首要位置，但当公众利益与雇主、客户利益相冲突，如何做到诚实和公平，就需要在具体的伦理困境中权宜和变通。

良好工程目标的实现离不开工程师"遵行责任"开展工程活动，但其最终的真正实现还是依赖于工程师是否能在整个工程生活中履行各层次责任并最终彰显卓越的力量。因此，工程师要按照伦理章程的规范要求遵循职责义务，根据当下的工程实际反思、认识、实践规范提出的道德要求，变通、调整践履责任的行为方式，以不断探索和总结"正确行动"的手段和途径。

课程思政案例

一、水利工程的特点及案例

（一）水利工程的特点

按照水利工程的核心任务，可以将水利工程分为防洪工程、农业水利工程、供水与排水工程、水利发电工程、港口与航道工程，水土保持工程和河湖环境生态工程等。

水利工程就是对自然界中的水资源（包括地表水和地下水）进行有效控制、按需调配，持续利用及全面保护的工程，属于国家基础设施和基础产业，关乎国家安全、影响社会全局，水利工程具有下面八个特点：

（1）政府主导。水利工程是基础设施，属于民生工程，具有典型的公益性质，因此大型水利工程规划和建设一般都由政府主导，具有鲜明的国家行为特征。

（2）规模宏大。与其他行业的工程项目相比，大型水利工程的规模要宏大得多，从都江堰到京杭大运河，再到南水北调、三峡工程，创下了多项世界之最。

（3）技术复杂。大型水利枢纽一般都位于深山峡谷区，对坝址及相关区域的勘测包括了水文、地质、地貌、生态等多项内容，枢纽规划涉及政治、经济、军事等多目标优化，技术设计需要考虑水文、荷载、地震等多种随机因素，工程施工需要截流、导流并承受洪水风险，枢纽运行需综合考虑社会、经济、生态等多重效益，因此水利工程涉及的技术问题非常复杂。

（4）周期漫长。大型水利工程的勘测、规划、设计、施工周期很长，往往长达几年、十几年甚至几十年、上百年，其设计使用寿命也一般都是几十年上百年。

（5）投资巨大。由于水利工程的规模巨大，建设周期漫长，因此工程建设需要的资金巨大，自2012年以来，每年完成的水利建设投资基本稳定在4000亿元的规模。

（6）功能多元。大型水利工程多为枢纽工程，一般具有防洪、发电、航运、供水等多项功能，能够发挥综合的效益。

（7）技术综合性强。大型水利工程都是枢纽工程，具有很强的综合性，其规划建设基于对国家政治和经济形势的综合判断，除了防洪减灾和发电兴利外，技术设计还涵盖了水利、土木、机械、电力、电子、环境等多个学科领域，而水利工程产生的影响更是全方位的。以三峡工程为例，共有涵盖42个专业的400多名专家参与论证，划分为地质地震、枢纽建筑物、水文、防洪、泥沙、航运、电力系统、机电设备、移民、生态与环境、综合规划与水位、施工、投资估算、综合经济评价共14个专题，从设计的范围和层次来看，其综合性非常突出。

（8）影响深远。水利工程规模巨大，周期漫长、投资巨大、功能多元，这些都决定了它的影响必定是深远的，对于国民经济和社会发展具有全方位的深远影响，同时对于人文和生态环境、生态系统都会产生深远的影响。

（二）相关案例分析

1. 都江堰水利工程

（1）案例背景。战国时期，李冰父子主持修建了都江堰这一水利工程。作为全世界迄今为止，年代最久、唯一留存、仍在一直使用、以无坝引水为特征的宏大工程，留给我们很多水利工程建设以及工程伦理层面的启示。

都江堰工程以鱼嘴分水工程、飞沙堰溢洪排沙工程、宝瓶口引水工程三大工程完美结合而著称。三大工程因势利导，巧妙地利用水力学原理解决了引水、泄洪和排沙的矛盾。工程本身结构合理，功能健全，蕴含了丰富的规划与管理的理念，为后人留下了一套筑堰治河、引水排沙、维修管理的技术，成为我国乃至世界治水文化一颗经久不衰的璀璨明珠。

都江堰工程之所以历经千年，仍被当作中外水利工程的典范，不仅在于其精妙的设计，更要归功于设计者与劳动人民在修建过程中的思想与伦理层面达到的高度。李冰父子在千年前，就把天人合一思想与可持续发展的理念加入工程之中，这样的思想在当今仍不过时。

（2）价值思考。"道法自然、因地制宜"的设计理念，可持续的技术和管理措施以及施工取材，无不反映都江堰工程的可持续发展思想。2200多年来，都江堰工程不仅没有对岷江河道、枢纽所在的周边地区以及灌区产生任何生态与环境的负面效应，反而促进了整个成都平原社会经济效益和环境生态效益的提高与协调发展。面对各种环境生态问题接踵而至的今天，都江堰工程体系非常值得深入研究和借鉴。

尊重自然，科学论证。李冰父子在修建都江堰工程之前，通过实地勘查、访问等摸清堰址地的地形、地貌、地质、水文、气象、资源和人文情况，在此基础上科学合理布局，借助自然力完成设计和建造，延伸创造力和建筑智慧。现代水利工程规划建设要坚持环境正义、代际公平、尊重自然的原则，尊重人与自然的和谐规律，科学论证，处理好上下游、左右岸、经济与生态、城市与农村、发展与保护、近期效益与长远效益的关系。

随着我国经济飞速发展，资源紧张、环境污染加剧、生态环境被破坏等问题越来越严峻，新形势下对我国水利工程提出更高的要求。而都江堰水利工程历经千年考验，对现代工程能够起到很好的启示作用。

2. 怒江水电开发之争

（1）案例背景。怒江是流经云南省的三大国际河流之一，发源于青藏高原唐古拉山南麓，经西藏流入怒江傈僳族自治州境内，纵贯贡山、福贡、泸水等县流入保山市出境。出境后称为萨尔温江（或丹伦江），后入安达曼海，至今在干流上仍没有一座水电站，没有一道拦河坝。怒江处于横断山脉的核心位置，其中上游流域是全球地形崎岖险峻的地区之一。正是由于地理上的封闭性，至今未进行大规模的经济开发，全流域的原生态基本保存完整，是我国仅存的两条至今保留着天然特色的江河（另一条是雅鲁藏布江）之一。正是由于怒江生态仍然保持着高度的自然性，因此具有无可替代的科学研究价值和环境保护的价值。

怒江干流中下游河段——色邑达至中缅边界全长742km，天然落差1578m，可开发装机容量达2132万kW，是我国重要的水电资源之一。同时，怒江水能资源开发具有的优势有：地质条件好、水能资源富集；搬迁人口少，移民人口从宽估算不到三峡电站移民人口的1/10；淹没土地少，沿江耕地较分散，河谷地带基本上是水土流失严重的区域，水库淹没耕地约3933hm^2，都是人地矛盾极其突出的地方；开发成本低，怒江洪峰流量较小，泄洪建筑和导流工程投资小；对外交通方便，流域干流两岸均有公路通过。

1999 年，国家发展改革委根据我国的能源现状，决定用合乎程序的办法对怒江进行开发。于是拨出资金，对怒江中下游云南境内的水电开发进行规划。怒江流域的水电规划进行了近 3 年时间，2003 年 7 月基本完成。但是在审查会上，国家环保部门要求专题审查"环境影响评价报告"。

该规划报告一出就遭到强烈反对。参加会议的原环保总局代表不予签字，他们认为，怒江是除雅鲁藏布江外唯一相对完整的生态江河，建议作为一个原生环境的对照点和参照系予以保留，不予开发。紧接着当年 9 月 3 日，原国家环保总局主持召开座谈会，列举出多种反对怒江建坝理由："三江并流"于 2003 年被联合国列入世界自然遗产名录，在该地区进行水电开发和梯级电站建设与世界自然遗产保护的宗旨不相符；怒江峡谷景观壮美，对有可能破坏怒江峡谷景观生态自然性与完整性的开发建设活动要慎重决策；当地物种与文化传统需要维护。绿家园、自然之友等环保组织也开展一系列宣讲活动，强调三江并流地区面积不到国土面积的 0.4%，却拥有全国 25% 以上的高等植物和动物，有 77 种国家级保护动物，是世界级的物种基因库。于是在建与慎建问题上引起一场激烈的争论。

2009 年、2011 年、2012 年两会期间，都有云南省高层公开表示，怒江水电开发必须处理好流域、生态环境、当地民众等问题："怒江水电开发现在没动，一个项目都没动"。2013 年，怒江水电被卷上风口浪尖，同年 6 月，云南省环保厅、云南省水利厅联合宣布叫停怒江水利开发。自此怒江水电开发完全停止。2016 年云南省确定怒江公路旅游开发工程"怒江美丽公路"走线低于原设计水位。目前，怒江、红河、罗梭江等已经被划进生态红线，严禁水电开发。

（2）价值思考。怒江水电开发的争论反映出典型的工程环境伦理思想和伦理价值观的两个对立的立场。也就是资源保护主义和自然保护主义，或非人类中心主义的矛盾。资源保护主义认为，资源本身没有价值，它站在人类使用的角度来看待自然，保护自然的目的是为了使用它，为人类服务要为人所用才能实现价值；自然保护主义是非人类中心主义的基础，也就保护自然出发点是它本身，而不是人类的需求，非人类中心主义就从动物、生物、生态逐步递进，人类道德关怀的范围从动物或某种生物的个体扩大到整个生态系统的整体。

那么我们是不是在对待怒江水电之争的问题上，只有非此即彼两种对立的选择呢？2005 年 8 月 15 日，时任浙江省委书记的习近平同志在浙江湖州安吉考察时，首次提出了"绿水青山，就是金山银山"的科学论断，此后他又进一步阐述了绿水青山与金山银山之间三个发展阶段的问题。习近平同志的"两山"重要思想，充分体现了马克思主义的辩证观点，系统剖析了经济与生态在演进过程中的相互关系，深刻揭示了经济社会发展的基本规律。

规划先行，是既要金山银山，又要绿水青山的前提，也是让绿水青山变成金山银山的顶层设计。我们要重视区域规划问题，强化主体功能定位，优化国土空间开发格局，把它作为实践"绿水青山，就是金山银山"的战略谋划与前提条件。从 2005—2015 年科学论断提出 10 年来，很多地方将可持续发展作为最大本钱，护美绿水青山、做大金山银山，不断丰富发展经济和保护生态之间的辩证关系，在实践中将"绿水青山，就是金山银山"化为生动的现实，成为千万群众的自觉行动。

2021 年 10 月 12 日，习近平在《生物多样性公约》第十五次缔约方大会领导人峰会视频讲话中提出："绿水青山，就是金山银山"。良好生态环境既是自然财富，也是经济财富，关系经济社会发展潜力和后劲。我们要加快形成绿色发展方式，促进经济发展和环境保护双赢，构建经济与环境协同共进的地球家园。

"绿水青山，就是金山银山"的科学环境伦理价值观告诉我们，保护好怒江的生态环境就可以造福当地人民，我们工程人员要解决的是如何改善当地的基础设施，在保护生态的同时让更多的人出得来走进去，大桥、公楼、民宿、特色旅游，为当地带来了可观的收入，而当地居民也不需要背井离乡，在家乡就可以致富。我们应用环境工程社会影响评价、环境行为控制论、环境工程社会学等环境、人文社会科学的理论、方法和技术，对怒江水电站的开发和生态环境保护进行思考。怒江生态保护战略应注重心理矫治、行为重塑、群体关系协调等，重视水伦理、水文化的培育与建设，利用人文环保为生态规划和环境工程创造良好的社会环境。

二、水利工程的伦理问题

自古以来，我们在水利工程建设中，治水先辈们就秉承着"天人合一"的思想，师法自然，最大限度地保证了工程、文化与生态的完美统一。水利工程涉及社会伦理、经济伦理、发展伦理和生态伦理等多种伦理问题。

1. 社会伦理层面

水利工程具有公益性特点，但由于政府是工程的主导者和决策者，在推动工程建设中，技术论证和环境评估有可能被弱化，政府与公众缺乏相互理解和沟通的有效措施和途径，那么就容易引发公众的邻避效应。

2. 发展伦理和环境伦理层面

水利工程活动与自然、环境有着密切的关系，水利工程建设本身要尽量减少对河流系统的干扰，避免利用水利工程对自然生态环境的无节制的攫取。从都江堰水利工程的案例中，我们可以看到两千多年前的李冰父子就可以秉承"天人合一"的环境伦理观念，"道法自然、因地制宜"的设计理念，可持续的技术和管理措施以及施工取材，无不反映都江堰工程的可持续发展思想。都江堰工程就是将科学美妙的自然造化和人工斧凿浑然天成，成为世界水利工程中人与自然和谐统一的杰出代表。

3. 经济伦理角度

围绕水利工程的利益均衡与损害补偿，涉及复杂的经济核算，涉及公平正义的基本伦理追求，比如南水北调工程，有的地方会获益，而有的地方利益受损。再比如防洪工程，加大水库的库容会提升下游的防洪标准，但是却扩大了上游的淹没范围。对于国际河流，河流上下游的协调更是涉及国家间的外交问题，情况就更为复杂。

水利工程伦理问题的核心是公平与正义，尤其典型地表现在水资源的公正配置、水利工程风险的公正评估、水库移民的公正补偿和河流健康生命的公正维护四个方面。为了保证水资源公正配置，可以从以下两个原则入手。

1. 临近优先的原则

按照这个原则，在大规模水资源的规划配置的时候，特别是实施跨地区、跨流域调水时，水源地的用水需求应该优先得到满足。但是在实际中，根据《中华人民共和国水法》

的规定，需要统筹兼顾调出和调入的用水需要，水资源的调入区一般社会更加发达，在整个国民经济中的地位更加重要，而由于调入区的经济活跃，与水资源调出区相比，单位水资源创造的经济价值更大。

2. 利益补偿的原则

水资源的配置是利益的分配，我们国家实行水资源的统一配置管理，追求的是整理利益和全局利益的统一，一般影响的区域一是水源涵养区，为了保证水源质量，这里一般采取封山育林等恢复措施，工农业生产受到限制，造成经济发展降速，人民群众收入增长减缓。比如密云水库上游的河北省承德市和张家口市。二是水资源调出区，比如南水北调的丹江口市及下游地区，每年的引水计划也削弱了当地经济和社会的发展。因此我国实行水资源有偿使用制度，通过征收水资源费，通过财政转移支付的手段，对水资源配置中的直接或者间接受损方进行一定的利益补偿。

总之，本综合案例以水利工程作为研究分析的对象，从水利工程的特点出发，从古到今结合都江堰水利工程、怒江水电开发之争两个案例，从不同角度分析水利工程生命周期内工程的利益相关方的利益博弈及工程带来的多元价值。为更好地引导学生从工程伦理的多方视角去综合分析水利工程中可能出现的伦理问题，增强工程伦理意识，培养正面积极的工程伦理价值观，引导未来工程师在现实工程实践中作出正确的伦理决策，请同学们继续思考如下两个问题：

（1）结合都江堰水利工程案例分析水利工程环境伦理价值观的体现。

（2）你对怒江水电开发与否的观点是什么？你认为怒江区域的经济发展是否有其他路径可以实现，请谈谈你的想法。

复习思考题

一、单项选择题

1. 以下不属于伦理立场的是（　　）。

    A. 德性论

    B. 功利论

    C. 契约论

    D. 规范论

2. 工程价值的特点不包括（　　）。

    A. 多元性

    B. 导向型

    C. 正面性

    D. 综合性

3. 环境伦理思想不包括（　　）。

    A. 资源保护主义

    B. 自然保护主义

    C. 非人类中心主义

    D. 宇宙中心主义

4. 工程师的责任不包括（　　）。

A. 收益责任

B. 过失责任

C. 角色责任

D. 义务责任

5. 主要的工程伦理问题不包括（　　）。

    A. 技术伦理问题

    B. 社会伦理问题

    C. 责任伦理问题

    D. 环境伦理问题

二、多项选择题

1. 工程伦理的教育意义包括（　　）。

    A. 增强工程从业者的社会责任

    B. 更好地完成工程

    C. 促进人与自然的协同进化

    D. 协调利益关系

2. 关于科学技术与工程之间的联系和区别，下面正确的有（　　）。

    A. 内容和性质相同

    B. 成果类型不同

    C. 活动主体相同

    D. 任务对象不同

3. 风险主要的评估途径包括（　　）。

    A. 专家评估法

    B. 社会评估法

    C. 公众参与

    D. 集体评估

4. 当我们人类的利益与自然的利益发生冲突时，采用的原则有（　　）。

    A. 整体利益高于局部利益原则

    B. 需要性原则

    C. 人类优先原则

    D. 环境优先原则

5. 应对职业行为中的伦理冲突的方法有（　　）。

    A. 回归工程实践以应对角色冲突

    B. 保持多方信任以应对利益冲突

    C. 权益与变通以应对责任冲突

    D. 通过沟通以应对管理冲突

三、思考论述题

1. 请列举不同的伦理立场及其观点。

2. 工程中可能会出现哪些伦理问题？

3. 如何进行工程风险的伦理评估，评估的原则有哪些？

4. 请结合国内外的相关案例，分析如何避免和处理邻避行为？

5. 工程环境伦理的基本思想和环境伦理价值观有哪些？

6. 结合自己所学的工程专业，查找国内外相应的职业伦理章程和规范。

7. 结合自己所学的工程专业中的实际案例，综合分析案例中的伦理问题及其原因。

8. 结合你所学专业的工程实践，思考应从哪些方面入手以增强工程伦理意识，避免工程伦理问题的产生？

附录　复利系数表

n \ (%)	1	2	3	4	5	6	7	8	9	10	11
1	1.010	1.020	1.030	1.040	1.050	1.060	1.070	1.080	1.090	1.100	1.110
2	1.020	1.040	1.061	1.082	1.103	1.124	1.145	1.166	1.188	1.210	1.232
3	1.030	1.061	1.093	1.125	1.158	1.191	1.225	1.260	1.295	1.331	1.368
4	1.041	1.082	1.126	1.170	1.216	1.262	1.311	1.360	1.412	1.464	1.518
5	1.051	1.104	1.159	1.217	1.276	1.338	1.403	1.469	1.539	1.611	1.685
6	1.062	1.126	1.194	1.265	1.340	1.419	1.501	1.587	1.677	1.772	1.870
7	1.072	1.149	1.230	1.316	1.407	1.504	1.606	1.714	1.828	1.949	2.076
8	1.083	1.172	1.267	1.369	1.477	1.594	1.718	1.851	1.993	2.144	2.305
9	1.094	1.195	1.305	1.423	1.551	1.689	1.838	1.999	2.172	2.358	2.558
10	1.105	1.219	1.344	1.480	1.629	1.791	1.967	2.159	2.367	2.594	2.839
11	1.116	1.243	1.384	1.539	1.710	1.898	2.105	2.332	2.580	2.853	3.152
12	1.127	1.268	1.426	1.601	1.796	2.012	2.252	2.518	2.813	3.138	3.498
13	1.138	1.294	1.469	1.665	1.886	2.133	2.410	2.720	3.066	3.452	3.883
14	1.149	1.319	1.513	1.732	1.980	2.261	2.579	2.937	3.342	3.797	4.310
15	1.161	1.346	1.558	1.801	2.079	2.397	2.759	3.172	3.642	4.177	4.785
16	1.173	1.373	1.605	1.873	2.183	2.540	2.952	3.426	3.970	4.595	5.311
17	1.184	1.400	1.653	1.948	2.292	2.693	3.159	3.700	4.328	5.054	5.895
18	1.196	1.428	1.702	2.026	2.407	2.854	3.380	3.996	4.717	5.560	6.544
19	1.208	1.457	1.754	2.107	2.527	3.026	3.617	4.316	5.142	6.116	7.263
20	1.220	1.486	1.806	2.191	2.653	3.207	3.870	4.661	5.604	6.727	8.062
25	1.282	1.641	2.094	2.666	3.386	4.292	5.427	6.848	8.623	10.835	13.585
30	1.348	1.811	2.427	3.243	4.322	5.743	7.612	10.063	13.268	17.449	22.892
40	1.489	2.208	3.262	4.801	7.040	10.286	14.974	21.725	31.409	45.259	65.001
50	1.645	2.692	4.384	7.107	11.467	18.420	29.457	46.902	74.358	117.39	184.57

终值系数表

12	13	14	15	16	17	18	19	20	25	30
1.120	1.130	1.140	1.150	1.160	1.170	1.180	1.190	1.200	1.250	1.300
1.254	1.277	1.300	1.323	1.346	1.369	1.392	1.416	1.440	1.563	1.690
1.405	1.443	1.482	1.521	1.561	1.602	1.643	1.685	1.728	1.953	2.197
1.574	1.630	1.689	1.749	1.811	1.874	1.939	2.005	2.074	2.441	2.856
1.762	1.842	1.925	2.011	2.100	2.192	2.288	2.386	2.488	3.052	3.713
1.974	2.082	2.195	2.313	2.436	2.565	2.700	2.840	2.986	3.815	4.827
2.211	2.353	2.502	2.660	2.826	3.001	3.185	3.379	3.583	4.768	6.276
2.476	2.658	2.853	3.059	3.278	3.511	3.759	4.021	4.300	5.960	8.157
2.773	3.004	3.252	3.518	3.803	4.108	4.435	4.785	5.160	7.451	10.604
3.106	3.395	3.707	4.046	4.411	4.807	5.234	5.696	6.192	9.313	13.786
3.479	3.836	4.226	4.652	5.117	5.624	6.176	6.777	7.430	11.642	17.922
3.896	4.335	4.818	5.350	5.936	6.580	7.288	8.064	8.916	14.552	23.298
4.363	4.898	5.492	6.153	6.886	7.699	8.599	9.596	10.699	18.190	30.288
4.887	5.535	6.261	7.076	7.988	9.007	10.147	11.420	12.839	22.737	39.374
5.474	6.254	7.138	8.137	9.266	10.539	11.974	13.590	15.407	28.422	51.186
6.130	7.067	8.137	9.358	10.748	12.330	14.129	16.172	18.488	35.527	66.542
6.866	7.986	9.276	10.761	12.468	14.426	16.672	19.244	22.186	44.409	86.504
7.690	9.024	10.575	12.375	14.463	16.879	19.673	22.091	26.623	55.511	112.46
8.613	10.197	12.056	14.232	16.777	19.748	23.214	27.252	31.948	69.389	146.19
9.646	11.523	13.743	16.367	19.461	23.106	27.393	32.429	38.338	86.736	190.05
17.000	21.231	26.462	32.919	40.874	50.658	62.669	77.388	95.396	264.70	705.64
29.960	39.116	50.950	66.212	85.850	111.07	143.37	184.68	237.38	807.79	2620.0
93.051	132.78	188.88	267.86	378.72	533.87	750.38	1051.7	1469.8	7523.2	36119
289.00	450.74	700.23	1083.7	1670.7	2566.2	3927.4	5988.9	9100.4	70065	497929

n \ (%)	1	2	3	4	5	6	7	8	9	10	11	12
1	0.990	0.980	0.971	0.962	0.952	0.943	0.935	0.926	0.917	0.909	0.901	0.893
2	0.980	0.961	0.943	0.925	0.907	0.890	0.873	0.857	0.842	0.826	0.812	0.797
3	0.971	0.942	0.915	0.889	0.864	0.840	0.816	0.794	0.772	0.751	0.731	0.712
4	0.961	0.924	0.888	0.855	0.823	0.792	0.763	0.735	0.708	0.683	0.659	0.636
5	0.951	0.906	0.863	0.822	0.784	0.747	0.713	0.681	0.650	0.621	0.593	0.567
6	0.942	0.888	0.837	0.790	0.746	0.705	0.666	0.630	0.596	0.564	0.535	0.507
7	0.933	0.871	0.813	0.760	0.711	0.665	0.623	0.583	0.547	0.513	0.482	0.452
8	0.923	0.853	0.789	0.731	0.677	0.627	0.582	0.540	0.502	0.467	0.434	0.404
9	0.914	0.837	0.766	0.703	0.645	0.592	0.544	0.500	0.460	0.424	0.391	0.361
10	0.905	0.820	0.744	0.676	0.614	0.558	0.508	0.463	0.422	0.386	0.352	0.322
11	0.896	0.804	0.722	0.650	0.585	0.527	0.475	0.429	0.388	0.350	0.317	0.287
12	0.887	0.788	0.701	0.625	0.557	0.497	0.444	0.397	0.356	0.319	0.286	0.257
13	0.879	0.773	0.681	0.601	0.530	0.469	0.415	0.368	0.326	0.290	0.258	0.229
14	0.870	0.758	0.661	0.577	0.505	0.442	0.388	0.340	0.299	0.263	0.232	0.205
15	0.861	0.743	0.642	0.555	0.481	0.417	0.362	0.315	0.275	0.239	0.209	0.183
16	0.853	0.728	0.623	0.534	0.458	0.394	0.339	0.292	0.252	0.218	0.188	0.163
17	0.844	0.714	0.605	0.513	0.436	0.371	0.317	0.270	0.231	0.198	0.170	0.146
18	0.836	0.700	0.587	0.494	0.416	0.350	0.296	0.250	0.212	0.180	0.153	0.130
19	0.828	0.686	0.570	0.475	0.396	0.331	0.277	0.232	0.194	0.164	0.138	0.116
20	0.820	0.673	0.554	0.456	0.377	0.312	0.258	0.215	0.178	0.149	0.124	0.104
25	0.780	0.610	0.478	0.375	0.295	0.233	0.184	0.146	0.116	0.092	0.074	0.059
30	0.742	0.552	0.412	0.308	0.231	0.174	0.131	0.099	0.075	0.057	0.044	0.033
40	0.672	0.453	0.307	0.208	0.142	0.097	0.067	0.046	0.032	0.022	0.015	0.011
50	0.608	0.372	0.228	0.141	0.087	0.054	0.034	0.021	0.013	0.009	0.005	0.003

现值系数表

13	14	15	16	17	18	19	20	25	30	35	40	50
0.885	0.877	0.870	0.862	0.855	0.847	0.840	0.833	0.800	0.769	0.741	0.714	0.667
0.783	0.769	0.756	0.743	0.731	0.718	0.706	0.694	0.640	0.592	0.549	0.510	0.444
0.693	0.675	0.658	0.641	0.624	0.609	0.593	0.579	0.512	0.455	0.406	0.364	0.296
0.613	0.592	0.572	0.552	0.534	0.516	0.499	0.482	0.410	0.350	0.301	0.260	0.198
0.543	0.519	0.497	0.476	0.456	0.437	0.419	0.402	0.320	0.269	0.223	0.186	0.132
0.480	0.456	0.432	0.410	0.390	0.370	0.352	0.335	0.262	0.207	0.165	0.133	0.088
0.425	0.400	0.376	0.354	0.333	0.314	0.296	0.279	0.210	0.159	0.122	0.095	0.059
0.376	0.351	0.327	0.305	0.285	0.266	0.249	0.233	0.168	0.123	0.091	0.068	0.039
0.333	0.300	0.284	0.263	0.243	0.225	0.209	0.194	0.134	0.094	0.067	0.048	0.026
0.295	0.270	0.247	0.227	0.208	0.191	0.176	0.162	0.107	0.073	0.050	0.035	0.017
0.261	0.237	0.215	0.195	0.178	0.162	0.148	0.135	0.086	0.056	0.037	0.025	0.012
0.231	0.208	0.187	0.168	0.152	0.137	0.124	0.112	0.069	0.043	0.027	0.018	0.008
0.204	0.182	0.163	0.145	0.130	0.116	0.104	0.093	0.055	0.033	0.020	0.013	0.005
0.181	0.160	0.141	0.125	0.111	0.099	0.088	0.078	0.044	0.025	0.015	0.009	0.003
0.160	0.140	0.123	0.108	0.095	0.084	0.074	0.065	0.035	0.020	0.011	0.005	0.002
0.141	0.123	0.107	0.093	0.081	0.071	0.062	0.054	0.028	0.015	0.008	0.005	0.002
0.125	0.108	0.093	0.080	0.069	0.060	0.052	0.045	0.023	0.012	0.006	0.003	0.001
0.111	0.095	0.081	0.069	0.059	0.051	0.044	0.038	0.018	0.009	0.005	0.002	0.001
0.098	0.083	0.070	0.060	0.051	0.043	0.037	0.031	0.014	0.007	0.003	0.002	0
0.087	0.073	0.061	0.051	0.043	0.037	0.031	0.026	0.012	0.005	0.002	0.001	0
0.047	0.038	0.030	0.024	0.020	0.016	0.013	0.010	0.004	0.001	0.001	0	0
0.026	0.020	0.015	0.012	0.009	0.007	0.005	0.004	0.001	0	0	0	0
0.008	0.005	0.004	0.003	0.002	0.001	0.001	0.001	0	0	0	0	0
0.002	0.001	0.001	0.001	0	0	0	0	0	0	0	0	0

n \ (%)	1	2	3	4	5	6	7	8	9	10	11
1	1.000	1.000	1.000	1.000	1.000	1.000	1.000	1.000	1.000	1.000	1.000
2	2.010	2.020	2.030	2.040	2.050	2.060	2.070	2.080	2.090	2.100	2.110
3	3.030	3.060	3.091	3.122	3.153	3.184	3.215	3.246	3.278	3.310	3.342
4	4.060	4.122	4.184	4.246	4.310	4.375	4.440	4.506	4.573	4.641	4.710
5	5.101	5.204	5.309	5.416	5.526	5.637	5.751	5.867	5.985	6.105	6.228
6	6.152	6.308	6.468	6.633	6.802	6.975	7.153	7.336	7.523	7.716	7.913
7	7.214	7.434	7.662	7.898	8.142	8.394	8.654	8.923	9.200	9.487	9.783
8	8.286	8.583	8.892	9.214	9.549	9.897	10.260	10.637	11.028	11.436	11.859
9	9.369	9.755	10.159	10.583	11.027	11.491	11.978	12.488	13.021	13.579	14.164
10	10.462	10.950	11.464	12.006	12.578	13.181	13.816	14.487	15.193	15.937	16.722
11	11.567	12.169	12.808	13.486	14.207	14.972	15.784	16.645	17.560	18.531	19.561
12	12.683	13.412	14.192	15.026	15.917	16.870	17.888	18.977	20.141	21.384	22.713
13	13.809	14.680	15.618	16.627	17.713	18.882	20.141	21.495	22.953	24.523	26.212
14	14.947	15.974	17.086	18.292	19.599	21.015	22.550	24.215	26.019	27.975	30.095
15	16.097	17.293	18.599	20.024	21.579	23.276	25.129	27.152	29.361	31.772	34.405
16	17.258	18.639	20.157	21.825	23.657	25.673	27.888	30.324	33.003	35.950	39.190
17	18.430	20.012	21.762	23.698	25.840	28.213	30.840	33.750	36.974	40.545	44.501
18	19.615	21.412	23.414	25.645	28.132	30.906	33.999	37.450	41.301	45.599	50.396
19	20.811	22.841	25.117	27.671	30.539	33.760	37.379	41.446	46.018	51.159	56.939
20	22.019	24.297	26.870	29.778	33.066	36.786	40.995	45.762	51.160	57.275	64.203
25	28.243	32.030	36.459	41.646	47.727	54.865	63.249	73.106	84.701	98.347	114.41
30	34.785	40.588	47.575	56.085	66.439	79.058	94.461	113.28	136.31	164.49	199.02
40	48.886	60.402	75.401	95.026	120.80	154.76	199.64	259.06	337.89	442.59	581.83
50	64.463	84.579	112.80	152.67	209.35	290.34	406.53	573.77	815.08	1163.9	1668.8

终值系数表

12	13	14	15	16	17	18	19	20	25	30
1.000	1.000	1.000	1.000	1.000	1.000	1.000	1.000	1.000	1.000	1.000
2.120	2.130	2.140	2.150	2.160	2.170	2.180	2.190	2.200	2.250	2.300
3.374	3.407	3.440	3.473	3.506	3.539	3.572	3.606	3.640	3.813	3.990
4.779	4.850	4.921	4.993	5.066	5.141	5.215	5.291	5.368	5.766	6.187
6.353	6.480	6.610	6.742	6.877	7.014	7.154	7.297	7.442	8.207	9.043
8.115	8.323	8.536	8.754	8.977	9.207	9.442	9.683	9.930	11.259	12.756
10.089	10.405	10.730	11.067	11.414	11.772	12.142	12.523	12.916	15.073	17.583
12.300	12.757	13.233	13.727	14.240	14.773	15.327	15.902	16.499	19.842	23.858
14.776	15.416	16.085	16.786	17.519	18.285	19.086	19.923	20.799	25.802	32.015
17.549	18.420	19.337	20.304	21.321	22.393	23.521	24.701	25.959	33.253	42.619
20.655	21.814	23.045	24.349	25.733	27.200	28.755	30.404	32.150	42.566	56.405
24.133	25.650	27.271	29.002	30.850	32.824	34.931	37.180	39.581	54.208	74.327
28.029	29.985	32.089	34.352	36.786	39.404	42.219	45.244	48.497	68.760	97.625
32.393	34.883	37.581	40.505	43.672	47.103	50.818	54.841	59.196	86.949	127.91
37.280	40.417	43.842	47.580	51.660	56.110	60.965	66.261	72.035	109.69	167.29
42.753	46.672	50.980	55.717	60.925	66.649	72.939	79.850	87.442	138.11	218.47
48.884	53.739	59.118	65.075	71.673	78.979	87.068	96.022	105.93	173.64	285.01
55.750	61.725	68.394	75.836	84.141	93.406	103.74	115.27	128.12	218.05	371.52
63.440	70.749	78.969	88.212	98.603	110.29	123.41	138.17	154.74	273.56	483.97
72.052	80.947	91.025	102.44	115.38	130.03	146.63	165.42	186.69	342.95	630.17
133.33	155.62	181.87	212.79	249.21	292.11	342.60	402.04	471.98	1054.8	2348.8
241.33	293.20	356.79	434.75	530.31	647.44	790.95	966.7	1181.9	3227.2	8730.0
767.09	1013.7	1342.0	1779.1	2360.8	3134.5	4163.21	5519.8	7343.9	30089	120393
2400.0	3459.5	4994.5	7217.7	10436	15090	21813	31515	45497	280256	1659761

n＼(%)	1	2	3	4	5	6	7	8	9	10	11	12
1	0.990	0.980	0.971	0.962	0.952	0.943	0.935	0.926	0.917	0.909	0.901	0.893
2	1.970	1.942	1.913	1.886	1.859	1.833	1.808	1.783	1.759	1.736	1.713	1.690
3	2.941	2.884	2.829	2.775	2.723	2.673	2.624	2.577	2.531	2.487	2.444	2.402
4	3.902	3.808	3.717	3.630	3.546	3.465	3.387	3.312	3.240	3.170	3.102	3.037
5	4.853	4.713	4.580	4.452	4.329	4.212	4.100	3.993	3.890	3.791	3.696	3.605
6	5.795	5.601	5.417	5.242	5.076	4.917	4.767	4.623	4.486	4.355	4.231	4.111
7	6.728	6.472	6.230	6.002	5.786	5.582	5.389	5.206	5.033	4.868	4.712	4.564
8	7.652	7.325	7.020	6.733	6.463	6.210	5.971	5.747	5.535	5.335	5.146	4.968
9	8.566	8.162	7.786	7.435	7.108	6.802	6.515	6.247	5.995	5.759	5.537	5.328
10	9.471	8.983	8.530	8.111	7.722	7.360	7.024	6.710	6.418	6.145	5.889	5.650
11	10.368	9.787	9.253	8.760	8.306	7.887	7.449	7.139	6.805	6.495	6.207	5.938
12	11.255	10.575	9.954	9.385	8.863	8.384	7.943	7.536	7.161	6.814	6.492	6.194
13	12.134	11.348	10.635	9.986	9.394	8.853	8.358	7.904	7.487	7.103	6.750	6.424
14	13.004	12.106	11.296	10.563	9.899	9.295	8.745	8.244	7.786	7.367	6.982	6.628
15	13.865	12.849	11.938	11.118	10.380	9.712	9.108	8.559	8.061	7.606	7.191	6.811
16	14.718	13.578	12.561	11.652	10.838	10.106	9.447	8.851	8.313	7.824	7.379	6.974
17	15.562	14.292	13.166	12.166	11.274	10.477	9.763	9.122	8.544	8.022	7.549	7.102
18	16.398	14.992	13.754	12.659	11.690	10.828	10.059	9.372	8.756	8.201	7.702	7.250
19	17.226	15.678	14.324	13.134	12.085	11.158	10.336	9.604	8.950	8.365	7.839	7.366
20	18.046	16.351	14.877	13.590	12.462	11.470	10.594	9.818	9.129	8.514	7.963	7.469
25	22.023	19.523	17.413	15.622	14.094	12.783	11.654	10.675	9.823	9.077	8.422	7.843
30	25.808	22.396	19.600	17.292	15.372	13.765	12.409	11.258	10.274	9.427	8.694	8.055
40	32.835	27.355	23.115	19.793	17.159	15.046	13.332	11.925	10.757	9.779	8.951	8.244
50	39.196	31.424	25.730	21.482	18.256	15.762	13.801	12.233	10.962	9.915	9.042	8.304

现值系数表

13	14	15	16	17	18	19	20	25	30	35	40	50
0.885	0.877	0.870	0.862	0.855	0.847	0.840	0.833	0.800	0.769	0.741	0.714	0.667
1.668	1.647	1.623	1.605	1.585	1.566	1.547	1.528	1.440	1.361	1.289	1.224	1.111
2.361	2.322	2.283	2.246	2.210	2.174	2.140	2.106	1.952	1.816	1.696	1.589	1.407
2.974	2.914	2.855	2.798	2.743	2.690	2.639	2.589	2.362	2.166	1.997	1.849	1.605
3.517	3.433	3.352	3.274	3.199	3.127	3.058	2.991	2.689	2.436	2.220	2.035	1.737
3.998	3.889	3.784	3.685	3.589	3.498	3.410	3.326	2.951	2.643	2.385	2.168	1.824
4.423	4.288	4.160	4.039	3.922	3.812	3.706	3.605	3.161	2.802	2.508	2.263	1.883
4.799	4.639	4.487	4.344	4.207	4.078	3.954	3.837	3.329	2.925	2.598	2.331	1.922
5.132	4.946	4.772	4.607	4.451	4.303	4.163	4.031	3.463	3.019	2.665	2.379	1.948
5.426	5.216	5.019	4.833	4.659	4.494	4.339	4.192	3.571	3.092	2.715	2.414	1.965
5.687	5.453	5.234	5.029	4.836	4.656	4.486	4.327	3.656	3.147	2.752	2.438	1.977
5.918	5.660	5.421	5.197	4.988	4.793	4.611	4.439	3.725	3.190	2.779	2.456	1.985
6.122	5.842	5.583	5.342	5.118	4.910	4.715	4.533	3.780	3.223	2.799	2.469	1.990
6.302	6.002	5.724	5.468	5.229	5.008	4.802	4.611	3.824	3.249	2.814	2.478	1.993
6.462	6.142	5.847	5.575	5.324	5.092	4.876	4.675	3.859	3.268	2.825	2.484	1.995
6.604	6.265	5.942	5.668	5.405	5.162	4.938	4.730	3.887	3.283	2.834	2.489	1.997
6.729	6.373	6.047	5.749	5.475	5.222	4.988	4.775	3.910	3.295	2.840	2.492	1.998
6.840	6.467	6.128	5.818	5.534	5.273	5.033	4.812	3.928	3.304	2.844	2.494	1.999
6.938	6.550	6.198	5.877	5.584	5.316	5.070	4.843	3.942	3.311	2.848	2.496	1.999
7.025	6.623	6.259	5.929	5.628	5.353	5.101	4.870	3.954	3.316	2.850	2.497	1.999
7.330	6.873	6.464	6.097	5.766	5.467	5.195	4.948	3.985	3.329	2.856	2.499	2.000
7.496	7.003	6.566	6.177	5.829	5.517	5.235	4.979	3.995	3.332	2.857	2.500	2.000
7.634	7.105	6.642	6.233	5.871	5.548	5.258	4.997	3.999	3.333	2.857	2.500	2.000
7.675	7.133	6.661	6.246	5.880	5.554	5.262	4.999	4.000	3.333	2.857	2.500	2.000

复习思考题答案

第一章

一、单选题：

1-5. BADAC

二、多选题：

1. ABD　2. ABCE　3. AB　4. CDE　5. ABCE

三、思考题：

略

第二章

一、单选题：

1-5. CDBAB　6-10. CBDAC　11-15. BBCBC

二、多选题：

1. ACDE　2. ACD　3. BCD　4. BCE　5. ABE

三、计算题：

1. 答案：

平均年限法：

各年的折旧额＝(50000－500)/5＝9900（元）。

双倍余额递减法：

年折旧率＝2/5＝40％。

第一年折旧额＝50000×40％＝20000（元）；

第二年折旧额＝(50000－20000)×40％＝12000（元）；

第三年折旧额＝(50000－32000)×40％＝7200（元）；

第四年和第五年折旧额＝(50000－39200－500)/2＝5150（元）。

年数总和法：

年数总和＝5×(5＋1)/2＝15。

计算折旧的基数＝50000-500＝49500（元）；

第一年折旧额＝49500×5/15＝16500（元）；

第二年折旧额＝49500×4/15＝13200（元）；

第三年折旧额＝49500×3/15＝9900（元）；

第四年折旧额＝49500×2/15＝6600（元）；

第五年折旧额＝49500×1/15＝3300（元）。

2. 答案：

问题1：

建设期贷款利息：$1000×1/2×8\%=40$（万元）。

固定资产折旧额：$(1500+40-100)×(1-5\%)/8=171$（万元）。

问题2：

运营期第1年：

应纳增值税额$=450×2×80\%×13\%-15×2×80\%-100=-30.40$（万元）。

则当年应纳增值税为0，增值税附加税额为0。

运营期第2年：

应纳增值税额$=450×2×13\%-15×2-30.40=56.60$（万元）。

则当年应纳增值税为56.60（万元）。

增值税附加税额$=56.60×12\%=6.79$（万元）。

第三章

一、单选题：

1-5. BBBDB 6-10. ABCCC 11-15. DBCAD 16-20. BCDCB

二、多选题：

1. BC 2. CD 3. AD 4. ACE 5. AD 6. BD 7. BDE 8. CE 9. CD 10. CD

三、计算题：

1. 答案：

（1）B方案年成本：$60+600×(A/P,8\%,18)=60+600/9.372=124.02$（万元）。

A方案的成本最低，选择A方案。

（2）B方案年成本：$60+[600+100×(P/F,8\%,10)-20×(P/F,8\%,18)]/(P/A,8\%,18)=60+(600+100×0.463-20×0.250)/9.372=128.43$（万元）。

B方案年成本最低，应该选择B采购方案。

2. 答案：

（1）：根据背景资料所给出的条件，各功能指标权重的计算结果如下：

功能权重计算表

	F_1	F_2	F_3	F_4	F_5	得分	权重
F_1	×	3	3	4	4	14	14/40＝0.350
F_2	1	×	2	3	3	9	9/40＝0.225
F_3	1	2	×	3	3	9	9/40＝0.225
F_4	0	1	1	×	2	4	4/40＝0.100
F_5	O	1	L	2	x	4	4/40＝0.100
合计						40	1.000

（2）：分别计算各方案的功能指数、成本指数、价值指数如下：

计算功能指数：

将各方案的各功能得分分别与该功能的权重相乘，然后汇总即为该方案的功能加权得分，各方案的功能加权得分为：

$W_A = 9 \times 0.350 + 10 \times 0.225 + 9 \times 0.225 + 8 \times 0.100 + 9 \times 0.100 = 9.125$

$W_B = 10 \times 0.350 + 10 \times 0.225 + 9 \times 0.225 + 8 \times 0.100 + 7 \times 0.100 = 9.275$

$W_C = 9 \times 0.350 + 8 \times 0.225 + 10 \times 0.225 + 8 \times 0.100 + 9 \times 0.100 = 8.900$

$W_D = 8 \times 0.350 + 9 \times 0.225 + 9 \times 0.225 + 7 \times 0.100 + 6 \times 0.100 = 8.150$

各方案功能的总加权得分为：

$W = W_A + W_B + W_C + W_D = 9.125 + 9.275 + 8.900 + 8.150 = 35.45$

因此，各方案的功能指数为：

$F_A = 9.125/35.45 = 0.257$

$F_B = 9.275/35.45 = 0.262$

$F_C = 8.900/35.45 = 0.251$

$F_D = 8.150/35.45 = 0.230$

计算各方案的成本指数：

$C_A = 1420/(1420 + 1230 + 1150 + 1360) = 1420/5160 = 0.275$

$C_B = 1230/5160 = 0.238$

$C_C = 1150/5160 = 0.223$

$C_D = 1360/5160 = 0.264$

计算各方案的价值指数：

$V_A = F_A/C_A = 0.257/0.275 = 0.935$

$V_B = F_B/C_B = 0.262/0.238 = 1.101$

$V_C = F_C/C_C = 0.251/0.223 = 1.126$

$V_D = F_D/C_D = 0.230/0.264 = 0.871$

由于 C 方案的价值指数最大，所以 C 方案为最佳方案。

第四章

一、单选题：

1-5. BDBCB   6. C

二、多选题：

1. ABCD   2. BCD   3. ABD   4. ABDE

三、思考题：

略

第五章

一、单选题：

1-5. CCDAA   6-10. DBAAD

二、多选题：

1. AC   2. BD   3. CE   4. BCDE   5. ABCD

三、绘图、计算题

1.

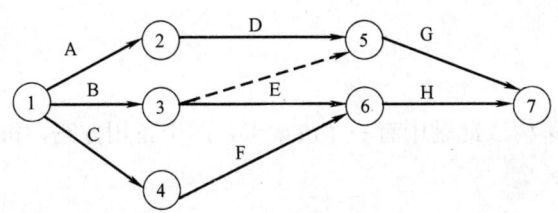

2.

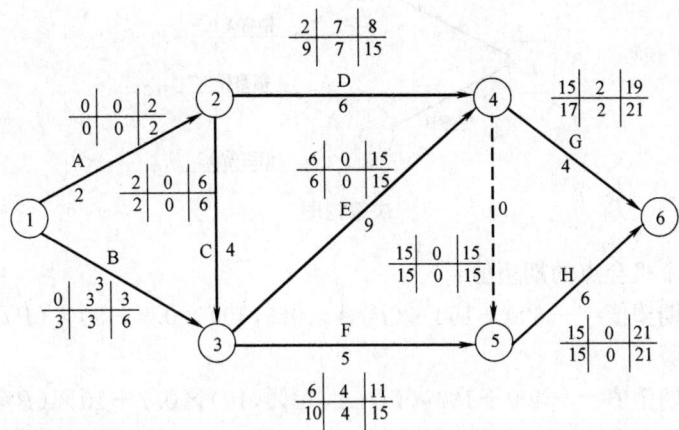

Tc＝21 天，关键路线为 1-2-3-4-5-6。

3.

工作代号	计划完成工作预算成本 BCWS(万元)	已完成工作量％	实际发生成本 ACWP(万元)	挣得值 BCWP (万元)
A	200	100	210	200
B	220	100	220	220
C	400	100	430	400
D	250	80	220	200
E	300	100	310	300
F	540	50	400	270
G	840	70	700	588
H	600	60	500	360
合计	3350		2990	2538

答：（1）ACWP 为 2990（万元），BCWS 为 3350（万元）。

（2）见上表。

（3）CV＝2538－2990＝－452（万元），成本超支；SV＝2538－3350＝－812（万元），工期滞后。

4. 略

第六章

一、思考题：

略

二、计算题

（1）首先画出决策树。此题中有一个决策点，两个备用方案，每个方案面临着两种状态，其决策树图如下：

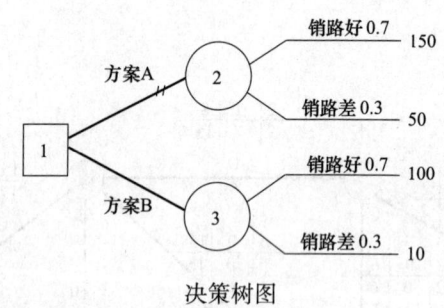

决策树图

（2）计算各个机会点的期望值：

机会点②的期望值＝－600＋150×$(P/A,10\%,10)$×0.7－50×$(P/A,10\%,10)$×0.3＝－67（万元）。

机会点③的期望值＝－400＋100×$(P/A,10\%,10)$×0.7＋10×$(P/A,10\%,10)$×0.3＝48.5（万元）。

（3）做出决策

由于方案 B 的净现值的期望值大于方案 A 的净现值的期望值，故应选择方案 B。用符号"//"在决策树上"剪去"被淘汰的方案。

第七章

一、单选题：

1-5. DCDAB

二、多选题：

1. ACD 2. BD 3. ABC 4. ABCD 5. ABC

三、思考论述题：

略

参 考 文 献

[1] 白思俊，等. 现代项目管理概论（第三版）[M]. 北京：电子工业出版社，2020.

[2] 白思俊. 现代项目管理（升级版）（第二版）（上下册）[M]. 北京：机械工业出版社，2019.

[3] 项目管理协会. 项目管理标准和项目管理知识体系（PMBOK®指南）（第七版）[M]. 北京：电子工业出版社，2021.

[4] 项目管理协会. 项目管理标准和项目管理知识体系（PMBOK®指南）（第六版）[M]. 北京：电子工业出版社，2018.

[5] 全国一级建造师执业资格考试用书编写委员. 建设工程经济 [M]. 北京：中国建筑工业出版社，2021.

[6] 汪小金. 项目管理方法论（第三版）[M]. 北京：中国电力出版社，2021.

[7] 刘晓君，等. 工程经济学（第四版）[M]. 北京：中国建筑工业出版社，2020.

[8] 全国造价工程师职业资格考试培训教材编审委员会. 建设工程造价管理 [M]. 北京：中国计划出版社，2021.

[9] 全国一级建造师执业资格考试用书编写委员. 建设工程项目管理 [M]. 北京：中国建筑工业出版社，2021.

[10] 王祖和. 现代工程项目管理（第三版）[M]. 北京：电子工业出版社，2020.

[11] 吴守荣，任英伟. 工程项目管理 [M]. 北京：机械工业出版社，2021.

[12] 戚安邦. 项目管理学（第三版）[M]. 北京：科学出版社，2019.

[13] 丁士昭. 工程项目管理（第二版）[M]. 北京：中国建筑工业出版社，2021.

[14] 李正风，丛杭青，王前，等. 工程伦理 [M]. 北京：清华大学出版，2016.

[15] 查尔斯·E. 哈里斯，迈克尔·S. 普里查德，等. 工程伦理：概念与案例（第五版）[M]. 丛杭青，沈琪，魏丽娜，等译. 杭州：浙江大学出版社，2018.

[16] 尉艳娟. 詹姆斯·T. 布朗. 项目管理者要适应不确定性 [J]. 项目管理评论，2022 (1)：90-94.

[17] 张昂，等. 方舱医院的发展历程与现状 [J]. 中华灾害救援医学，2021，9 (11)：1351-1353.

[18] 丁荣贵. 抓好项目管理，实现制胜之道 [J]. 项目管理评论，2021 (4)：18-23.

[19] 郑晓明，郭一蓉，刘争光. 危机领导力的理论模型构建：基于中国机长刘传健案例的质性研究 [J]. 管理学报，2021，18 (1)：12-21.

[20] 黎思宏，周龙. 新冠疫情下城市韧性空间方舱医院改建设计研究 [J]. 北京规划建设，2020 (4)：39-41.

[21] 章明，董金华. 应急抗疫工程项目管理 [J]. 华中建筑，2020，38 (4)：5-7.

[22] 沈小滨. 优秀项目经理要做好三件要事 [J]. 项目管理评论，2019 (6)：83-85.

[23] 彭邦本. 天府之国的起源和形成初探——兼谈先秦秦汉时期成都的崛起 [J]. 先锋，2017 (12)：62-66.

[24] 付成华，王兴华，刘健，等. 都江堰工程对现代水利工程的伦理启示 [J]. 四川建材，2021，47 (10)：178-180，184.

[25] 王芳芳，吴时强. 都江堰工程思考及其启示 [J]. 水资源保护，2017，33 (5)：19-24.

[26] 张纯成. 黄河三门峡大坝工程现实风险规避刍议 [J]. 工程研究-跨学科视野中的工程，2010，2 (2)：146-156.

[27] 谈皓，潘明强，李继伟. 黄河潼关至三门峡大坝河段治理措施探讨 [J]. 水利与建筑工程学报，2007，5 (4)：83-86.

[28]　中央文献研究室办公厅调研组. 云南怒江州生态保护与经济发展调研报告 [J]. 环境保护，2011
　　　（5）：27-29.

[29]　彭靖里，邓艺，刘建中，等. 竞争情报：决策科学化和民主化的基础——怒江水电资源开发竞争
　　　情报研究案例 [J]. 情报杂志，2005（9）：58-60.